四川省科技计划重点研发项目(2022YFS0467)

山区河流复杂滩险生态航道建设技术研究

曾 林 郝 岭 等/编著

人民交通出版社

北 京

内 容 提 要

本书从山区河流生态航道水生生态监测、复杂水沙环境与水生生态响应机理、航道工程影响下鱼类栖息地演化模拟与评价、生态航道平面布局方法、通航-生态融合的生态型航道整治建筑物以及船舶航行噪声水下传播机制等6个方面分别进行了论述。

本书可供从事生态航道研究的相关人员参考使用。

图书在版编目(CIP)数据

山区河流复杂滩险生态航道建设技术研究 / 曾林等编著. — 北京：人民交通出版社股份有限公司, 2024.11. — ISBN 978-7-114-19633-1

Ⅰ．U615

中国国家版本馆CIP数据核字第20242EZ513号

Shanqu Heliu Fuza Tanxian Shengtai Hangdao Jianshe Jishu Yanjiu

书　　名：	山区河流复杂滩险生态航道建设技术研究
著 作 者：	曾　林　郝　岭　等
责任编辑：	牛家鸣
责任校对：	赵媛媛
责任印制：	刘高彤
出版发行：	人民交通出版社
地　　址：	(100011)北京市朝阳区安定门外外馆斜街3号
网　　址：	http://www.ccpcl.com.cn
销售电话：	(010) 85285857
总 经 销：	人民交通出版社发行部
经　　销：	各地新华书店
印　　刷：	北京建宏印刷有限公司
开　　本：	787×1092　1/16
印　　张：	15.75
字　　数：	366千
版　　次：	2024年11月　第1版
印　　次：	2024年11月　第1次印刷
书　　号：	ISBN 978-7-114-19633-1
定　　价：	120.00元

(有印刷、装订质量问题的图书，由本社负责调换)

《山区河流复杂滩险生态航道建设技术研究》

编委会

主　任：曾　林
副主任：郝　岭
委　员：张　浩　徐　昶　李顺超　何修伟　何　熙

编写组

主　编：曾　林　郝　岭
副主编：张　浩　李顺超　何修伟　何　熙
成　员：欧肇松　代礼红　徐　昶　钟　有　杨　莹　马竹君
　　　　李家世　谢　峰　陈水兵　晋小宁　张有林　邓方明
　　　　谢玉杰　陈明春　贾国珍　张国瑞　周玉洁　吴　林
　　　　赵　江

作者简介

曾　林

男，毕业于四川大学（成都科技大学）水利水电工程建筑专业，大学本科。

从事工作： 现就职于四川岷江港航电开发有限责任公司，正高级工程师，主要从事港口与航道的技术管理工作。

主要业绩及科研成果： 在港口与航道行业领域，主持和参与的港口、船闸、枢纽等方面的规划、设计和科研项目达120余项，获国家和省部级奖项40余项，包括国家科学技术进步奖二等奖1项、科学技术奖15项、优秀勘察设计奖15项、优秀成果咨询奖16项，发表学术论文12篇，参编专著3部，参编行业规范3部、行业标准3部、团体标准2部。

郝　岭

男，毕业于四川大学（成都科技大学）水利水电工程建筑专业，大学本科。

从事工作： 现就职于四川省交通勘察设计研究院有限公司，正高级工程师，注册土木工程师（港口与航道工程），咨询工程师（投资），主要从事港口与航道的设计研究工作。

主要业绩及科研成果： 在港口与航道行业领域，主持和参与的港口、船闸、枢纽等方面的规划、设计和科研项目达100余项，获省部级奖项30余项，包括科学技术奖8项、优秀勘察设计奖15项、优秀成果咨询奖10项，发表学术论文10篇，作为副主编编写专著3部，参编完成行业标准2部，在编行业标准3部、地方标准2部、团体标准1部。

前言

党的十八大以来,以习近平同志为核心的党中央把生态文明建设作为统筹推进"五位一体"总体布局和协调推进"四个全面"战略布局的重要内容,以前所未有的力度抓生态文明建设,并提出人与自然生命共同体的理念。《交通强国建设纲要》明确提出构建安全、便捷、高效、绿色、经济的现代化综合交通体系。《国家综合立体交通网规划纲要》也明确指出,到2035年交通基础设施绿色化比例达到95%以上。

内河航运作为河流水资源综合利用的重要手段,以其"占地少、耗能低、污染小、成本低、运量大"的比较优势,在现代综合交通运输体系中具有不可替代的重要地位。而内河航道整治工程的建设必将对河流生态系统带来一定的挑战,因此在其建设与养护中贯彻"生态优先、绿色发展"的原则,进行航道建设和生态保护相协同已成为水运建设行业发展的必然要求。近年来"长江经济带""成渝双城经济圈""西部陆海新通道"等国家发展战略相继提出,西南地区未来经济必将得到进一步发展,随着"碳达峰、碳中和"双碳国家战略的实施,内河水运将会以其独有的天然优势在经济社会发展中发挥越来越大的作用,因此现有航道等级提升和扩能也将成为社会经济发展的必然要求,但由于诸多水生生态保护区的存在,河流生态保护与航道建设的矛盾也愈加突出。针对目前内河航道整治工程建设与河流生态保护突出的问题,围绕如何科学合理地协调工程建设与生态保护的关系,支撑内河航道生态建设的现实需求,尚需进一步深入探索和研究。

为此,四川岷江港航电开发有限责任公司联合四川省交通勘察设计研究院有限公司在四川省科学技术厅联合申报了"山区河流复杂滩险生态航道建设关键技术研究"科研课题,并依托岷江(龙溪口枢纽至宜宾合江门)航道整治一期工程将上述科研课题相关研究成果在工程项目中落地转化,形成了山区河流生态航道建设成套技术。本书对上述相关研究成果与工程实践进行了系统性整理,从山区河流生态航道水生生态监测、复杂水沙环境与水生生态响应机理、航道工程影响下鱼类栖息地演化模拟与评价、生态航道平面布局方法、通航-生态融合的生态型航道整治建筑物以及船舶航行噪声水下传播机制等6个方面分别进行了论述。

在本书撰写过程中,南京水利科学研究院、交通运输部天津水运工程科学研究院和重庆交通大学提供了大力支持和帮助,对本书内容提出了宝贵的意见。在此,向他们致以诚挚的感谢!

由于编者水平有限,书中难免存在不当之处,衷心希望读者朋友们批评指正,以便今后改进。

作　者
2024年5月

目录

1 绪论 ·· 1
   1.1 航道生态工程建设理念 ·· 3
   1.2 内河航道生态建设环境调查与监测 ·· 4
   1.3 水沙与水生生态响应机理 ·· 5
   1.4 鱼类栖息地演化模拟与评价技术 ·· 6
   1.5 航道整治工程布局设计方法和整治技术 ·· 7
   1.6 生态型整治建筑物 ·· 11
   1.7 依托项目 ··· 12

2 山区航道工程建设水生生态监测技术 ·· 15
   2.1 调查与评估方案 ··· 17
   2.2 航道工程与生态设计评价 ·· 44

3 电站调度影响下山区河流水沙环境变化与水生生态响应机理研究 ··························· 53
   3.1 模型建立与验证 ··· 55
   3.2 非恒定流下典型滩段水流特性分析 ··· 60
   3.3 非恒定流对鱼类主要栖息地的影响 ··· 68
   3.4 电站调度下近底生态基质响应室内试验 ··· 72

4 航道工程影响下的鱼类栖息地演化模拟与评价 ·· 81
   4.1 三维水沙数学模型 ·· 83
   4.2 敏感栖息地生态环境因子适宜度模型 ·· 96

5 山区河流生态航道整治工程布局设计方法和整治技术研究 ······································ 105
   5.1 生态型工程布局设计方法与整治技术 ·· 107
   5.2 岷江霸王滩滩群航道整治生态建设方案 ··· 111

6 通航-生态融合生态型航道整治建筑物新结构研发 ·· 137
   6.1 工程河段生态结构设计 ·· 139
   6.2 三维数值水槽模型和试验设计 ··· 141
   6.3 生态结构水动力特性及航道治理效果分析 ··· 146
   6.4 新型生态航道整治建筑物稳定性研究 ··· 150

7 船舶航行噪声水下时空传播机制 ·· 155
   7.1 船舶水下噪声声源特性研究 ·· 157
   7.2 船舶水下辐射噪声监测情况记录 ·· 161
   7.3 不同船型船舶水下噪声声源特性分析 ··· 163

7.4	不同吨位船舶水下噪声声源特性分析	178
7.5	船舶水下辐射噪声衰减规律	185
7.6	船舶水下噪声空间分布规律研究	187
7.7	深槽河段声场分布	192
7.8	分汊河段声场分布	199
7.9	弯道型河段声场分布	204
7.10	代表性鱼类的听觉阈值及行为反馈	209
7.11	考虑船舶水下噪声对鱼类影响的生态航槽判别	229

8 主要结论 ·············· 233

参考文献 ·············· 237

1 绪论

1.1 航道生态工程建设理念

(1)国外研究概况。

国外河流生态建设主要经历两个阶段。第一阶段是从20世纪30年代起,欧美发达国家一些学者就相继提出了"近自然河溪整治""生态工程"等概念。1938年德国学者Seifert提出"近自然河流治理"理念;随后于20世纪80年代,国外很多水利与生态环境保护的管理者和技术人员开始对河道整治技术中一些破坏生态环境的施工方案和技术进行反思。瑞士、德国等国家提出"亲近自然河流概念",河流的生态工程在德国称为"河川生态自然工程";日本称为"多自然型建设工法";美国称为"自然河道设计技术",即河流规划与建设应以接近天然河流为标准。基于这种理念,发达国家科技界和工程界针对水利工程对河流生态系统产生的负面影响,提出了如何进行补偿的措施,在此基础上产生了河流生态恢复的理论与工程实践,以欧洲莱茵河"鲑鱼-2000计划"和美国"密苏里河再自然化工程"等为代表。欧美西方国家和日本纷纷拆除以前在河床上铺设的硬质材料,在保证防洪的前提下,修建生态河堤,恢复河岸水边植物群落与河畔林,重塑良好的河流自然生态环境。

第二阶段是2000年欧盟议会通过了《欧盟水框架指令》(The EU Water Framework Directive),旨在为所有水立法提供一个框架,提出了绿色基础设施(Green Infrastructure)战略以及河流综合治理,根据气候、生态、地形和航道特点,对河流生态航道建设进行生态航道规划。美国陆军工程师兵团(USACE)在1999年6月完成了一份研究报告《河流管理——河流保护和恢复的概念和方法》(*Stream Management—Concepts and Methods in Stream Protection and Restoration*),对河流生态保护与恢复方面的问题进行了系统阐述。荷兰《河道堤防设计导则》(*Guide for the Design of River Dikes*)的总则中提出了"综合设计"的概念。德国技术标准《防洪堤》(DIN 19712)中包括了有关自然保护与生态环境方面的内容。2002年4月,英国发布《河流恢复技术手册》(*Manual of River Restoration Techniques*),该手册在1995年Cole Skerne河生态恢复技术总结的基础上,融合其他不同类型河流上15个工程的技术经验编写完成。

(2)国内研究概况。

第一阶段,2000年前后,国家"十五"重大科技专项"城市水生生态修复",以水质改善为目的标志河流生态治理正式开始;"十一五"期间又开展了国家重大科技专项研究,在城市水环境质量改善方面,选择武汉和苏州等11个典型城市,开展了城市水环境质量改善技术研究和综合示范,将城市水环境作为一个整体提出了城市水环境质量改善新理念,已形成适合不同城市特色的城市水环境质量改善技术与管理方案。

第二阶段,水利系统在2005年左右,以"河流健康"为标志进行河流生态状况评估和管理。上海市环境监测中心建立了适用于黄浦江水环境状态评价的指标体系,包括理化指标、生物指标、营养状况指标、景观指标4部分内容。水利部黄河水利委员会近年来提出了"维持黄河健康命"的治河理念。基于社会可接受、经济可发展和环境可持续的基本原则,刘晓燕认为黄河健康的指标包括:河川径流、水沙通道、水质、河流生态系统、供水能力、低限流量、平摊流量、湿地面积、水质类别等9类。蔡其华提出了由总目标层、系统层、状态层和要素层4级构成的健康长江评价指标体系。这是我国首个能采用数值表达的"健康"河流定量指标。水利部珠江水利委员会提出的河流健康指标由综合层、属性层、分类层和指标层组成。倪晋仁等考虑输水泄洪功能、航运、发电、供水、景观娱乐等指标评价河流健康状况。

第三阶段，2008年左右，航道生态建设理念深入人心，国内已注意将生态保护理念融入航道规划、设计施工、运营、维护和管理等环节。以交通运输部天津水运工程科学研究院为代表，全面梳理国内外的研究现状及围绕此方向主动强化水运科技服务，助力绿色水运发展，开展的主要研究有：①航道生态建设基础理论研究；②航道生态建设工程布局技术；③航道生态建设模拟理论与设计技术；④生态新结构、新材料；⑤航道生态建设评价理论；⑥采砂破坏航道生态修复技术；⑦航道生态建设技术标准（《内河航道绿色生态建设技术导则》）；⑧生态湿地修复技术；⑨生态工程应用研究等。

1.2　内河航道生态建设环境调查与监测

水生生态监测是进行水生生态系统规划与保护的关键环节，包括水环境监测与水生生物监测。与传统水环境监测相比较，水生生态监测是基于生态系统完整性视角，综合应用水文、水生生态学、生化、物理、化学等技术手段，对水体中的各类动物、植物、微生物等与环境之间的关系，以及水生生态系统结构、水生生态功能进行监控测试，是水生生态环境质量评价、水生生态环境保护修复、水资源合理利用的重要依据。然而由于生态系统本身具有显著的区域特征，各国都致力于发展适合本国河流的生物监测指标体系与技术方法。

(1)国外研究概况。

20世纪70年代，伴随着工业革命的兴起，水污染问题迅速席卷欧洲大陆。在水污染事件频发的背景下，欧洲各国开始出台相关法律，并开展对水生生态环境的监测，其中2000年颁布的《欧盟水框架指令》对水生生态监测的影响较为深远。就欧洲而言，水生生态监测涉及的项目主要为水质理化指标、水生植物、水生动物、水生微生物等。水生生态监测发展初期，监测指标涉及水温、电导率、浊度、氧化还原电位等。随着水生生态监测的不断发展，在线监测项目又增设了化学需氧量、矿物质等。现阶段，国外水生生态监测集成水位、水流量、生物毒性、微生物、细菌等更多参数，并且打破专业界限，综合水文、气象、水生生态等多领域专业数据，强大的数据传输能力也打破了区域界限，提升了水生生态监测的时效性。

(2)国内研究概况。

我国水生生态监测起步于20世纪90年代，至今已开展30多年。基本形成了覆盖江河湖泊的水生生态监测网，并且建立较为完善的布点、采样、运输、分析、评估等技术规范。2007年太湖流域大规模蓝藻的暴发，引起了社会各界的关注。为了促进水生生态监测工作的开展，2008年我国召开了水生生态监测与分析学术论坛，启动了全国重点水域藻类监测试点工作，直至2009年，藻类试点监测区域增加至30多个，构建了覆盖全国的藻类监测网络。2010年，《河流健康评估指标、标准与方法（试点工作用）》《全国重要河湖健康评估（试点）工作大纲》和一批水生生态监测规范相继出台。2013年，北京市、济南市和长江流域被列入全国水文系统水生生态监测试点市和试点流域；2014年，《水环境监测规范》(SL 219—2013)颁布，对水生生态监测的全面开展做出详细指导。水生生态监测一般需要采取常规监测与水质自动监测相结合的方式，即必测指标、选测指标、特定指标等常规监测项目与水温、pH值、总氮、总磷等自动监测项目相结合。常规监测执行国家地表水水环境质量标准中规定的方法,自动监测项目执行《地表水自动监测技术规范》(试行)(HJ 915—2017)。常规的点位采样技术能够提供较为精确的水质测量值,但监测周期长,难以进行空间尺度的准确描述,在湖泊、水库等大面积水域的水生生态监测中不具优势。

1.3　水沙与水生生态响应机理

　　鱼类处于河流生态系统食物链的顶端,通常被当作衡量河流生态环境优劣的评价指标。鱼类生存环境即鱼类栖息地的水文和理化环境条件,包括水沙、水质和河道特征等要素,为鱼类生长、繁殖及其他生命活动提供了必要的物理、化学和生物条件。国内相关学者围绕水沙因子与鱼类生态响应方面开展了大量研究。

　　通常认为,鱼类的中尺度栖息地主要包括产卵场、索饵场和越冬场,这三种场所属于时空相对静态的空间场所,其中产卵场是鱼类完成繁殖过程的场所,也是鱼类栖息地中重要而敏感的场所,在水生生态保护领域的相关研究中是主要关注的话题。除此之外,在时间上和河道纵向尺度相对动态变化的洄游通道,也是鱼类十分重要的栖息地,尤其是对于产漂流(浮)性卵鱼类,其早期发育过程是在长距离的降河洄游过程中完成,从产卵场开始顺水漂流可达上百公里,如中上游河段的长江四大家鱼和下游感潮河段的刀鲚。

　　由于鱼类产卵场对河道水动力环境要求较高,受水体环境的影响也较为明显,因此诸多学者从鱼类繁殖活动的角度,构建了鱼类栖息地评价模型中水动力因子相关的指标体系。如陈明千等从流体力学的角度出发,将鱼类产卵场的水力特性分为几何形态特征、水体运动学特征和水体动力学特征等三个层面,结合各指标对鱼类产卵的生态学意义提出了包括水深、流速、流速梯度、涡量及动能梯度在内的指标层,并以长江上游特有鱼类齐口裂腹鱼的产卵场为例,验证了各水力学指标的代表性;杨宇等分析了鱼类游泳行为与常规水力学因子之间的关系,而且还采用了一些新的特征量对鱼类栖息地的水流特征进行量化描述,如水流特征量(流速、流量和含沙量)、河道特征量(水深、底质类型和湿周)、无量纲量(Froude 数和雷诺数)和其他特征量(能量梯度、涡量和环量等);王远坤等阐述了河道水平涡量的计算方法,在水流数值模拟的基础上计算了6种流量条件下的葛洲坝下游中华鲟产卵场水平涡量分布,结合已知的产卵记录,分析了水平涡量与中华鲟产卵的响应关系;马巍研究了河流栖息地中的关键环境因子,建立了水深、流速、水温与水质的栖适度曲线,并采用优、良、中、差分级的评价方法,确定了河流栖息地评估中的分级标准。此外,还有刘稳借助室内水槽试验的手段,对鱼类生长与水流之间的响应关系开展了相关研究。

　　通过以往这些学者对天然河道鱼类产卵场及其他生境相关水动力环境的调查和研究,增进了鱼类生存环境与河道各个水动力因子之间关系的认识,为进一步研究水电工程非恒流泄流下对鱼类生存环境的影响机理奠定了基础。

1.4 鱼类栖息地演化模拟与评价技术

生态模型是一种真实生态系统的简化,这种简化决定于生态系统的特征和主要的环境问题,建立的生态模型可用来发展可靠的环境管理措施,通过环境管理以达到保护和改善生态系统状况的目的。

生态模型是以生态学为基础的数学实践,发展成以数学和计算机科学为工具的生态学研究,其最早在建模理论和环境治理方面得以广泛的应用。关于水体中污染物的生态模型研究,有三种趋势:①将研究焦点放在生物上,主要集中在污染物的生物累积和对种群的影响方面,建立了生物种群动态模型和生态毒理模型;②将研究焦点放在化学污染物方面,试图通过对污染物的研究,与生态效应建立关系,从而预测水体中污染物的生态风险性的水质生态模型;③20世纪70年代以来,自然环境变化和水利、航运等河流开发建设活动的影响,导致物种灭绝或种群完整性丧失,产生将水动力学与生态学相结合的生态水力学科,研究物种栖息地适合度的生态模型发展迅猛。

栖息地通常指某种生物或某个生态群体生存繁衍的地域或环境类型,不但包含生物的生存空间,而且还包含有生存所依赖的全部环境因子。对于鱼类而言,其栖息地包含完成其全部生活史过程所必需的水域范围,包含产卵场、索饵场、越冬场和洄游通道等。换句话说,栖息地不仅提供鱼类生存空间,同时还提供满足鱼类生存、生长、繁殖的全部环境因子,如水温、地形、流速、水质、饵料生物等方面。

鱼类栖息地的保护和重建是通过对鱼类原有栖息地时空过程、物理、化学及生物环境的详细调查和分析,借助水利工程、生物工程或流域管理等手段,减缓工程建设对原有栖息地的破坏,或根据破坏程度对其进行部分或整体修复。其目的是保护鱼类种质资源持续利用和渔业的可持续发展。

栖息地水力学条件是河流水文过程的微观表现,鱼类栖息地水力学实际上就是研究鱼类产卵场、索饵场、越冬场及其洄游通道等水力学特征,该问题最早是由水资源配置中维持河流最小流速和流量问题发展而来。由于河流水环境退化,鱼类栖息地受到威胁加重,通过对鱼类栖息地水力学特征的研究,寻找满足鱼类生存和繁殖的水力学环境是河流开发各方所共同面临的问题。

20世纪70年代,美国鱼类及野生动植物研究所开发了物理栖息地模拟模型(PHABSIM,Physical Habitat Simulation Model),采用河道内流量增加法评价河流流量增加变化对栖息地的影响。其结果通常用来评价水资源开发建设对水生栖息地的影响。PHABSIM为一维模型,主要计算河流的水深和流速,不能模拟局部复杂的水流情况。2000年以来,加拿大阿尔伯塔大学开发的二维RIVER 2D模型除可供模拟河流水动力过程之外,还能模拟小生境单元内生物栖息地的变化。水生栖息地模拟模型(Aquatic Habitat Simulation Models,AHSMs)包含物理模型和生物学模型两部分,但是AHSMs在生态方面的功能更加强大。其他模型还有德国斯图加特大学开发的CASiMiR模型,通过模拟河道水文变化对生物的影响,研究鱼类栖息地的变化。

杨宇通过对现场测量和数据整理,获得中华鲟对流速水深的相应关系,分析了中华鲟栖息地产卵期水力学特征,并建立了中华鲟有效栖息地面积流量关系。易雨君从实测资料统计分析的角度,通过对中华鲟和四大家鱼生活、产卵习性的调查研究,总结归纳出影响中华鲟和四大家鱼生存繁殖的关键生态因子及各因子的适合度曲线,建立了各自栖息地适合度方程,与一维和二维水流模型相结合,对葛洲坝不同下泄流量条件,中华鲟和四大家鱼栖息环境的关键因子进行模拟研究,分析了葛洲坝坝下河段中华鲟栖息地适合情况,和不同日均涨水幅度对"四大家鱼"栖息地适合度的预测。

目前的水生生态模拟理论构筑起了水力学计算与生态学特征表述间的理论联系,能够依据特有鱼类的栖息、产卵习性通过对水文过程的调节,人工提供出适宜的栖息环境。但具体到航道整治工程,诸如航道整治建筑物、船舶等人工干预过程,均涉及局部水动力场的变化调整,具有典型的三维特性,也涉及局部河床地形的调整变化。不论是水动力场调整,还是地形变化,对水生生物栖息生境都有重大影响。因此,开发针对航运开发的三维水沙-栖息地模拟理论与技术,对于解决航运开发过程中面临的生态问题,推动水生生态模拟理论与技术发展均具有重要意义。

1.5 航道整治工程布局设计方法和整治技术

航道整治工程平面布置和整治结构应用是传统航道工程设计的两个重要方面。武汉大学、交通运输部天津水运工程科学研究院、长江航道局等在工程布局中增加生态涵养区、生态庇护区等修复营造区,开展生态型整治结构技术和工艺方面的研究。交通运输部天津水运工程科学研究院侧重工程建设与河流生态的关系研究,提出生态航道的内涵与外延,明确了生态航道基本概念、评价方法与治理技术体系,主编了《内河航道生态建设技术指南》。国外将工程、生态与防洪设计融为一体,开展流域尺度上的河流环境综合治理。国内在通航-生态功能一体化设计理论与生态型结构研究方面亟须加强。

我国水生生态治理及生态航道发展经历了3个阶段:

(1)20世纪80年代以前,河流的环境管理主要是依靠监测河流的物理和化学水质指标。这种不考虑水文指标和生物指标的环境理念,并不适用于河流生态系统的管理。

(2)2005年左右,基于"河流健康"评价的河流生态管理在我国开始流行。"河流健康"既包含了河流的生态功能健康,也包括了河流的水利、航运、防洪等社会功能完整性,但河流的航道功能并非该方法的重点内容,水利部长江水利委员会建立的健康长江评价体系便是代表之一。

(3)到2008年,专门针对我国内河航道生态建设与保护的理念开始形成,"生态航道"的概念被正式提出。国内学者对生态航道也开展了大量研究。董哲仁从用水需求和生态系统的完整性出发,将水工学和水生生态学相结合,提出了"生态水工学"(Eco-Hydraulic Engineering)的概念;雷国平初步提出了长江航道工程生态建设的基本定义和科学内涵;倪晋仁等综合航运功能、生态功能和河流其他社会服务功能的相互关系,初步建立了生态航道理论框架;左甲鹏在西江航道也开展了一系列生态航道研究,在生态疏浚施工方面提出了一套完善的施工过程控制措施,并在工程实践当中取得了较好效果。

航道整治工程在满足航道治理标准,并充分考虑生态效益的情况下,包括工程平面布置和生态型结构和材料应用两个方面。其中,如何合理地进行平面布置使得整治工程的生态效益和工程效益最大化是值得探究的问题,通常采用如下措施:

(1)护岸工程的平面布置。护岸工程应随坡就势,并避免大范围的直立式护岸。从自然性原则出发,整治工程应尽量保持河道的原有形态。护岸工程作为航道整治的重要组成部分,应当体现人与自然和谐发展的理念,顺应河道形态布置,减小对地貌的改变程度,尽量避免大范围的直立式护岸。同时要因地制宜,根据不同河段的水文特征分别布置,不可一概而论。除了直接在岸坡上进行保护工作,还可通过间接保护的方式进行护岸。例如平行岸坡布置顺坝或钢板桩,既能保护岸坡,又能为水生生物提供庇护,而且保留了原有的岸坡形态。

(2)护滩工程的平面布置。护滩工程是为防止塌滩而在滩岸线上做的工程。中国明代已有"守堤不如守滩""滩存而堤固"的经验。但护滩工程应注意不能矫枉过正,在平面布置上应采用条状间断守护的方式,避免将河床全部覆盖。

(3)筑坝工程的平面布置。接岸筑坝工程可将坝体布置为L形或J形,并在坝体中预留缺口,充分发挥坝体拦截水流和导流的作用;具备建设施工条件的工程河段,可在江心筑坝,将坝体设置为U形。

(4)疏浚工程的平面布置。对于生态环境敏感区的工程,在平面布置上应尽可能调整航道布置,减少疏浚工程区面积。

(5)储泥坑的平面布置。储泥坑的布置应当避开水下建筑物、障碍物、水产养殖区和生态环境敏感区,优先选择土质较软、水下地形平坦、与取土区有航路连通、风浪小、水流平缓的区域,同时考虑离取土区、吹填区较近且管线布置较为方便的位置。

(6)抛泥区的平面布置。抛泥区的布置应避开障碍物、水产养殖区和生态环境敏感区,优先选择土质较软、水下地形平坦、与疏浚工程区有航路连通、风浪小、水流平缓的区域。

(7)清礁工程的平面布置。对于生态敏感区的清礁工程,在平面布置上应减少清礁工程的面积。

生态型结构和材料应用方面。需要对护岸、护滩、护底、坝体等工程开展新材料、新结构、新工艺研究,实现传统结构兼具生态功能。在岸滩消落带形成利于植物生长的环境、减少坝体对鱼类活动的干扰,为鱼类栖息、繁衍提供适合的场所。建立生态型整治建筑物运行状态的检测及工程效果判定标准,填补生态结构在物理模型和数值模拟方面的空白。在航道整治景观设计中实现工程建设与生态保护有机结合的显著优点,解决景观建设思路、设计、应用三个方面的难题。

自1989年以来,美国陆军工程师兵团(USACE)就密苏里河流域干流梯级水库、渠化和航运工程建设所产生的生态环境影响向美国鱼类及野生动植物管理局(USFWS)展开咨询,对浅水栖息地进行了明确的定义,指出水深不大于1.5m,且流速不大于0.6m/s的河漫滩、河湾回水区、支汊、沼泽、沙洲、河心岛和主河道,均是适宜以上3种生物生存的重要生境。要求自加文斯角大坝至河口圣路易斯总计1305km(811mile)的坝下河段,至少恢复至每公里河段7.5hm²(30acre/mile)浅水栖息地的水平。为此,美国陆军工程师兵团按上述标准在该河段建设了大量的浅水栖息地,截至2010年前后,共建设了超过1300hm²的浅水栖息地,每公里河段接近1hm²,恢复面积不到原来的3%。浅水栖息地建设按照实施区域的不同可分为以下三类:

(1)在主航槽区域:缺口丁坝、缺口护岸、丁坝高程削减和鱼嘴等。
(2)在边滩和支汊区域:导航槽、边沟和回水区。
(3)示范工程水力学与水生生态学调查。

近年来,在我国长江等主要通航河流上所实施的航道整治工程多选择外界环境相对宁静、通航需求较小的支汊试点建设较大范围的生态涵养区,作为补偿航运工程开发对水域生态影响的措施,进行生境补偿或生境重构,涵养区建设包括增殖放流、产卵场再造、船舶交通流引导和局部生境改良等措施。其中,在施工期每年进行一次增殖放流,放流对象以四大家鱼、珍稀保护性鱼类以及豚类饵料鱼为主,放流量根据涵养区水域面积大小确定。在涵养区内河床上分别铺设30cm厚卵石和透水框架并结合沉水植物种植,人工营造出产沉性卵和黏性卵的产卵场,进行局部生境改良。在河流支汊进出口岸边设置大型引导牌,提示过往船舶尽量避免支汊通航。

通过航道整治建筑物自身特点,改善局部流态,营造水域栖息空间,实现航道工程生态保护的目的。下面以美国密西西比河上一种类似我国鱼嘴工程的整治建筑物 blunt nosed chevron(钝头V字坝)为例对其进行说明(图 1.5-1)。不同于鱼嘴工程仅布置在江心洲洲头位置,其单个或多个连续布置在航槽一侧,既能调整分流比,改善通航,又能在河道中为水生生物营造局部栖息空间。该整治建筑物具有以下特性:①坝后形成半封闭的静水区域,构造出急流-缓流交替的多样化流场,为生物栖息提供庇护场地;②洪水季水流漫过坝体,在坝体下游形成局部冲坑,水深相对较深,可以为鱼类提供越冬场地;③坝后淤积水下浅滩,水深较浅(不大于1.5m),水流相对较缓,光照充足,水温适宜,利于水生植物生长。

图 1.5-1 美国密西西比河 blunt nosed chevron 整治建筑物

航道整治丁坝在实现束窄水流、控导水沙、稳定边滩和防护岸坡功能的同时,也容易在近岸坝田区形成大片连续型淤积体,而近岸浅滩因其多样化的生境条件是水生生物重要的栖息地。为提高近岸浅滩的生境条件,恢复主流与边滩的连通性,在整治丁坝坝身上开挖过流槽,使上下游坝体形成连续的过流通道。该整治建筑物具有以下特性:①提升坝田区栖息生境多样性(流态多样性),增强近岸水流活性;②改善坝田区淤积形态(地形多样性);③创造幼鱼通道,避免生境破碎化;④遏制坝田区形成大片连续型淤积体。

目前开口丁坝整治结构形式在美国的密西西比河、密苏里河,欧洲的莱茵河、易北河都有相当广泛的应用(图 1.5-2),同步的现场监测也已在多处实施,种群数量和物种多样性普遍得到不同程度提升,但完整的效果评价还有待进一步确定。

a)整治丁坝群与坝田区淤积体

b)整治丁坝群开口与坝田区生境改善

图 1.5-2　莱茵河上游航道整治工程

用混凝土或钢筋混凝土预制而成的四角锥体、钩连块体、扭王字块等人工块体构件(图 1.5-3),最早应用于潮汐河口护面,近年来在内河航道整治工程中也多用应用。其中,透水空心方块为镂空正方体形预制构件,在水流冲击下发生位移、滚动时也能保持高度不变,继续发挥作用。构件采用钢筋混凝土结构,混凝土强度等级为C30,钢筋采用Ⅱ级钢筋,正方体边长为1m,每边含1根长0.8m的ϕ8mm钢筋,钢筋距离透水空心方块体外壁8cm,公差±2cm。单个透水空心方块透空率为0.352,质量为1832kg。

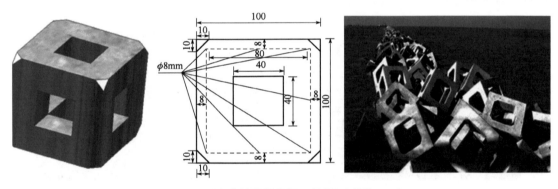

图 1.5-3　透水方块及其筑坝工程(尺寸单位:mm)

四面六边透水框架(群)是一种减速促淤的护滩结构,框架体杆件能够阻水消能,降低水流对滩体的冲刷,当流速小于水体中泥沙沉降速度时,泥沙沉淀落淤,利于滩面发育,框架体之间的空间既能够透水,也能为浮游、底栖生物甚至鱼类提供栖息场所。框架结构在水流冲击下即便发生倾覆、翻滚,也不影响其功能的发挥。目前框架多采用钢筋混凝土结构整体预制而成,可以水上抛投,也可以滩面铺设。施工工艺包括模具预制、分区抛投或滩面铺设。

四面六边透水框架(群)在长江倒口窑心滩、腊林洲和东流水道等航道整治工程都有应用(图 1.5-4)。

图 1.5-4　四面六边透水框架护滩结构

综上,生态化设计理论的主要研究内容需从认识河流的自然属性入手,原则上应保留或恢复河流上下游连续性、横向连通性和垂向透水性为主,探讨协调工程平面布置与河流自然属性保留或恢复的思路和方法。生态化设计理论应明确航道建设的首要目标,关注的重心不能仅局限于航槽内水深、流速和流态条件的满足,应扩大至整个河道范围,包括航道设计对边滩、江心洲和沙洲的破坏、覆盖,和对河湾、支汊的封堵或限制等方面影响的考虑。生态化设计应贯彻全域设计的理念。分析河流栖息生境变化对工程平面布局调整的响应,以栖息生境面积大小、多样化水平和连通性强度等表征栖息地质量的因子为参考,对航线位置、整治建筑物类型、尺寸和间距等平面设计参数进行优化。

1.6　生态型整治建筑物

新型生态坝体是一种水下人工结构,在恢复河流的生态功能和鱼类栖息地方面有一定的作用。潜坝使得水流在坝体后形成遮蔽水域。遮蔽水域水流速度较慢,适合鱼类栖息、产卵。通过潜堤复杂的外观设计,当水流通过潜堤时,会发生涡旋、水流分流和水流扰动等现象。这些复杂的水力特性为鱼类提供了多样的栖息环境,产生"人造鱼礁"的效果。人造鱼礁是一种被广泛应用的生态结构,由于提供了多样的栖息环境,不同种类的鱼类、甲壳类、软体动物和珊瑚等生物可以在鱼礁周围共同生存,最终形成海洋牧场。研究人员研发了各种各样的鱼礁形式,都以形成复杂的流场形态和足够大的背涡流区为最终结构优化目标。生态潜坝作用机理与之类似,一方面,设计不同的结构形式,达到人造鱼礁的效果;另一方面,通过增加透空性,使上下游水体得以连接,这对于物种的迁移、营养物质交换以及生物多样性维持都具有积极意义。不局限于外观设计,传统普通潜坝通过合理的布置、组合摆放,也能创造出蜿蜒、复杂的水力生境。

目前,国内已有的生态航道整治实践多采用预制异性构件或混合式坝体,如半圆筒透空构件、梯形透水潜坝、WES 曲线形透水坝、齿形构件等(图 1.6-1),大多采用上部为构件、下部为抛石的安置方式,工程实施位置均位于长江下游地区。曹民雄等针对长江南京段以下河段水文泥沙、河床组成特点及生态环境现状,提出采用半圆筒透空构件,能够改变工程区域上升流、背涡流流场结构,从而改善水生生物的诱饵场、产卵场和避难所,同时坝体结构本身也可以成为水生生物的栖息地。常留红等通过数值模拟和现场观测等方法,论证了梯形透空潜坝周围的底栖密度相对稳定,适合底栖生物的长期居住,且相较于顺直河段,潜坝周围的底栖密度和多样性都有提高。胡杰龙借鉴溢流堰溢流面WES曲线设计了不同透水率的新型丁坝,新型透水丁坝能够为鱼类洄游提供上溯通道,营造有利于鱼类上溯和产卵的水动力条件和地形条件,提高草鱼上溯成功率。夏云峰、蔡喆伟等通过建立阻挡流量与水流力系数之间的函数关系,推导出齿形构件潜坝的形式较为简单的水流力计算公式,并进行了水流力系数的敏感性分析,但齿形结构的生态效果尚未得到研究。

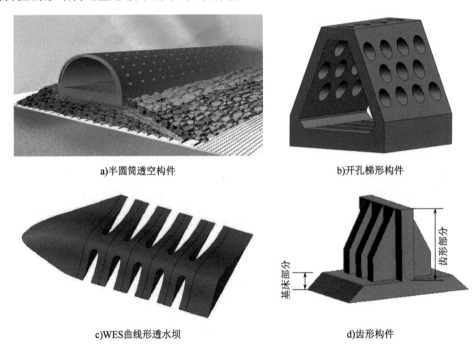

a)半圆筒透空构件　　　　　　　　b)开孔梯形构件

c)WES曲线形透水坝　　　　　　　d)齿形构件

图1.6-1　长江下游应用的新型潜坝结构形式

通过潜坝复杂的结构设计,能够产生"人造鱼礁"的效果。在栖息地修复、提升局部生境异质性、吸引鱼类聚集、推动能量传递和物质输送等方面具有显著成效,能够修复河流的生态。但目前所实施的生态坝工程主要分布于长江下游地区,在山区河流地域,尚缺乏针对其特有水文条件的潜坝设计。

1.7　依托项目

岷江(乐山—宜宾段)是四川省大件装备产品进出川的唯一通道,系《全国内河航道与港口布局规划》"两横一纵两网十八线"中主要干支流高等级航道,是构建国家高等级水运网的重要组成部分。2008年8月,四川省发改委组织四川省交通勘察设计研究院有限公司和四川省水利水电勘测设计研究院开展了《岷江(乐山—宜宾段)航电规划报告》的编制工作。2009年2月该报告经省政府第27次常务会审议通过。2009年3月四川省人民政府以"川府函〔2009〕67号"对《岷江(乐山—宜宾段)航电规划报告》进行了批复。根据《岷江(乐山—宜宾段)航电规划报告》及审查意见,岷江乐山—宜宾段规划拟采用梯级渠化与航道整治相结合的开发方式,同时考虑月波至宜宾翠屏区段为珍稀鱼类国家级自然保护区的实验区,规划提出近期采取"渠化上段、整治下段",即建设老木孔、东风岩、犍为和龙溪口四个梯级,渠化航道81km;整治龙溪口枢纽—宜宾段航道81km的开发方案。

  岷江(龙溪口枢纽—宜宾合江门)航道整治一期工程新房子—河口段位于长江上游珍稀特有鱼类保护区的实验区,经环评和鱼评充分论证后,于2021年正式实施。目前该工程项目基本完工。此外,岷江(龙溪口枢纽—宜宾合江门)航道整治二期工程河段位于长江上游珍稀特有鱼类保护区的缓冲区。目前由于生态环保原因,暂未实施。

2　山区航道工程建设水生生态监测技术

针对研究河段航道工程对水生生态环境影响、珍稀濒危水生生物保护、生物入侵等生态环境问题,以环境生化指标监测和水生生物(底栖动物)监测为对象,采用渔获物和鱼探仪结合的方法调查每个采样点的理化因子、流速、水深、底质及覆盖物等环境条件和附着藻类、底栖动物等生物因子;构建从生态护岸到航道水体水陆一体的航道生态系统监测方法,为内河航道工程的生态设计和评价提供基础性数据支撑。

2.1 调查与评估方案

2.1.1 研究目标

(1)通过水生生物和水环境调查,全面掌握霸王滩工程河段水环境与水生生物及其生境现状。

(2)以鱼类早期资源调查为重点,了解霸王滩工程河段鱼类关键生境的质量和数量及其可获得性。

(3)针对霸王滩生态航道设计,分析航道工程的生态影响,评估霸王滩生态航道建设效果。

2.1.2 研究设计

(1)调查内容。

水体理化因子、浮游动植物、附着藻类、底栖动物、鱼类早期资源及其生境,重点调查航道工程区域鱼类早期资源和育幼饵料资源(底栖生物和附着藻类)状况。

(2)调查断面和样点设置。

基于调查目的,霸王滩共设置4个调查断面、4个工程点。①设置4个调查断面,用于确定岷江霸王滩水环境与水生生物现状,其中Ⅰ断面和Ⅱ断面分布在工程措施段,根据断面长度依次设置5个采样点、3个采样点;Ⅲ断面分布在工程河段无工程措施段,含3个采样点;Ⅳ断面为对照断面,含3个采样点;共计采样点14个。②设置3个工程措施水域调查,分析不同工程措施及其生态设计的效果,其中工程点1位于生态涵养区(抛泥区),工程点2位于开孔齿坝丁坝区,工程点3位于生态护岸工程区;另设置工程点4作为对照点。

(3)调查时间设置。

在岷江鱼类繁殖期(2022年5月11—16日,工程建设前)和越冬时间段(2023年2月20—24日,工程建设中)开展2次现场调查。

2.1.3 调查方法

采用常规方法采集和调查各样点的水体理化因子、浮游动植物、附着藻类、底栖动物,采用鱼类早期资源采样和实地考察河流的地势、水流、水深等特性(图2.1-1),掌握该河段鱼类关键生境的分布和功能。

图 2.1-1 现场调查图

(1)水体理化因子:水深、透明度、水温、电导率、盐度、pH值等现场测定。水深用 SM-5 型便携式超声波测深仪测定,透明度用 Secchi 盘测定,水温和溶解氧用 YSI-Pro ODO 光学溶解氧仪测定,电导率、盐度和 pH 值用 YSI-Pro Plus 便携式多参数水质分析仪测定。

调查江段地形、地貌和气候等以文献资料为主;流量和水位采用水文站数据。

(2)浮游植物:定性样品使用 25 号浮游生物网在湖面以下 0.5m 处以 20~30cm/s 的速度作"∞"字形拖动,视浮游植物量的多寡捞取 1~3min,然后把浮游生物网提起,待滤去部分水后将浮游植物收集于贴好标签的标本瓶内,并用 4% 的甲醛溶液现场进行固定。浮游植物定量样品用 5L 的有机玻璃采水器采集水下 0.5m 处水样 1L,现场加入鲁哥氏剂 10mL 固定样品。在室内静置沉降 48h 后,浓缩定容到 30mL(若样品中藻类密度较高,为便于计数,也可定容到 50mL 或 100mL)。计数时,用 100μL 的移液枪吸取 0.1mL 均匀样品于计数框中,在光学显微镜 10×40 倍视野下进行计数,每个标本计数两次(以群体形式存在的藻类,如微囊藻,直接计数细胞),每次视藻类密度计数 30~100 个视野,两次计数误差在 15% 以上时,则需要计数第三片标本,取平均值作为最后的结果。种类的鉴定参照相关资料,如胡鸿钧和魏印心的新版《中国淡水藻类——系统、分类及生态》鉴定。

室内先将定量采集样品浓缩、定量至约 30mL,摇匀后吸取 0.1mL 样品置于 0.1mL 计数框内,在显微镜下按视野法计数,数量较少时全片计数,每个样品计数 2 次,取其平均值,每次计数结果与平均值之差应在 15% 以内,否则增加计数次数。

(3)浮游动物:轮虫定性样品与浮游植物使用同一个采集样品。枝角类和桡足类定性样品的采集使用 13 号浮游生物网在湖面以下 0.5m 处以 20~30cm/s 的速度作"∞"字形拖动。轮虫和桡足类的无节幼体的定量样品与浮游植物的定量样品使用同一个。枝角类和桡足类的定量样品用25号浮游生物网过滤水下0.5m处20L水体,放置于贴好标签的标本瓶内,并用4%的甲醛溶液现场进行固定。浮游动物的定量样品使用1mL的计数框进行,计数2～5片不等,视样品内浮游动物的浓度而定。种类的鉴定参照相关资料,如王家楫的《中国淡水轮虫志》、诸葛燕的《中国典型地带轮虫的研究》、蒋燮治和堵南山的《中国动物志节肢动物门甲壳纲淡水枝角类》和沈嘉瑞的《中国动物志节肢动物门甲壳纲淡水桡足类》进行。

将采集的轮虫定量样品在室内继续浓缩到30mL,摇匀后取1mL置于1mL计数框中,盖上盖玻片后在10×10倍的显微镜下全片计数,每个样品计数2片;同一样品的计数结果与均值之差不得高15%,否则增加计数次数。定性样品摇匀后取2滴于载玻片上,盖上盖玻片后用显微镜检测种类。

将采集的枝角类和桡足类定量样品在室内继续浓缩到10mL,摇匀后取1mL置于1mL计数框中,盖上盖玻片后在4×10倍的显微镜下全片计数,每个样品计数10片。定性样品倒入培养皿中,在解剖镜下将不同种类挑选出来置于载玻片上,盖上盖玻片后用压片法用显微镜检测种类。

轮虫生物量的计算采用体积换算法。根据不同种类的体形,按最近似的几何形测量其体积。枝角类和桡足类生物量的计算采用测量不同种类的体长,用回归方程式求体重进行。

(4)附着藻类:每个样点刮取3～5个卵石的附着物,用10%福尔马林固定后在试验室进行种类鉴定、分类计数和称重。

(5)底栖动物:底栖动物分四大类,分别为寡毛类、软体动物、水生昆虫、其他类群。定量采集使用$1/16m^2$彼得森采泥器,每个样点采集1次,部分水域因水深较浅采用D型网(柄长1.5m,网孔为60目)采集1次,采集面积约为$0.5m^2$;定性样品采集使用D型网结合手捡进行,D型网适用于在水草中或更浅的水体岸边采取大型底栖动物;同时,在河岸带石块、枯枝、树叶等基质上捡取定性样品。采集的泥样经60目的铜筛筛洗后在解剖盘中将标本捡出,用75%乙醇固定后在试验室进行种类鉴定、分类计数和称重。

(6)水生维管束植物:水生植物群落调查采用样点法、样带法相结合的方法,每个点随机设置3个1m×1m的草本植物样方调查挺水植物、漂浮植物和浮叶植物等,记录样方内的物种及其数量、高度、覆盖度等,称取样方内植物干重,记录的方式包括数码拍摄记录和书面记录。此外,对沿岸带开展定性调查,记录所观察到的物种。

水生植物种类的鉴定参考《中国水生植物》和《水生植物图鉴》。

(7)鱼类早期资源调查:采用圆锥网(网目为0.5mm)进行仔鱼样品采集,网口为圆形、半径为0.8m,网口面积约$2m^2$。每次每个调查样点使用圆锥网拖行3次(10min/次)采集仔稚鱼。流量计固定在网口中央,测量每次采样的网具过水量。样品在4%的甲醛溶液中保存2.5小时,之后转入75%中性酒精溶液中,并带回试验室保存、分析。

根据分子生物学结合形态学方法鉴定仔鱼种类至最低分类水平。对每个样品的每个种或者分类单元个体进行计数。通过已测量的过水量、网口面积和样品采集时间对每一次样品采集时的过网流量进行计算。仔鱼的密度为每$1000m^3$过网流量的仔鱼数量。

2.1.4 调查结果

2.1.4.1 水生生态现状

岷江流域地形变化十分复杂,下游段起自乐山市城东大渡河入汇处,河床显著增宽,分汊增多。该段汊流滩险较多,河漫滩发育,水量丰富、滩沱分明,具有较好的航运发展潜能。

工程区内最为发育的地貌为侵蚀堆积的河漫滩、一级阶地和冰水堆积高阶地,几乎覆盖整个工程区;构造剥蚀地貌在工程区内岷江左岸较为广泛发育,在岷江右岸仅局部发育,主要表现为深切窄谷脊状丘陵地貌和浅切丘陵高地地貌;构造侵蚀地貌仅在工程区岷江两岸局部有所发育,主要表现为参差状低山山地地貌和中切割脊状中山山地地貌。

2.1.4.2 水环境因子

调查结果显示,各采样点透明度、水温、溶解氧、电导率、盐度、pH值差距不大。工程施工前水温、电导和pH值平均值大于建设中,其他指标小于建设中(表2.1-1)。

岷江霸王滩工程施工前和建设中水质数据   表2.1-1

采样点	采样时期	透明度(m)	水温(℃)	溶解氧(mg/L)	电导率(μS/cm)	盐度(×10⁻³)	pH值
断面Ⅰ	工程施工前	0.29	19.1	7.6	290.3	0.2	7.6
	工程建设中	0.58	11.1	21.2	261.4	0.2	7.5
断面Ⅱ	工程施工前	0.23	19.1	7.4	290.5	0.2	7.6
	工程建设中	0.33	11.1	27.5	246.2	0.2	—
断面Ⅲ	工程施工前	0.30	19.3	7.5	292.2	0.2	7.6
	工程建设中	0.53	11.1	21.1	247.2	0.2	—
断面Ⅳ	工程施工前	0.33	19.1	31.8	281.6	0.2	7.6
	工程建设中	0.53	11.2	25.2	249.7	0.2	—
工程点1	工程施工前	0.33	19.2	7.4	291.3	0.2	7.1
	工程建设中	0.50	10.9	10.84	263.1	0.17	7.06
工程点2	工程施工前	0.08	19.3	7.3	291.3	0.2	7.7
	工程建设中	0.70	11.0	11.30	264.7	0.17	7.27
工程点3	工程施工前	—	—	—	—	—	—
	工程建设中	0.55	11.0	34.6	262.7	0.2	7.3
工程点4	工程施工前	0.13	19.3	7.3	291.3	0.2	7.7
	工程建设中	—	—	—	—	—	—
平均值	工程施工前	0.24	19.19	10.89	289.79	0.16	7.55
	工程建设中	0.53	11.04	21.67	256.43	0.17	7.28

2.1.4.3 浮游植物

霸王滩两次调查共检出浮游植物7门85种(含变种);其中工程前采集种类63种,工程建设中采集种类71种。在所有种类中,硅藻门种类最多,达54种(属),占总种类数的63.53%;其次是绿藻门19种(属),占22.35%;蓝藻门6种(属),占7.06%;其他4门都是1~2种(属),占比很低。对比工程前与建设中的种类组成,均以硅藻门、绿藻门为优势类群;金藻门、隐藻门和甲藻门种类为偶见种,仅在个别调查时段或水域有分布。从浮游藻类分布看,断面2和断面4的种类数最高,分别有68种(属)和66种(属);断面1的种类数最低,仅47种(属)。三个工程点间的种类数相差较小,分别是44种(属)、42种(属)和45种(属)(如图2.1-2所示)。

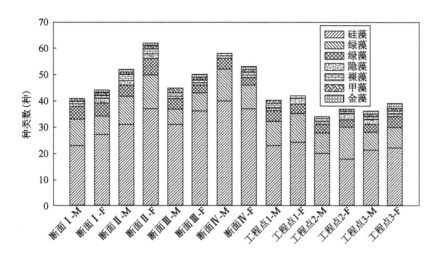

图2.1-2　岷江霸王滩浮游植物各类群种类数的空间分布

浮游植物的总密度平均值为$5.91×10^4$ind./L,平均生物量是$2.14×10^{-2}$mg/L。各调查位点中浮游植物密度以工程点1第二次调查(1-F)最高,平均值为$6.97×10^4$ind./L,其次为断面1第一次调查(1-M)、断面4第一次(4-M)和第二次调查(4-F)的,平均值分别为$6.88×10^4$ind./L、$6.49×10^4$ind./L和$6.39×10^4$ind./L(如图2.1-3所示)。浮游植物生物量以断面2第一次调查(2-M)的最高,为$3.24×10^{-2}$mg/L,其次为断面3第一次调查(3-M)、工程点1第一次调查(1-M),平均值都是$2.57×10^{-2}$mg/L(如图2.1-4所示)。

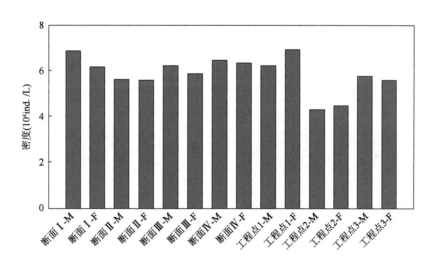

图2.1-3　岷江霸王滩浮游植物密度的空间分布

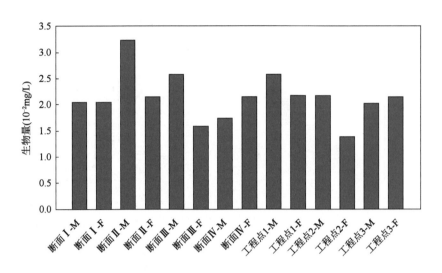

图 2.1-4　岷江霸王滩浮游植物生物量的空间分布

2.1.4.4　附着藻类

通过着生藻植物鉴定与计数,确定不同断面工程施工前和建设中着生藻多样性、组成和分布。工程施工前鉴定着生藻共计6门59种。其中,蓝藻门共2种(属),占比3.39%;绿藻门共11种(属),占比18.64%;硅藻门共38种(属),占比64.41%;隐藻门4种(属),占比6.78%;甲藻门1种(属),占比1.69%;裸藻门3种(属),占比5.09%(图2.1-5)。工程建设中共鉴定着生藻共计7门97种。其中,蓝藻门共8种(属),占比8.25%;绿藻门共21种(属),占比21.65%;硅藻门共59种(属),占比60.82%;隐藻门4种(属),占比4.12%;甲藻门1种(属),占比1.03%;裸藻门2种(属),占比2.06%;金藻门2种(属),占比2.06%(图2.1-6)。工程建设中的着生藻种类数大于施工前。工程施工前和建设中,断面Ⅰ种类均最多,分别为43种(属)和72种(属)。断面Ⅳ丰水期种类最少,为12种(属)。各个位点硅藻门为优势类群。

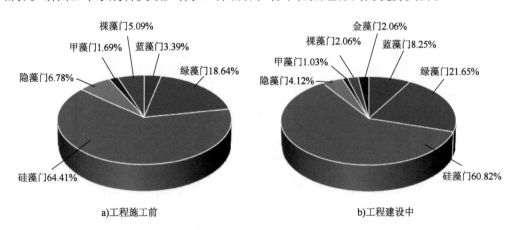

a) 工程施工前　　　　　b) 工程建设中

图 2.1-5　岷江霸王滩着生藻类组成

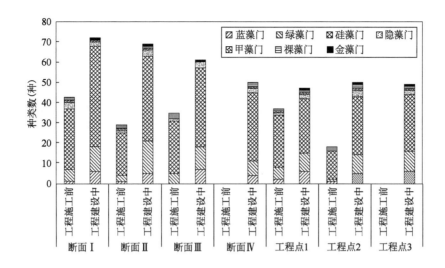

图 2.1-6　岷江霸王滩着生藻种类数

不同断面着生藻平均细胞密度差异较大。工程建设中的细胞密度大于施工前。年平均细胞密度为 $9.43×10^5$cells/cm^2。其中，工程施工前平均细胞密度为 $0.29×10^5$cells/cm^2，变幅为 $0.08×10^5 \sim 0.76×10^5$cells/cm^2；工程建设中平均细胞密度为 $15.96×10^5$cells/cm^2，变幅为 $9.32×10^5 \sim 26.14×10^5$cells/cm^2。其中，工程施工前断面Ⅰ着生藻细胞密度最高，为 $0.76×10^5$cells/cm^2。工程建设中工程点2细胞密度最高，为 $26.14×10^5$cells/cm^2。工程建设中的着生藻平均细胞密度均高于施工前(图2.1-7)。

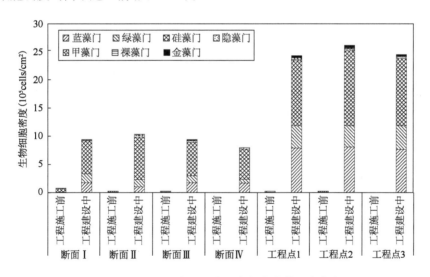

图 2.1-7　岷江江段不同断面各门着生藻细胞密度

不同断面着生藻平均生物量差异较大。年均平均生物量为2.05mg/L。其中，工程施工前着生藻平均生物量为0.11mg/L，变幅为0.02~0.32mg/L；工程建设中着生藻平均生物量为3.44mg/L，变幅为1.22~5.42mg/L。其中工程施工前和建设中工程点2着生藻平均生物量均最高，分别为0.32mg/L和5.422mg/L(图2.1-8)。

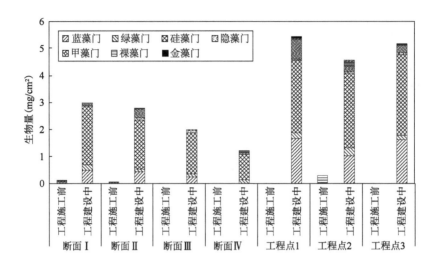

图 2.1-8 岷江江段不同断面各门着生藻生物量

2.1.4.5 浮游动物

霸王滩两次调查共检出浮游动物4大类41种(属);其中工程前采集种类37种,工程建设中采集种类33种。在所有种类中,原生动物16属23种,轮虫3属5种,桡足类3属3种,枝角类3属5种,分别占浮游动物种数的56.10%、12.20%、14.63%和7.32%。从分布看,浮游动物在不同断面和工程点之间的种类数差异较小,最高34种(属),最低26种(属)。

浮游动物的总密度平均值是$3.86×10^4$ind./L,平均生物量是$2.44×10^{-3}$mg/L。各调查位点中密度以工程点1第二次调查(工程点1-F)最高,平均值为$6.67×10^4$ind./L,其次为断面Ⅲ第一次调查(断面Ⅲ-M)、断面Ⅱ第一次(断面Ⅱ-M)和工程点2第二次调查(断面2-F),平均值分别为$5.33×10^4$ind./L、$4.45×10^4$ind./L和$4.37×10^4$ind./L。浮游动物生物量以工程点1第二次调查(工程点1-F)的最高,为$7.44×10^{-3}$mg/L,其次为工程点2第一次调查(工程点2-M)、断面Ⅲ第一次调查(断面Ⅲ-M)和工程点2第二次调查(断面2-F),平均值分别是$3.65×10^{-3}$mg/L、$3.62×10^{-3}$mg/L和$3.11×10^{-3}$mg/L(图2.1-9至图2.1-11所示)。

2.1.4.6 底栖动物

两次调查工程施工前共记录21种(属),水生昆虫有12种(属),占总种类数的57%,主要包括双翅目中的摇蚊科,有7种(属);寡毛类有5种(属),占总种类数的24%;软体动物有2种(属),占总种类数的10%,其中腹足类有1种(属),双壳纲1种;其他动物有2种,占总种类数的10%,为软甲纲钩虾属(Gammarus)和巴蛭属(Barbronia)。工程建设中共记录42种(属),水生昆虫有32种(属),占总种类数的76%,主要包括双翅目中的摇蚊科,有12种(属);其他动物有4种,占总种类数的10%;其中寡毛类有3种(属),占总种类数的7%;软体动物有3种(属),占总种类数的7%(图2.1-12)。

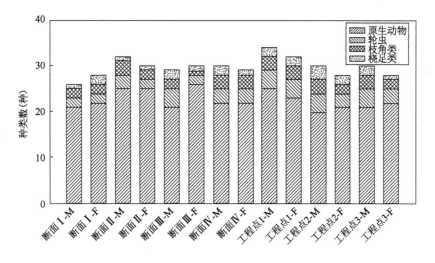

图 2.1-9　岷江霸王滩浮游动物各类群种类数的空间分布

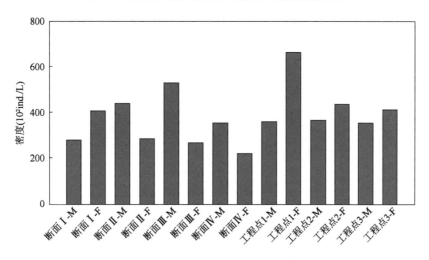

图 2.1-10　岷江霸王滩浮游动物密度的空间分布

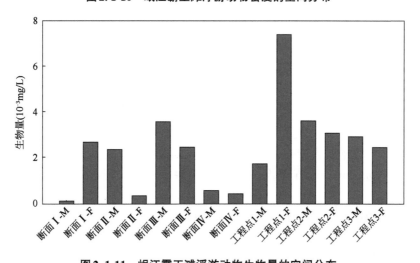

图 2.1-11　岷江霸王滩浮游动物生物量的空间分布

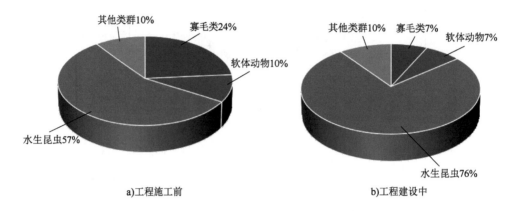

图 2.1-12　岷江底栖动物种类组成

不同采样断面底栖动物物种数差异较大,整体趋势为工程建设中的种类数大于工程施工前,其原因可能是航道构筑物的放置改变了航道的微生境,使得底栖动物中的机会主义者在此生存,同时,构筑物使得着生藻的附着基质增加,着生藻数量增多,为底栖动物提供丰富的食物。工程施工前,工程点2种类数最多,有9种;工程建设中,断面Ⅰ种类数最多,有25种(图2.1-13)。

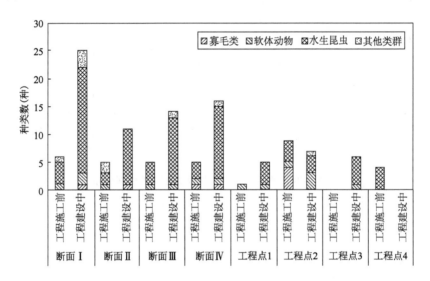

图 2.1-13　岷江不同采样断面底栖动物种类组成

底栖动物现存量整体趋势为:工程施工前的底栖动物平均密度和平均生物量均大于建设中。底栖动物平均密度为150ind./m²。工程施工前平均密度为233ind./m²,其中断面Ⅳ的密度最大为1179ind./m²。工程建设中平均密度为66ind./m²,其中断面Ⅰ的密度值最高为133ind./m²。

底栖动物平均生物量为0.9100g/m²。工程施工前平均生物量为0.6493g/m²,其中工程点2的生物量最高,达到8.3368g/m²,此处主要监测到软体动物门中的多棱角螺(Angulyagra polyzonata)。工程建设中平均生物量为0.1706g/m²,断面Ⅰ生物量最高为0.4346g/m²(图2.1-14)。

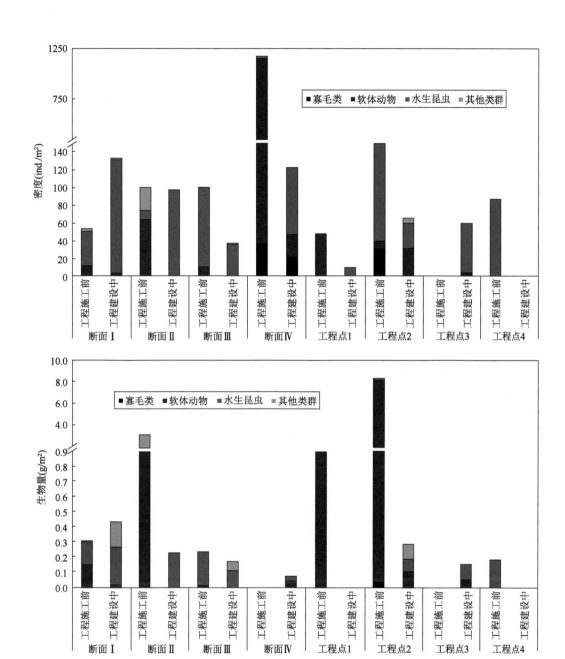

图 2.1-14　岷江各采样断面底栖动物密度与现存量

根据优势度计算公式：

$$Y=(n_i/N)f_i \tag{2.1-1}$$

式中，Y 为优势度；n_i 为 i 种类个体数；N 为所有种的个体总数；f_i 为 i 种类出现的占位数与总占位数之比的百分数。以 $Y \geq 0.02$ 作为优势种判断标准。

岷江减水河段—霸王滩施工前底栖动物优势种有2种,分别为湖沼股蛤(Limnoperna lacustris)和扁蜉属(Heptagenia sp.)。建设中底栖动物优势种有2种,分别为四节蜉属(Baetis sp.)和伪施密摇蚊属(Pscudosmittid sp.)(表2.1-2,图2.1-15)。

岷江霸王滩底栖动物优势种 表2.1-2

时期	中文名	学名	优势度
工程施工前	湖沼股蛤	*Limnoperna lacustris*	0.27
	扁蜉属	*Heptagenia* sp.	0.03
工程建设中	四节蜉属	*Baetis* sp.	0.07
	伪施密摇蚊属	*Pscudosmittid* sp.	0.08

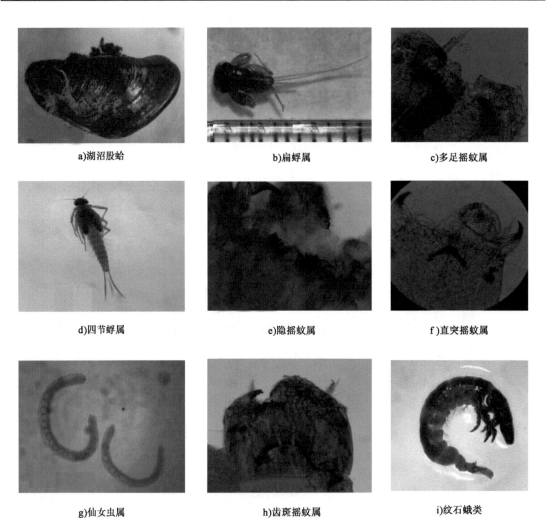

a)湖沼股蛤　　　　　b)扁蜉属　　　　　c)多足摇蚊属

d)四节蜉属　　　　　e)隐摇蚊属　　　　　f)直突摇蚊属

g)仙女虫属　　　　　h)齿斑摇蚊属　　　　　i)纹石蛾类

图2.1-15 部分底栖动物照片

2.1.4.7 水生维管束植物

两次野外调查,整体上各采样断面工程施工前的种类数大于建设中。工程施工前共采集到49种,从科一级水平看,禾本科植物种类数最多,为10种,占总种类数的20%;其次是菊科,为9种。其他科的植物均为2~3种。从生活型来看,主要是以湿生草本植物为主,共计44种,占总种类数的90%;挺水植物共计3种,分别为喜旱莲子草(Alternanthera philoxeroides)、芦苇(Phragmites australis)、南荻(Miscanthus lutarioriparius)。

工程建设中共采集到47种,从科一级水平看,禾本科植物种类数最多,为7种,占总种类数的15%;其次是菊科,为6种;菊科再次之,为5种;其他科的植物均为2~3种。从生活型来看,主要是以湿生草本植物为主,共计43种,占总种类数的91%;挺水植物共计2种,分别为喜旱莲子草(Alternanthera philoxeroides)、芦苇(Phragmites australis);因为岷江江段流速大,平均水深大,水位波动幅度大,漂浮植物、浮叶植物、沉水植物均未采集到样本。6个不同断面之间水生植物种类数存在一定差异。工程施工前断面Ⅱ的种类数最多,为34种;其次是断面Ⅰ,为24种。工程建设中断面Ⅱ的种类数最多,为29种;其次是工程点3,为27种(图2.1-16)。

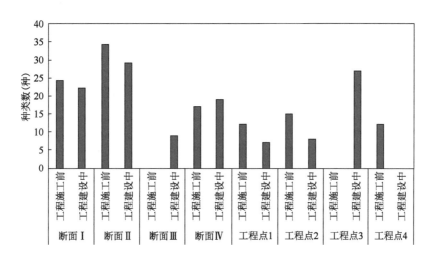

图2.1-16 岷江各采样断面水生植物种类数

岷江江段各调查断面水生植物的盖度、密度和生物量,整体上各指标工程施工前大于建设中(图2.1-17)。从图2.1-17中可知,年均盖度为64%,工程施工前盖度高于工程建设中,工程施工前盖度平均值为72%,变幅为50%~80%;工程建设中盖度平均值为57%,变幅为30%~79%。就密度而言,年均密度为354ind./m^2,工程施工前的密度显著高于建设中,施工前密度平均值为377ind./m^2,变幅为54~726ind./m^2;建设中密度平均值为332ind./m^2,变幅为46~738ind./m^2。比较生物量发现,年均生物量为2.0128kg/m^2,其中施工前生物量平均值为2.0796kg/m^2,变幅为0.9800~2.8693kg/m^2;建设中生物量平均值为1.9460kg/m^2,变幅为0.9500~2.8693kg/m^2。

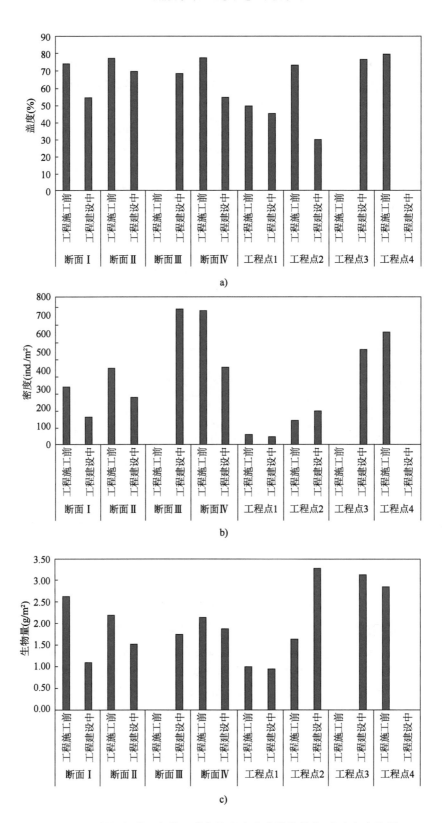

图 2.1-17 岷江江段工程施工前和建设中水生植物盖度、密度和生物量

2.1.4.8 鱼类

由于未能取得调查江段特许捕捞许可,引用四川省农业科学院水产研究所2022年6月编制的《岷江(龙溪口枢纽至宜宾合江门)航道整治二期工程水域水生生物监测报告》(以下简称"监测报告")鱼类数据,介绍霸王滩河段的鱼类基本概况。监测报告鱼类调查区域是岷江航道整治二期工程(屏山岷江大桥至合江门)航道河段,起于屏山岷江大桥至宜宾合江门段,全长34km;调查时间为2022年5月10—25日。监测报告的调查水域紧邻霸王滩河段,在其下游约3km处,应该与霸王滩河段的鱼类组成基本一致。

监测报告记录岷江下游共分布鱼类111种,分别隶属6目18科73属。鲤形目为主要类群,有5科56属85种,又以鲤科鱼类为最多,有66种,占总种数的59.46%;鲇形目5科9属16种,占总种数的14.41%;鲈形目6科6属8种,占总种数的7.21%;鲟形目、鳉形目和合鳃目均为1科1属1种,分别占总种数的0.90%。

监测报告收集了工程河段渔获物852尾,107525.5g,共51种(表2.1-3)。其中总重占比较大的为吻鮈、圆吻鲴和鲤,分别是12.08%、8.67%和8.54%,明显高于其他种类。从数量上看,占比较高的是瓦氏黄颡鱼、黄颡鱼和蛇鮈等小型鱼类。具有保护价值的鱼类,如4尾长江鲟、6尾长薄鳅、3尾圆口铜鱼、11尾岩原鲤和1尾胭脂鱼;具有较高经济价值的鱼类,如13尾长吻鮠、25尾粗唇鮠、2尾中华倒刺鲃、10尾翘嘴鲌和1尾大口鲇等。保护鱼类和重要经济鱼类虽能捕获,但均属于少见种类,资源较为匮乏。

工程河段渔获物组成　　　　　表2.1-3

种名	体长(cm) 范围	体长(cm) 平均值	质量(g) 范围	质量(g) 平均值	尾数	尾数占比(%)	总质量(g)	总质量占比(%)
铜鱼	25.6~33.0	29.6	213~579	378.1	21	2.46	7928	7.37
圆口铜鱼	28.5~31.5	30.2	402~625	493.0	3	0.35	1479	1.38
长吻鮠	14.0~48.0	24.2	33~1640	344.1	13	1.53	4478	4.16
吻鮈	8.2~31.5	22.0	5~324	135.0	96	11.27	12986	12.08
花䱻	12.5~24.5	16.7	23~255	83.7	23	2.70	1925	1.79
蛇鮈	9.4~18.5	12.5	4~66	22.1	111	13.03	2455	2.28
云斑鮰	14.0~28.0	19.0	34~346	104.2	11	1.29	1146	1.07
鲫	3.3~23.5	11.7	1~382	78.2	27	3.17	2112	1.96
瓦氏黄颡鱼	5.3~27.8	14.1	2~222	51.0	120	14.08	6123	5.69
银飘鱼	11.7~22.5	18.2	18~161	77.7	12	1.41	932	0.87
鳘	10.0~20.6	14.2	14~125	43.0	34	3.99	1462	1.36
白缘鉠	5.1~10.7	8.1	3~38	10.7	38	4.46	408	0.38
粗唇鮠	8.3~21.5	13.6	6~100	32.6	25	2.93	816	0.76

续上表

种名	体长(cm)		质量(g)		尾数	尾数占比(%)	总质量(g)	总质量占比(%)
	范围	平均值	范围	平均值				
鲢	34.7~48.0	42.0	711~2466	1394.3	5	0.59	6970.3	6.48
鳙	52.0	52.0	3126	3126	1	0.12	3126	2.91
中华倒刺鲃	30.5~45.0	37.8	763~2543	1653	2	0.23	3306	3.07
圆吻鲴	13.0~43.5	33.0	35~1691	777	12	1.41	9319	8.67
鳜	17.0~40.0	29.4	128~978	626.3	3	0.35	1879	1.75
胭脂鱼	95.0	95.0	23.2	23.2	1	0.12	23.2	0.02
切尾拟鲿	13.7~17.5	15.6	27~92	51	5	0.59	255	0.24
黄颡鱼	7.7~21.5	13.4	4~131	36.4	113	13.26	4109	3.82
马口鱼	8.6~12.4	11.1	12~39	30.8	5	0.59	154	0.14
翘嘴鲌	12.0~34.0	24.1	21~529	212.2	10	1.17	2122	1.97
子陵吻鰕虎鱼	5.8~7.7	6.6	3.8~9	5.4	5	0.59	27	0.03
岩原鲤	15.0~32.2	19.1	72~1036	232.4	11	1.29	2556	2.38
鲤	9.2~42.0	27.1	16~1380	573.6	16	1.88	9178	8.54
麦穗鱼	7.0	7.0	6	6	1	0.12	6	0.01
长江鲟	39.5~50.0	45.9	365~924	651	4	0.47	2604	2.42
棒花鱼	6.3	6.3	6	6	1	0.12	6	0.01
圆筒吻鮈	19.6~38.7	25.9	95~724	237.6	24	2.82	5702	5.30
长薄鳅	17.5~20.0	20.1	65~220	114.0	6	0.70	684	0.64
短身金沙鳅	85.0~105.0	91.7	11~30	17.8	6	0.70	107	0.10
梭鲈	38.2	38.2	773	773	1	0.12	773	0.72
大口鲇	13.5	13.5	19	19	1	0.12	19	0.02
沙塘鳢	9.0	9.0	15	15	1	0.12	15	0.01
彩石鳑鲏	5.8	5.8	6	6	1	0.12	6	0.01
蒙古鲌	18.1~27.3	22.4	81~332	201.5	4	0.47	806	0.75
黄尾鲴	19.7~30.0	24.8	116~437	276.5	2	0.23	553	0.51
大鳞副泥鳅	10.3~14.3	12.6	10~39	20	3	0.35	60	0.06

续上表

种名	体长(cm)		质量(g)		尾数	尾数占比(%)	总质量(g)	总质量占比(%)
	范围	平均值	范围	平均值				
侧沟爬岩鳅	5.8~10.0	8.4	4~21	14.3	9	1.06	129	0.12
尖头鲌	23.2~34.3	30.1	149~554	395.7	3	0.35	1187	1.10
草鱼	38.3~43.6	81.9	1065~1472	1268.5	2	0.23	2537	2.36
德国镜鲤	25.7~29.3	27.5	689~773	73.1	2	0.23	1462	1.36
光泽黄颡鱼	9.0~20.6	14.7	11~146	53.8	33	3.87	1775	1.65
唇䱻	9.7~23.1	16.0	17~162	81.3	3	0.35	244	0.23
宜昌鳅鮀	10.2~13.4	11.8	24~40	32	2	0.23	64	0.06
福建纹胸鮡	6.4~9.8	7.6	8~24	12.9	13	1.53	168	0.16
花斑副沙鳅	17.5	17.5	73	73	1	0.12	73	0.07
白甲鱼	26.8	26.8	414	414	1	0.12	414	0.39
斑点叉尾鮰	34.7	34.7	743	743	1	0.12	743	0.69
凹尾拟鲿	10.5~13.7	12.4	24~34	28.5	4	0.47	114	0.11
合计					852		107525.5	

霸王滩河段鱼类组成特点与代表种：

调查水域位于岷江下游，据20世纪70—80年代资料，其时该水域主要经济鱼类有鲤、拟鲿类、黄颡鱼类、南方鲇、鲇、圆吻鲴、草鱼、鮈类和鲫等，其中鲤是主要渔获物，占干流总产量的40%左右，鲇类约占20%，鲿科鱼类占10%左右，其他如鲴类和草鱼等也占有一定比例。20世纪60年代以前在下游常见的白甲鱼、中华倒刺鲃、鲈鲤、赤眼鳟、胭脂鱼等，当时数量已经很少。此外，当时有一定资源量的长江鲟等大型鱼类主要分布于宜宾以下的金沙江、长江水域。

监测报告表明，鲤、鲫仍是岷江下游鱼类资源的主体。另一类群为鲇形目鲿科及鲇科类群，主要种类有黄颡鱼、瓦氏黄颡鱼、光泽黄颡鱼、切尾拟鲿、粗唇鮠、鲇、南方鲇等。四大家鱼中鲢较多，其次为草鱼，再次为鳙，青鱼在各江段均属罕见。四大家鱼外，鲴亚科鱼类是中型鱼类中数量较多的类群，以圆吻鲴及黄尾鲴为主。鲌亚科的翘嘴鲌也有一定数量。早年在岷江干流曾有一定数量的中型鱼类齐口裂腹鱼、重口裂腹鱼，随着岷江上游及马边河等支流各级水电站的建设已多年不见踪迹。小型鱼类以鳅科及鲤科的鮈亚科鲌亚科种类居多。鳅科常见种类有花斑副沙鳅、侧沟爬岩鳅等，有少量的长薄鳅被捕获。鮈亚科的吻鮈、蛇鮈、圆筒吻鮈、花鳅和唇䱻分布广泛，在各江段数量均较多，铜鱼及圆口铜鱼较为稀少。凶猛性鱼类除鲇、大口鲇、蒙古鲌、长薄鳅、大鳍鳠，常见的还有鳜、大眼鳜、乌鳢等，鳡、鳤、鯮、鲈鲤在岷江已多年不见。

总体而言，目前岷江下游鱼类种群由中小型鱼类类群构成，以小型鱼类居多，大型鱼类少见。生态类群以静缓流类群及一般性流水类群为主，激流类群少且多分布于支流水域。鱼类种类以鮈亚科最多，鲤、鲫也为渔获物主体，其次为鲿科及鲇科类群，其他多为鲌亚科、鲴亚科种类。

2.1.5 鱼类关键生境

2.1.5.1 鱼类早期资源调查

2022年5月鱼类早期资源调查共采集仔鱼589尾、鱼卵31枚;其中断面调查14个样点,共采集仔鱼57尾,工程点水域调查12个样点,共采集仔鱼532尾、鱼卵31枚。鱼卵全部是在工程点1(生态涵养区)采集,基本可以确定此处是鱼类产卵场。

种类鉴定识别仔鱼10个分类单元,其中9个确定种类名称,1个确定为吻鰕虎鱼属;鱼卵鉴定出2个种类(短体副鳅和半䱗)(表2.1-4)。早期资源种类组成中,确定长江上游特有种3种(中华纹胸鮡、短体副鳅和半䱗),其中2种均采集到鱼类。鉴定早期资源仔鱼的平均密度是54.23ind./1000m³;其中吻鰕虎鱼属仔鱼的密度最高,达37.89ind./1000m³,占绝对优势(占仔鱼总密度的69.87%);其次是鲫仔鱼,平均密度为3.24ind./1000m³;其他8种仔鱼密度相差不大,在0.82~2.55ind./1000m³之间。

霸王滩采集仔鱼与鱼卵的种类组成、密度、产卵类型和生态类型　　　表2.1-4

	种类	拉丁名	密度 (ind./1000m³)	产卵类型	生态类型
仔鱼	吻鰕虎鱼属	*Rhinogobius* sp.	37.89	沉性卵	广适应性
	鲫	*Carassius auratus*	3.24	黏性卵	亲湖沼性
	半䱗*	*Hemiculterella sauvagei*	2.55	黏性卵	喜流水性
	短体副鳅*	*Paracobitis potanini*	2.43	黏性卵	喜流水性
	䱗	*Hemiculter leucisculus*	2.01	黏性卵	亲湖沼性
	中华纹胸鮡*	*Glyptothorax sinense*	1.65	沉性卵	喜流水性
	银鲴	*Xenocypris argentea*	1.53	漂流性卵	广适应性
	鲤	*Cyprinus capio*	1.23	黏性卵	亲湖沼性
	吻鮈	*Rhinogobio typus*	1.12	漂流性卵	喜流水性
	蛇鮈	*Saurogobio dabryi*	0.82	漂流性卵	广适应性
鱼卵	半䱗*	*Hemiculterella sauvagei*	63.18	黏性卵	喜流水性
	短体副鳅*	*Paracobitis potanini*	18.92	黏性卵	喜流水性

注:*长江上游特有鱼类。

面向水流,将断面的样点分为左岸、主槽和右岸。采样结果表明,工程河段外对照断面的采集总数量最高(可能与仔鱼漂流和该断面狭窄相关),工程河段无工程建设断面数量最低;河道右岸是仔鱼的主要分布水域,左岸的仔鱼数量较少;在河道主槽没有采集到仔鱼样品。对工程点的调查显示,工程点3(生态护岸工程区)水域仔鱼最多,工程点1(生态涵养区)仔鱼最少;从不同流速来看,工程点1和工程点3低流速水平的仔鱼较多,工程点2(生态丁坝区)中高流速的仔鱼数量较多(图2.1-18)。

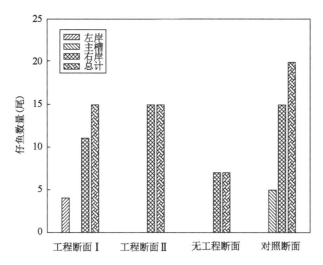

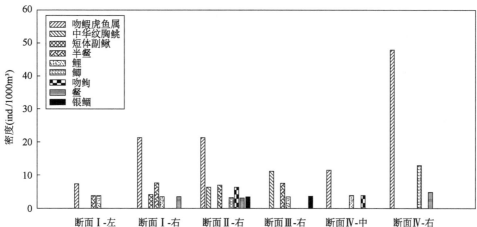

图2.1-18　工程河段鱼类早期资源断面调查采集结果

相似性分析显示,空间位置对仔鱼的群聚有显著影响[全局变量R(Global R)= 0.281,显著性(p)< 0.001]。两两比较结果显示:近岸生境和离岸表层(Global R = 0.381,p < 0.001),近岸生境和离岸底层(Global R = 0.57,p < 0.001),仔鱼群聚结构均有显著差异。对应相似性百分比结果显示:吻鰕虎鱼属、半䱗对近岸生境和离岸表层仔鱼群聚结构差异以及对近岸生境和离岸底层水域仔鱼群聚结构差异累计贡献率均超过70%。非度量多维排序分析(Non-metric multidimensional scaling,NMDS)排序的胁强系数(Stress)为0.16,在0.1~0.2之间(图2.1-19)。

空间上,大多数种类在近岸生境具有较高的丰度,半䱗等上游小型鲤科特有鱼类主要在近岸生境分布;鮡科等底栖喜流水性鱼类仔鱼主要分布在离岸生境,特别是在离岸底层。典型喜流水性鱼类短体副鳅、中华纹胸鮡在近岸生境和离岸生境均有出现,但离岸生境丰度更高(图2.1-20)。

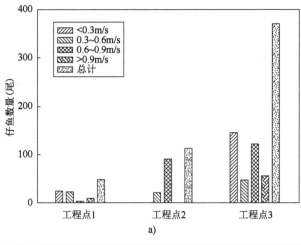

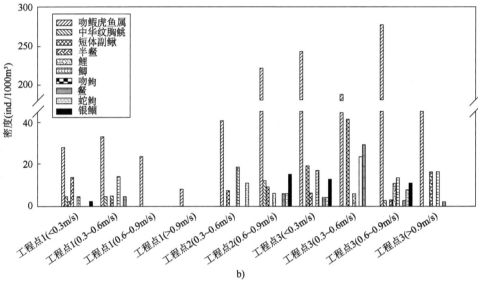

图 2.1-19　工程河段鱼类早期资源工程点调查采集结果

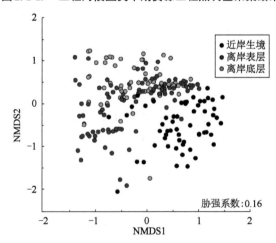

图 2.1-20　仔鱼群聚 NMDS 排序图

2.1.5.2 仔鱼生境利用

对长江鱼类早期阶段个体生境利用的研究可知,早期仔鱼和晚期仔鱼的漂流密度存在显著的昼夜差异[早期仔鱼,广义线性模型(GLM),卡平方检验(χ^2)=76.64, $p<0.001$;晚期仔鱼,GLM, χ^2=28.74, $p<0.001$),以及显著的空间差异(早期仔鱼,GLM, $\chi^2=196.60$, $p<0.001$;晚期仔鱼,GLM, $\chi^2=48.42$, $p<0.001$)。

空间上,近岸生境仔鱼的总体丰度最高($p<0.05$),次近岸次之。采样的昼夜时间差异和空间位置对晚期仔鱼漂流密度的影响的交互作用显著(GLM, $\chi^2=11.37$, $p<0.001$),而对早期仔鱼不显著(GLM, $\chi^2=0.55$, $p>0.05$)。晚期仔鱼夜间在近岸生境的丰度显著高于其他生境($p<0.05$)(图2.1-21)。

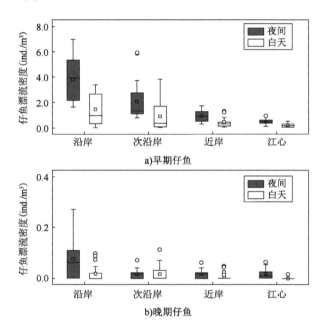

图2.1-21 近岸至江心早期(BL4)和晚期(AL4)仔鱼白天和夜间漂流密度

注:箱体图中空心正方形表示平均值,黑色横实线表示中位数,T形线表示上下四分位数至上下边缘,空心圆表示奇异值。

冗余分析(Redundancy analysis, RDA)结果显示,研究期间,水流流速、水温、总溶解固体(TDS)和溶解氧浓度(DO)对早期仔鱼群聚单独影响均显著($p<0.05$)。包含这些因子的模型对仔鱼群聚的影响显著[999次置换检验(permutations),统计量(pseudo-F)=31.3, $p=0.002$],总计解释仔鱼群聚变异的41.0%,其中,高达40.78%由模型排序图的前两轴解释。

前两个轴的排序图显示,仔鱼群聚沿第一轴呈现显著的横向梯度,入选模型的环境因子中,仅流速与第一个轴有较高的相关性($r=0.65, p<0.01$),并显著解释了仔鱼群聚总体变异的29.9%($p<0.01$)。沿排序图第二轴,反应仔鱼群聚的时间差异,水温($r=0.57, p<0.01$),TDS($r=0.57, p<0.01$)和DO($r=0.29, p<0.01$)均与该排序轴显著相关,这些因子总计解释仔鱼群聚变异的11.1%(图2.1-22)。

总体上,仔鱼群聚的横向空间梯度明显,不受采样季节的影响。大多数种类的丰度在近岸和次近岸生境的样品中较高,但也有一些种类的丰度趋于在离岸和江心的样本中较高。

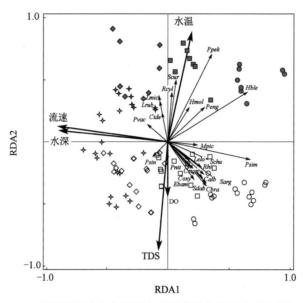

图 2.1-22　近岸至江心仔鱼群聚与环境参数之间冗余排序图（RDA）

注：白色和灰色分别表示7月和8月的样品,其中圆形符号代表近岸,正方形符号表次近岸,菱形符号代表离岸,星形符号代表江心。

分析仔鱼孵化体长与生境选择的关系,提供查找文献尽可能获得现有仔鱼孵化时体长信息的文献记录。被纳入分析的种类中,被报道的最小和最大的孵化体长分别为3.8mm和6.7mm。这些种类中,尽管大多数种类的仔鱼个体分布在近岸和次近岸水域的总体比例有较大的波动,但平均水平均超过0.5。总的来看,早期仔鱼的群聚中,具有较小的孵化时体长的种类的仔鱼,分布于近岸和次近岸生境的个体比例显然趋于更高。

线性回归分析的结果显示,群聚中,仔鱼个体分布在近岸和次近岸生境的比例随着种类孵化时体长的增加显著降低($R^2 = 0.073$, $p < 0.001$)（图2.1-23）。

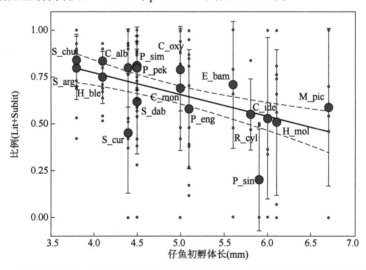

图 2.1-23　仔鱼群聚中机会策略或周期策略种类仔鱼个体分布在近岸和次近岸生境的比例与初孵体长的关系散点图

注：图中显示均值（深灰色圆形）及标准差（T形线）。黑色直线为简单回归线（$R^2 = 0.073$, $p < 0.001$）,灰色弯曲虚线为95%置信区间。

被选择进行身体损伤和肠道饱满度检查分析的代表类群,寡鳞飘鱼和四大家鱼,它们的早期仔鱼数量分别占采集早期仔鱼总数的2.3%和0.9%。寡鳞飘鱼早期仔鱼的漂流密度存在显著的昼夜差异(GLM,$\chi^2 = 24.51$,$p < 0.01$)和横向空间差异(GLM,$\chi^2 = 36.10$,$p < 0.01$),漂流密度在夜间较高,自近岸至江心,呈依次递减。四大家鱼早期个体仔鱼漂流密度也表现出相似的趋势,存在显著的昼夜差异(GLM,$\chi^2 = 43.08$,$p < 0.01$)和空间差异(GLM,$\chi^2 = 14.08$,$p < 0.01$)(图2.1-24)。采样的昼夜时间差异和空间位置对它们早期仔鱼的影响的交互作用均显著,显示夜间近岸生境的仔鱼密度显著较高($p < 0.05$)。

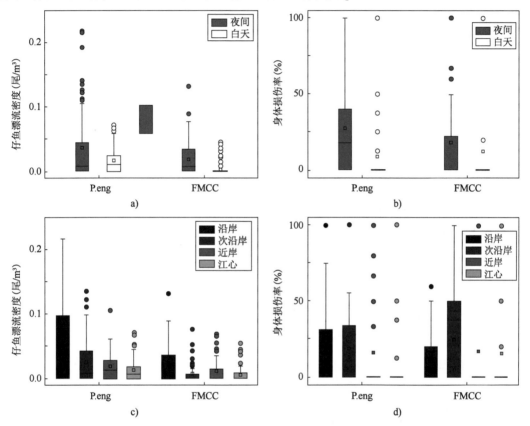

图 2.1-24　四大家鱼(FMCC)和寡鳞飘鱼(P.eng)密度和身体损伤率昼夜变化和空间变化

注:箱体图中空心正方形表示平均值,黑色横实线表示中位数,虚线表示上下四分位数至上下边缘,空心圆表示奇异值。

无论是夜间还是白天,在寡鳞飘鱼和四大家鱼中均发现有身体损伤的个体。夜间的样品中,它们仔鱼的身体损伤率均趋于较高,这种昼夜差异在寡鳞飘鱼的早期仔鱼个体中显著(GLM,$\chi^2 = 11.15$,$p < 0.01$),但在四大家鱼的早期仔鱼个体中不显著(GLM,$\chi^2 = 0.68$,$p > 0.05$)。

夜间采集的早期仔鱼中,总计有27.2%的寡鳞飘鱼个体和14.6%的四大家鱼个体被发现有身体损伤;而在白天采集的个体中,该数值分别为7.8%和8.8%。仔鱼身体损伤率的空间差异不显著(寡鳞飘鱼,GLM,$\chi^2 = 0.23$,$p > 0.05$;四大家鱼,GLM,$\chi^2 = 1.36$,$p > 0.05$),但夜间近岸生境寡鳞飘鱼仔鱼身体损伤率显著较高。总体来看,仔鱼身体损伤率在近岸和次近岸生境趋于较高,采自这些水域的寡鳞飘鱼和四大家鱼仔鱼中,总计分别有24.6%和15.1%的个体被发现有身体损伤,而采自离岸和江心的仔鱼,总计只有13.1%和11.0%的个体被发现有身体损伤。

几乎所有的四大家鱼早期仔鱼的肠道均为空肠,只有在近岸生境采集的四尾仔鱼肠内有少量食物(级别1),占总数的2.1%。相反,被检查的所有寡鳞飘鱼仔鱼个体中,93.5%的个体发现肠道内有食物,其中,高达75.8%的个体具有较高的肠道充塞度指数(等级3和等级4)。在夜间,高达88.9%的肠道充塞度较高(等级3和等级4)的寡鳞飘鱼仔鱼个体采自近岸和次近岸生境,但在白天,该数值只有29.4%。寡鳞飘鱼仔鱼加权平均肠道充塞度指数昼夜差异显著(GLM,$\chi^2 = 6.34, p < 0.05$),在夜间(3.17 ± 0.89)显著高于白天(2.69 ± 1.13),但自近岸至江心的空间差异不明显(GLM,$\chi^2 = 7.37, p > 0.05$)。昼夜时间和空间位置的影响的交互作用不显著(GLM,$\chi^2 = 2.81, p > 0.05$)。

2.1.5.3 关键生境分布

从调查现场来看,工程河段是典型的弯曲、洲滩分布河道。河道两岸岸线固化较严重,岸线陡峭、涨水引发的漫滩面积较小;但部分区域(以弃渣区沿岸为主)着生挺水植物较多;因此,两岸漫滩的育幼功能可能较低,着生植物区域应该能为产黏沉性卵鱼类的产卵提供条件。另外,工程河段分布较多的心滩,心滩底质以卵石为主,少量区域为细沙、泥沙,心滩着生植物非常丰富。在涨水季节,心滩被淹没,心滩的卵石、植物等在水下是产黏沉性卵鱼类产卵、仔稚鱼育幼的良好条件。因此,工程河段鱼类的关键生境应该包含产黏沉性卵鱼类产卵场和鱼类育幼场;产卵场以心滩淹没水域为主,沿岸着生较多植物的区域(以弃渣区沿岸为主)也会有鱼类产卵利用;育幼的环境要求通常低于鱼类产卵的要求,分布水域基本与产黏沉性卵鱼类产卵场重叠,但范围要明显大于产卵场。

调查江段为丘陵平原河流,枯水期河面宽150~350m,分布有大量河口、汊道、过江段、河湾等各种类型的浅滩,一般流速1.5~2.5m/s。河面宽阔,枯水河床宽浅段汊道和江心洲多。由于多洲多汊,使宽浅河道水流分散,从而主河道水深不足,形成许多汊道型浅滩。居于此鱼类多适应该流水生境。从严格意义上说产卵场、索饵场、越冬场"三场"之分并非固定不移,会随季节、水位、丰枯年水量差异在不同河床段造成不同河流流态而有所变迁(图2.1-25)。

图2.1-25 工程点1(生态涵养区)生境现状
注:图示漫滩、底质和着生植被。

工程河段不同生境的要求是大致确定的。产卵场大致有急缓流交错河段、急流礁石滩河段、河道急转下跌水域、静缓流水域等几种类型。育幼场一般在水深3m以内的砾石、礁石、沙质岸边的静缓流水域。越冬场分布在水深达十数米或数十米的河沱、河槽、湾沱、回水、微流水或流水处，底质多为乱石或礁石。

(1)产黏沉性卵鱼类产卵场。

岷江下游产黏沉性卵鱼类众多，是几种产卵类群中最大的一群。其鱼类资源量也是各种类群中最大，该类群各种类间繁殖期跨度较大，大体在3—9月间。在河流水温达到一定温度(一般在16℃以上)后，在合适的产卵水域繁殖。产卵水域主要由一定的流态条件——激流或静缓流，一定的产卵基质环境——水草、砾石、砂石、岩缝或石洞构成，主要可划分为两类。

一类为静缓流产卵类群，它们的产卵场多在静水或缓流的河汊、河湾、河流的故道及河流边的缓流水域，所要求的产卵基质为水草及砾石，所产出的卵黏附于水草或砾石上发育。这一类群包括评价水域种群数量最大，如鲤形目的鲤、鲫、红鳍原鲌、方氏鲴、四川华鳊、棒花鱼、麦穗鱼，鲇形目的鲇、黄颡鱼、瓦氏黄颡鱼、光泽黄颡鱼、长吻鮠、粗唇鮠、切尾拟鲿、凹尾拟鲿、细体拟鲿等，这类产卵水域在调查水域广泛分布。另一类为激流产卵类群，产卵场多要求激流的砾石或礁岩河滩，产出卵黏于砾石上或落入石缝间发育，这一类群主要有鲇形目大鳍鳠、福建纹胸鮡、大口鲇、白缘鮈、胭脂鱼科的胭脂鱼、鲤科的岩原鲤、宽鳍鱲、马口鱼、唇䱻、白甲鱼等，这类产卵场相对分散，只要有适合的水文及流态条件，不论面积大小，急流心洲边缘、心滩、边滩都能成为其产卵场。

霸王滩河段记录有1处产黏沉性卵鱼类产卵场，利用鱼类主要是国家级保护鱼类：胭脂鱼、岩原鲤，其他鱼类：南方鲇、白缘鮈、宽鳍鱲、马口鱼、唇䱻、白甲鱼、鲤、鲫等。

(2)产漂流性卵鱼类产卵场。

岷江下游产漂流性卵鱼类主要有鲢、鳙、草鱼、青鱼、鳡、鳤、鯮、蛇鮈、铜鱼、圆口铜鱼、吻鮈、圆筒吻鮈、长鳍吻鮈、犁头鳅、银鲴、赤眼鳟、花斑副沙鳅、中华沙鳅、贝氏䱗等。调查江段共分布有2个产漂流性卵鱼类产卵场，分别为喜捷产卵场和高场产卵场，其中喜捷产卵场主要产卵区位于喜捷上游龙漩子至思坡下游的桥板滩水域，绵延11.2km；高场产卵场位于自越溪河口上游经关刀碛至猫儿沱河段，主要产卵水域位于河流左岸。

2.1.6 调查结果总结

根据工程施工前和建设中的野外数据，总结如下：

(1)水质。工程施工前，水温、电导率和pH值平均值大于建设中，其他指标小于建设中。这个结果可能更多地反映了工程河段水质指标的季节变化，跟工程建设的直接联系需要谨慎分析。

(2)浮游植物。两次调查共检出浮游植物7门85种(含变种)；其中工程前采集种类63种，工程建设中采集种类71种。对比工程施工前与建设中的种类组成，均以硅藻门、绿藻门为优势类群；金藻门、隐藻门和甲藻门种类为偶见种，仅在个别调查时段或水域有分布。从浮游藻类分布看，断面Ⅱ和断面Ⅳ的种类数最高，分别有68种(属)和66种(属)；断面Ⅰ的种类数最低，仅47种(属)。三个工程点间的种类数相差较小，分别是44种(属)、42种(属)和45种(属)。浮游植物的总密度平均值为$5.91×10^4$ind./L，平均生物量是$2.14×10^{-2}$mg/L。各调查位点中浮游植物密度以工程点1第二次调查最高，平均值为$6.97×10^4$ind./L，其次为断面Ⅰ第一次调查、断面Ⅳ第一次和第二次调查,平均值分别为 $6.88×10^4$ind./L、$6.49×10^4$ind./L 和 $6.39×10^4$ind./L。浮游植物生物量以断面Ⅱ第一次调查的最高,为 $3.24×10^{-2}$mg/L,其次为断面Ⅲ第一次调查和工程点1第一次调查和平均值都是 $2.57×10^{-2}$mg/L。

(3)着生藻。工程施工前鉴定着生藻共计6门59种。其中,蓝藻门共2种(属),占比3.39%;绿藻门共11种(属),占比18.64%;硅藻门共38种(属),占比64.41%;隐藻门4种(属),占比6.78%;甲藻门1种(属),占比1.69%;裸藻门3种(属),占比5.09%。工程建设中鉴定着生藻共计7门97种。其中,蓝藻门共8种(属),占比8.25%;绿藻门共21种(属),占比21.65%;硅藻门共59种(属),占比60.82%;隐藻门4种(属),占比4.12%;甲藻门1种(属),占比1.03%;裸藻门2种(属),占比2.06%;金藻门2种(属),占比2.06%。工程建设中的细胞密度数大于施工前。年均平均细胞密度为 $9.43×10^5$cells/cm^2。其中,工程施工前平均细胞密度为 $0.29×10^5$cells/cm^2;工程建设中平均细胞密度为 $15.96×10^5$cells/cm^2。年均平均生物量为 2.05mg/cm^2。其中,施工前着生藻平均生物量为 0.11mg/cm^2;工程建设中着生藻平均生物量为 3.44mg/cm^2。

(4)调查共检出浮游动物4大类41种(属)。其中工程前采集种类37种,工程建设中采集种类33种。在所有种类种,其中原生动物16属23种,轮虫3属5种,桡足类3属3种,枝角类3属5种,分别占浮游动物种数的56.10%、12.20%、14.63%和7.32%。从分布看,浮游动物在不同断面和工程点之间的种类数差异较小,最高34种(属),最低26种(属)。浮游动物总密度平均值为 $3.86×10^4$ind./L,平均生物量是 $2.44×10^{-3}$mg/L。

(5)底栖动物。工程施工前共记录21种(属),水生昆虫有12种(属),占总种类数的57%,主要包括双翅目中的摇蚊科,有7种(属);其中寡毛类有5种(属),占总种类数的24%;软体动物有2种(属),占总类数的10%,其中腹足类有1种(属),双壳纲1种;其他动物有2种,只占总种类数的10%,为软甲纲钩虾属(*Gammarus*)和巴蛭属(*Barbronia*)。工程建设中共记录42种(属),水生昆虫有32种(属),占总种类数的76%,主要包括双翅目中的摇蚊科,有12种(属);其他动物有4种,只占总种类数的10%;其中寡毛类有3种(属),占总种类数的7%;软体动物有3种(属),占总类数的7%。整体趋势为工程施工前的底栖动物平均密度和平均生物量均大于建设中。工程施工前平均密度为233ind./m^2,工程建设中平均密度为66ind./m^2。工程施工前平均生物量为 0.6493g/m^2,工程建设中平均生物量为 0.1706g/m^2。

(6)水生植物。整体上各采样断面工程施工前的种类数大于建设中。工程施工前共采集到49种,从科一级水平看,禾本科植物种类数最多,为10种,占总种类数的20%;其次是菊科,为9种。其他科的植物均为2~3种。从生活型来看,主要是以湿生草本植物为主,共计44种,占总种类数的90%;挺水植物共计3种。工程建设中47种,从科一级水平看,禾本科植物种类数最多,为7种,占总种类数的15%;其次是菊科,为6种,菊科再次之,为5种;其他科的植物均为2~3种。从生活型来看,主要是以湿生草本植物为主,共计43种,占总种类数的91%;挺水植物共计2种。水生植物年均盖度为64%,工程施工前盖度高于工程建设中,工程施工前盖度平均值为72%;工程建设中盖度平均值为57%。就密度而言,年均密度为354ind./m^2,工程施工前的密度高于建设中,施工前密度平均值为377ind./m^2;建设中密度平均值为332ind./m^2。比较生物量发现,年均生物量为 2.0128kg/m^2,其中施工前生物量平均值为 2.0796kg/m^2;建设中生物量平均值为 1.9460kg/m^2。

(7)鱼类。记录岷江下游共分布鱼类111种,分别隶属6目18科73属;鲤形目为主要类群,有5科56属85种,又以鲤科鱼类为最多,有66种,占总种数的59.46%。收集了渔获物852

尾,107525.5g,共51种。其中总重占比较大的为吻䱻、圆吻鲷和鲤,分别是12.08%、8.67%和8.54%,明显高于其他种类。从数量上看,占比较高的是瓦氏黄颡鱼、黄颡鱼和蛇䱵等小型鱼类。具有保护价值的鱼类,如4尾长江鲟、6尾长薄鳅、3尾圆口铜鱼、11尾岩原鲤和1尾胭脂鱼;具有较高经济价值的鱼类,如13尾长吻鮠、25尾粗唇鮠、2尾中华倒刺鲃、10尾翘嘴鲌和1尾大口鲇等。保护鱼类和重要经济鱼类虽能捕获,但均属于少见种类,资源较为匮乏。

(8)鱼类早期资源调查共采集仔鱼589尾、鱼卵31枚。其中断面调查14个样点共采集仔鱼57尾,工程点水域调查12个样点共采集仔鱼532尾、鱼卵31枚。鱼卵全部是在工程点1(生态涵养区)采集,基本可以确定此处是鱼类产卵场。种类鉴定识别仔鱼10个分类单元,其中9个确定种类名称,1个确定为吻鰕虎鱼属;鱼卵鉴定出2个种类(短体副鳅和半𩾃)。确定长江上游特有种3种(中华纹胸鮡、短体副鳅和半𩾃),其中2种均采集到仔鱼。鉴定早期资源仔鱼的平均密度是54.23ind./1000m³;其中吻鰕虎鱼属仔鱼的密度最高,达37.89ind./1000m³,占绝对优势(占仔鱼总密度的69.87%);其次是鲫仔鱼,平均密度为3.24ind./1000m³;其他8种仔鱼密度相差不大,在0.82~2.55ind./1000m³之间变动。

(9)工程河段外对照断面的采集总数量最高(可能与仔鱼漂流和该断面狭窄相关),工程河段无工程建设断面数量最低;河道右岸是仔鱼的主要分布水域,左岸的仔鱼数量较少;在河道主槽没有采集到仔鱼样品。对工程点的调查显示,工程点3(生态护岸工程区)水域仔鱼最多,工程点1(生态涵养区)仔鱼最少;从不同流速来看,工程点1和工程点3低流速水平的仔鱼较多,工程点2(生态丁坝区)中高流速中的仔鱼数量较多。空间位置对仔鱼的群聚有显著影响,大多数种类在近岸生境具有较高的丰度,半𩾃等上游小型鲤科特有鱼类主要在近岸生境分布;鮡科等底栖喜流水性鱼类仔鱼主要分布在离岸生境,特别是在离岸底层。典型喜流水性鱼类短体副鳅、中华纹胸鮡在近岸生境和离岸生境均有出现,但离岸生境丰度更高。

(10)水流流速、水温、TDS和DO对早期仔鱼群聚单独影响均显著。仔鱼群聚沿排序图第一轴呈现显著的横向梯度,仅流速与第一个轴有较高的相关性,并显著解释了仔鱼群聚总体变异的29.9%。沿排序图第二轴,反应仔鱼群聚的时间差异,水温、TDS和DO均与该排序轴显著相关,这些因子总计解释仔鱼群聚变异的11.1%。总体上,仔鱼群聚的横向空间梯度明显,大多数种类的丰度在近岸和次近岸生境的样品中较高,但也有一些种类的丰度趋于在离岸和江心的样本中较高。早期仔鱼的群聚中,具有较小的孵化时体长的种类的仔鱼,分布于近岸和次近岸生境的个体比例显然趋于更高。仔鱼个体分布在近岸和次近岸生境的比例随着种类孵化时体长的增加显著降低。

(11)无论是夜间还是白天,在寡鳞飘鱼和四大家鱼中均发现有身体损伤的个体。夜间采集的早期仔鱼中,总计有27.2%的寡鳞飘鱼个体和14.6%的四大家鱼个体被发现有身体损伤;而在白天采集的个体中,该数值分别为7.8%和8.8%。仔鱼身体损伤率的空间差异不显著,但夜间近岸生境寡鳞飘鱼仔鱼身体损伤率显著较高。总体来看,仔鱼身体损伤率在近岸和次近岸生境趋于较高,采自这些水域的寡鳞飘鱼和四大家鱼仔鱼中,总计分别有24.6%和15.1%的个体被发现有身体损伤,而采自离岸和江心的仔鱼,总计只有分别13.1%和11.0%的个体被发现有身体损伤。几乎所有的四大家鱼早期仔鱼的肠道为空肠,只有在近岸生境采集的四尾仔鱼肠内有少量食物。相反,被检查的所有寡鳞飘鱼仔鱼个体中,93.5%的个体发现其肠道内有食物,其中,高达75.8%的个体具有较高的肠道充塞度指数。

（12）从调查现场来看,工程河段鱼类的关键生境应该包含产黏沉性卵鱼类产卵场和鱼类育幼场;产卵场以心滩淹没水域为主,沿岸着生较多植物的区域(以抛泥区沿岸为主)也会有鱼类产卵利用;育幼的环境要求通常低于鱼类产卵的要求,分布水域基本与产黏沉性卵鱼类产卵场重叠,但范围要明显大于产卵场。霸王滩河段记录有1处产黏沉性卵鱼类产卵场,利用鱼类主要是国家级保护鱼类:胭脂鱼、岩原鲤,其他鱼类:南方鲇、白缘鉠、宽鳍鱲、马口鱼、唇䱻、白甲鱼、鲤、鲫等。

2.2 航道工程与生态设计评价

2.2.1 航道整治工程影响预测

生态航道建设工程的生态影响源包括:施工期的清礁、疏浚、顺坝、潜坝等工程建设,运营期的水生生物栖息环境条件的改变和航运量增加等。

2.2.1.1 施工期

生态航道建设工程建设占用或炸毁河道,工程区域河道的底质类型和形态将被改变,底栖环境可能遭受完全毁坏,水生生物生境空间结构也将被改变。建设顺坝的主要作用是调整急弯、归顺岸线;堵塞支汊,调整分流分沙比;拦截洲头或低滩横流,改善汊道进口流态,固定并促进低滩淤积等。顺坝常常与护岸工程同时应用,并且顺坝的长度通常较长。导流顺坝能改善水流条件,使水流更平稳,从长远看对稳定水生生物栖息地的水文环境有一定的促进作用。但是,顺坝大范围占用生物自然栖息地的面积,尤其是当固滩顺坝结合应用时,占用的洲滩面积会更大,工程初期不利作用急剧增加,水生生物栖息地自我修复的时间也会较长。潜锁坝中以堵汊锁坝、高水锁坝对水生生物栖息地环境的影响较大,这两种类型的锁坝改变汊道中水生生物的迁移通道,只留下枯水期的通航水道。

疏浚主要是清除过度淤积的泥沙,维持航道的基本水深,对水生生物的影响主要取决于是否能够保证洲滩附近的缓流带不变或基本不变。疏浚施工将使施工区域底栖动物全部移除,底栖动物的栖息环境也发生重大改变。疏浚措施后,浅区段水深增加,高滩岸线冲刷后退的抑制等,会使浅滩消失。如果浅滩消退、水位下降、缓水区消失,也会影响浅水区鱼类的产卵和摄食。

清礁工程的风险较高,其影响表现为:①清礁过程有可能误伤水生生物;②礁石去除后,工程河段的水流流态将被改变,改变了水生生物的生境条件。

工程建设将导致施工点水域悬浮物浓度增加,引起水体浑浊。悬浮物将随水流向下游扩张。悬浮物浓度增量大于150mg/L时,将可能对水生生物的呼吸器官产生直接的伤害。根据长江干流清礁施工的现场环境监测,施工清礁产生的悬浮物浓度增加值大于150mg/L影响范围一般在100m左右,将对水生生物产生直接的伤害影响。悬浮物浓度增加值大于10mg/L影响范围一般可控制在施工点区域100~500m以内,对水生生物影响不大。

施工过程会造成噪声污染。对抛石等噪声的研究表明,污染主要为低频高强度噪声,随着频率的增加,噪声强度明显减小。对1~3.5t打桩声源测量表明,1km以内主要分布在10~

20kHz和10~22kHz频率范围,实际测量水下噪声强度分别在80~130dB之间和40~80dB之间。从现有的资料分析看来,工程施工的水上抛石等作业的低频噪声主要在120dB左右,影响范围在1km²以内。

施工期间,施工船舶舱底油污水、土石方和建筑材料的流失以及生产废水和生活污水排放。工程施工期间,少量建筑材料和产生的泥沙等易随大风、降水等外界条件作用造成区域河水含沙量和浊度的增加,以及施工产生的少量生产废水(含油污和泥沙)进入水域会造成一定的污染。

2.2.1.2 运营期

生态航道建设工程完成后,各类整治工程作业导致的水生生物栖息环境的改变将是运营期影响的主要来源。①航道水流归槽后,枯水和平水季节洲滩和浅水区的面积缩小,鱼类索饵场的面积将会减少;同时,将加大水生生物生境和航道的重叠性,加大船舶误伤水生生物的风险。②筑坝作业将改变工程水域洲滩和浅水区生境条件,将影响到产黏性卵鱼类的产卵场条件,并将影响工程水域的鱼类索饵。③清炸河底暗礁将平顺水流,局部改变水文流态,将改变该段鱼类的生境条件。④河道条件的改善将增加航运量,航运的增加将加大噪声污染及船舱含油污水、生产和生活污水污染等影响。

2.2.1.3 水生生态环境

生态航道建设工程包括整治工程(清礁、疏浚和筑坝)和生态工程(疏浚土和清礁弃渣生态处理、生态试验区建设等)。施工期工程建设对水环境的影响主要包括三个方面:清礁、筑坝和疏浚过程中产生的悬浮物,施工人员生活污水,施工期生产废水。

施工中,筑坝、疏浚、清礁等过程对长江底部泥沙造成扰动,将导致悬浮物浓度增加;用于工程的混凝土拌和与养护将产生碱性废水,同时施工机械车辆清洗保养、船舶运行会产生含油废水,也将导致工程河段局部悬浮物浓度升高。施工期间的生产废水、生活污水如不经处理而直接排放,固体废弃物、生活垃圾等如不集中防护和处理,将对水体造成一定程度的污染,主要是具有较高悬浮物浓度而使水体透明度下降,pH值呈弱碱性,并带有少量的油污。施工期带来的主要污染指标为悬浮物、BOD_5、COD和石油类等污染物。加强施工生产、生活废水的管理将有利于减少水体污染。

航道整治工程结束后,各类工程作业导致的水环境变化将逐步消失,航道整治工程本身不会对水质产生长期不利影响。航行船只的增加,会加大水体浑浊、生活废水、油污、货物装卸残留物等风险,可能会对附近水面产生一定的不利影响。施工结束后的初期为施工段新的水生生态形成期,经过一段生态修复期将形成稳定的生态体系,自净能力恢复到原生态水平,为保持水体良好状态提供支撑。

2.2.1.4 水生生物

(1)鱼类。

工程河段渔获物调查共记录51种鱼类。这些鱼类以杂食性鱼类为主,其次为以水生昆虫与软体动物为食的肉食性鱼类,也有较多种类的滤食浮游生物。本项目的拟建工程施工除影响以上保护鱼类和鱼类生境外,对工程河段的其他鱼类也可能产生一定影响。

清礁的影响:清礁爆炸冲击波会使周围产生瞬间的高压,这种高压以波动的形式向外传播,从而对波及的生物产生影响。鱼体内最容易受到损伤的是有鳔鱼类的鳔,除此之外,还有鱼类的肝、脾、肾、内耳等器官。当鱼离爆炸物比较近时,除了对鱼类的内部器官造成损害以外,对鱼的身体外部也会造成损伤。受爆破震动影响的各类生物,可见其游泳能力大大下降,表现为行动缓慢麻木;而有些鱼失去平衡,腹部向上,或侧游于水面,推测其神经系统遭到了破坏。个体小的动物由于本身的游动能力低下,逃避外界打击的能力弱,因而比个体大的容易致死。试验表明,在离爆点150m距离以内,爆破冲击波使100%的鱼卵外壳破损。此后,距离越远损伤率逐渐减小,在350m距离上破损率仍高达51.6%。爆破处理后未破损鱼卵的孵化率也极低,距爆点200~300m的鱼卵全部未正常孵化,距爆点350m的鱼卵的孵化率只有15.41%。工程河段多年的采砂活动对工程河段鱼类分布影响严重,降低工程河段的鱼类资源量;同时,在清礁作业前采取合理的驱鱼措施将有利于减少清礁的影响程度。

悬浮物影响:在施工期,筑坝、疏浚、清礁等建设活动带来的悬浮物浓度急剧升高,将影响到鱼类的分布、摄食等正常活动,导致工程水域鱼类分布的改变。施工期间因悬浮物增加,浮游植物的光合作用在一定程度上受到不利影响,初级生产力阶段性减少,浮游植物的生物量将出现降低;也会一定程度上减少浮游动物的数量和影响其种类组成;施工区域底质的破坏会导致底栖动物生物量的损失。浮游生物、底栖动物生物量的减少将导致鱼类饵料资源的下降,影响工程水域的鱼类资源。

噪声影响:筑坝、疏浚、清礁等建设活动带来噪声污染会对鱼类造成干扰。施工过程会造成噪声污染。对抛石等噪声的研究表明,污染主要为低频高强度噪声,随着频率的增加,噪声强度明显减小。从现有的资料分析看来,工程施工的水上抛石等作业的低频噪声主要在120dB左右,影响范围在1km^{2}以内。施工期各种作业机械产生的噪声会大大增强该水域的环境背景噪声,主要包括搅拌机、钻探设备、空压机、水泵、发电机组、输送设备等。根据类比调查,主要噪声污染源强度约80~105dB。施工期噪声污染会随着施工完成而消失;同时鱼类有较强的活动能力,会出现主动回避行为。

此外,筑坝、疏浚、清礁等建设过程中的抛石、清渣等活动有可能误伤鱼类,尤其是大型个体。从现场渔获物调查结果可以看出,工程河段鱼类优势种主要是蛇鮈、吻鮈、银鮈等小型种类,小于50g的小型个体数量占绝对优势,占总渔获物数量85.4%;没有发现大型个体。施工误伤鱼类的风险较小,合理安排清礁前区域管理,能进一步降低误伤概率。

运营期,各类航道整治工程作业导致的栖息环境条件改变,将对鱼类产生一定影响。鱼类对产卵场环境的要求一般都高于摄食等栖息环境,尤其是产漂流性卵鱼类,如典型代表铜鱼、四大家鱼,通常要求特殊形态的河道条件、复杂的水流情势。河流地貌形态条件决定了水文流态,复杂形态的河道水流运动复杂,流态紊乱,流向多变,因而,往往形成了鱼类产卵场;同时,复杂形态的河道也多是阻碍航运的河段,成为航道整治的目标。在整治工程中,疏浚、清礁将是简化河道生境的复杂性,降低多样性;筑坝等工程将束水归槽、归顺来水,简化工程河段的水流状况。整治河段的水文流态改变将影响产漂浮性卵鱼类的产卵繁殖。

筑坝作业将改变工程水域洲滩和浅水区生境条件,将影响到产黏性卵鱼类的产卵场条件,并将影响工程水域的鱼类索饵。工程完工后,筑坝区域水生植被、底栖生物资源等将逐步恢复。因此,筑坝区域生境条件的改变对鱼类产卵和摄食的影响是暂时的,工程完工后其不利影响逐步消失。另外,从长远看,筑坝工程等将有利于心滩、边滩的稳定,使这类栖息地更加稳定,从而有利于产黏性卵鱼类的繁殖和鱼类的索饵。

礁石周边常是喜流水底栖鱼类的重要栖息地和索饵场所。清礁施工使礁石破坏,影响这些鱼类的栖息和摄食,而且这种栖息地的变化不可修复。

航道水流归槽后,枯水和平水季节洲滩和浅水区的面积缩小,鱼类索饵场的面积将会减小;同时,将加大水生生物生境和航道的重叠性,加大船舶误伤水生生物的风险。

运营期航运增加导致船舶污水和油污泄漏的风险和噪声污染的增加也会对鱼类产生影响。航运能力提高后,往来船舶数量和频率增加,加大了船舶污水和油污泄漏的风险。航行船只的增加,将加大噪声污染,噪声污染来自航行的大型货船所发出的声音。不同类型的船舶所产生的水下噪声能量有较大区别,产生噪声(10kHz)能量最大的船舶是大型载重船(载重4000t的运煤船,相距205m时,噪声能量在水流噪声水平上增加20dB),其次是高速快艇(相距200m时,噪声能量在水流噪声水平上增加12dB),而非载重的大型船舶噪声能量相对最小(相距40m时,噪声能量在水流噪声水平上增加不足10dB)。航道整治工程结束后将有大量大型船舶航行,因此可以预计保护区水域的环境背景噪声将会大大升高,对于水生动物将会产生一定影响。

(2)浮游植物。

水体浮游植物的时空分布、叶绿素a的含量是衡量水体初级生产力的基础,其与水体透明度呈现密切关系。施工区域的清礁、疏浚和筑坝施工过程会扰动水体底泥和岸边土壤,产生大量的悬浮物;同时,原料堆场的沙石、水泥等建筑材料及岸边开挖后裸露的泥土受雨水冲刷后会形成高浓度泥沙浆;另外,混凝土搅拌预制以及工程设备保养维护都会产生高浓度浑浊液。施工期间的生产废水、生活污水如不经处理而直接排放,固体废弃物、生活垃圾等如不集中防护和处理,将对水体造成一定程度的污染,主要是具有较高悬浮物浓度而使水体透明度下降,pH值呈弱碱性,并带有少量的油污。上述悬浮物直接或间接进入施工河段水体中将导致该水域悬浮物浓度上升,悬浮物在重力、波浪、风力等因素作用下扩散、运动,进而将影响工程河段各类自然保护区以及工程范围内其他水域的浮游生物的生存环境,造成水域透明度降低,导致施工期间浮游藻类的密度和数量下降、光合作用下降,水体的初级生产力阶段性减少。根据水环境影响预测分析,清渣、抛填产生的悬浊物影响范围分别为施工点下游100m和1.60km,影响范围面积相对工程河段而言很小。同时,工程河段浮游植物种类丰富,以沿线河段内的常见物种为主,具有普生性的特点,且适应环境的能力很强。施工建设可能会降低施工区域浮游生物的生物量,但这种影响是暂时的,会随着施工的结束而逐渐得到恢复。工程建设施工合理安排,尽量利用枯水期开展陆域施工,减少涉水面积;工程建设对浮游植物的影响只发生在较短的时间内,施工完成后可以自行恢复。

工程建成后,施工所造成的局部、暂时的影响将消失,因此浮游植物种类和分布较工程实施前不会有显著的变化。前期航道工程的影响回顾分析也表明了,工程建设完成后工程水域的浮游植物能够自行恢复。

本工程实施后,通航条件改善,船舶流量增大,船舶通航密度随之增大,出现碰撞事故的概率提高,造成部分船舶溢油,从而对影响区的浮游植物造成影响。根据有关实验结论,油类会破坏浮游植物的细胞,从而影响其光合作用,对浮游植物影响的程度与油类的类型、浓度和浮游植物的种类有关,一般浮游植物石油急性中毒致死浓度范围为0.1~10.0mg/L,对于作为鱼、虾类饵料基础的浮游植物则为1.0~3.6mg/L,部分浮游植物种类甚至低于0.1mg/L。同时,营运期由于船体增大、吃水加深,通行船只对底泥的搅动会加大,使得水域透明度出现下降,从而降低影响区浮游植物生产力,进而对影响区水生食物链造成影响。

(3)浮游动物。

施工期间因悬浮物增加,浮游植物的光合作用在一定程度上受到不利影响,光合作用强度有所下降,初级生产力阶段性降低,会一定程度上减少浮游动物的数量和影响其种类组成。同时,也会打乱一些靠光线强度变化而进行上下垂直活动的浮游动物的生活规律;悬浮物还会黏附在浮游动物体表,因而使其运动、摄食等活动受到影响,过量的悬浮物会堵塞桡足类动物的食物过滤系统和消化器官,对其存活和繁殖有抑制作用,严重时会造成死亡,从而使局部水域内浮游生物的数量和生物量减少。对悬浮物的急性毒性试验结果表明,当泥沙含量持续48h超过3mg/L,将对浮游动物的生存造成负面影响,96h的半致死浓度为4.16mg/L。此外,悬浮物对轮虫的慢性毒性试验结果表明,当悬浮物浓度达到7mg/L时,对轮虫的内禀增长率产生显著影响。水中悬浮物浓度的增大会对桡足类等浮游动物的繁殖和存活存在显著的抑制,如具有依据光线强弱变化而进行昼夜垂直迁移习性的部分地区优势桡足类动物可能会因为水体的透明度降低,造成其生活习性的混乱,进而破坏其生理功能而亡。施工期航道整治工程对水环境的影响会导致浮游动物生物量的降低,工程施工结束后,上述影响消失。

运营期间,施工所造成的局部、暂时的影响将消失,因此浮游生物群落结构不会有明显的变化。航道整治工程自身并不会产生污染水环境条件,进而影响浮游动物。前期航道工程的影响回顾分析也表明了,整治工程建设完成后工程水域的浮游动物能够自行恢复。

通航条件得到改善后可能会增加撞船事故的概率,造成部分船舶溢油,从而对影响区的浮游动物造成影响。根据有关试验结论,一般浮游动物石油急性中毒致死浓度范围为0.1~15.0mg/L,且对永久性(终生性)浮游动物幼体的影响最大。

(4)底栖动物。

工程建设的筑坝、疏浚、清礁等将占用或炸毁河道生境面积,这些河道生境内的底栖动物将被完全破坏,河道的底质类型和形态将被改变,底栖动物的生境条件和空间分布也将被改变。按照工程水域底栖动物的平均生物量密度计算,损失量较大。施工期间悬浮物的增加,也会对底栖动物产生影响。研究表明,悬浮物浓度为8mg/L、耐受时间为2.5h时,底栖无脊椎动物漂移率增加;悬浮物浓度为62mg/L、耐受时间为2400h时,底栖无脊椎动物种群数量下降77%;悬浮物浓度为743mg/L、耐受时间为2400h时,底栖无脊椎动物种群数量下降85%。另外,工程中(抛石堤心、水泥土堤心、垫层块石、护角抛石棱体和扭网字块体等项目)广泛采用石料和水泥等建筑材料,很大程度上会改变施工水域及毗邻水域以泥沙底质为栖息地的底栖动物的生存条件,因此会使一些管栖的和穴居的以泥沙底质为主的底栖动物的生境发生变化,一些如蚬类、贝类、多毛类等的种群数量将减少,种类组成也会发生一些变化;但另一些附着性贝类如淡水壳菜等贝类及螺蛳等短期内数量有所降低,运行期种群数量可能有所增加。

从调查结果来看,大型底栖动物的物种多样性较为丰富,施工期航道整治工程对水环境的影响和对水体底质的破坏,会导致底栖动物栖息地的减少和生物量的降低。清礁、筑坝的抛石等施工作业,改变了生物原有栖息环境,尤其对底栖生物的影响大。清礁形成的冲击波和礁石覆盖将直接伤害施工区域的底栖生物,少量活动能力强的底栖生物逃往他处,大部分底栖生物将被掩埋、覆盖,除少数能够存活外,绝大多数将死亡。根据现场调查,本区域的底栖生物的优势种类主要栖息于河底底质为淤泥或泥沙的区域,工程建设将导致这部分种类遭受损失。而对一些栖息于石质和砂质滩地的种类,工程结束后,筑坝的抛石具有类似人工鱼礁的效应,一些营附着生活的底栖性生物可在这些水下构筑物上寻找到合适的生存空间。

航运量增加后,污染物排放风险增加,部分耐受性低的底栖动物的生物量也将随之减少。但大量的抛石在河道内营造出局部繁杂的河床地貌,工程附近区域的部分底栖动物可以附着在上述场所,一定程度上有利于底栖动物的生长与繁育,从而弥补对底栖动物的影响。工程结束后,筑坝施工构筑物上底栖生物将发展成新的群系,产生人工鱼礁的效应,这些底栖动物生物量可得以恢复。虽然底栖动物群落将逐步恢复;但是由于底栖动物区域性强,迁移能力弱,对于环境变化通常缺少回避能力,其群落重建需要相对较长的时间。

(5)水生维管束植物。

根据现场调查的结果,施工河段的水生维管束植物主要是挺水植物,在该地区没有特有的水生植物属和特有种的分布,大部分种为广布种,其群落优势种是该地区常见的种类组合。航道整治工程的建设项目主要是筑坝、疏浚、清礁等工程类型,基本不涉及陆域;因此整治工程对水生维管束植物的影响主要来自建设材料和机械的放置场地建设和施工人员生活场所建设导致的岸边植被破坏。岸边场地建设将导致建设用地内的植被毁坏,施工结束后,植被将逐渐自行恢复。

运营期的影响主要发生在航道内,不会对水生维管束植物产生明显影响。

2.2.2 航道整治生态设计分析与评价

按照避让、减缓和补偿的层次原则,霸王滩滩群航道整治工程生态方案共设置3类11项生态设计内容。霸王滩航道整治的生态设计包括:①考虑生态效果,为保持锁坝前后水流的连通性,采用预制梯形构件,构件侧壁和顶板上开有多个孔,形成空腔;为营造适宜鱼类的水流条件,部分坝体采用V形结构形式,设计目的为增加坝后水流环境的多样性,将顶流段坝轴线由直线改为多V形折线,上顶点坝高较高,进而营造出类似山区河流剪刀水的强紊动水流特性,吸引喜流性鱼类在此栖息,同样也可避免坝后水流过于静缓而造成水生生态环境质量下降。②优化镇脚结构,采用鱼砖形镇脚结构,对护岸结构中坡脚抛石棱体部分的生态化试验性改造,通过双排双层堆放四面开孔形正方体混凝土结构,在护岸坡脚位置形成多通道镂空形生态鱼巢结构,在保证坡面结构纵向稳定性的同时,也形成了纵向、横向高连通性的鱼类栖息地环境,可以为洪峰期鱼类避洪、冬季鱼类越冬提供适宜的低流速、弱紊动场所,同时结构表面采用人工加糙的方式,也可为产沉黏性卵鱼类的鱼卵提供适宜的附着基质。③为减缓整治工程对产黏性卵鱼类的影响,在缓流区设置人工鱼礁,每处布设礁体,布设为梅花形,单个为长1.2m,底周长1.6m的双绞合钢丝网兜;同时在其上按每2m×2m抛置一层生态鱼巢。

2.2.2.1 生态设计分析

整治方案航路选择上,沿用习惯航路,尽可能少开辟新航路,以减少航道、航运对河床与水域面积的占用。水生生态调查确定的霸王滩左汊为鱼类历史产卵场,尽管航线经过霸王滩左汊具有较好的工程与经济效益,但为避开鱼类产卵场,航线选择走霸王滩右汊,航线呈S形,整治难度增加。

因霸王滩滩群汊道纵横,航槽开挖后水位降落导致分流比发生较大变化,从而使非通航汊道过流量减少,降低水域淹没范围和横向连通性,产生一定程度的生态环境问题。因此,通过疏浚非通航汊道,降低因航道开挖所引起的分流比变化,尽可能保持汊道天然分流比。为保持霸王滩右汊与杀鱼滩汊道的水系连通,避免因筑坝工程造成汊道间水流、物质运动的阻隔,取消了原长顺坝、格坝群的设计,改用不影响水系连通的分散式丁顺坝设计。为减轻筑坝工程的影响,减少坝体对河床的占用,削弱坝体的阻水效应,优化坝体结构设计。选择透水、利用水生生物栖息附着的生态护岸,并在护岸枯水平台位置增设鱼巢砖作为镇脚,涉及护滩工程,采用条状间断守护,避免护滩工程覆盖自然滩地,造成水土连通性丧失和底栖生物死亡。采用透空型的扭王字块坝体护面,既能守护坝身免受冲蚀,又能营造丰富多样的坝面流态,块体内部与块体之间的空腔便于生物躲避栖息。非通航汊道的疏浚,其一是为了保持汊道天然分流比;其二是保持非通航汊道枯水期与主河槽的水力连通,增加枯水期的水域淹没范围,增加水生生物生境。

在弃渣区洲头设置分流鱼嘴,利用鱼嘴所屏蔽形成的缓流区域,构建利用生物栖息躲避和繁殖的空间,将其作为补偿工程生态环境影响的一项措施。选择不影响通航的河湾,构建生态涵养区,作为替代生境,利用石龙封湾,保持其与河道的水力连通,并在涵养区抛投石笼网袋、人工鱼礁等构件,丰富涵养区的生境形态。利用清礁弃渣进行采沙坑修复,构筑浅缓水域,抛投人工鱼巢等,同时保留鱼类的越冬场。

根据喜流水性代表性鱼类的生境需求和水动力条件喜好,从增加透空型和水流多样性角度设计生态型整治丁坝和镇脚结构。①齿形开孔潜坝和多V形潜坝下游的水流均呈现急缓交替的状态,这种流态有利于形成摄食通道,并提高生境的异质性,促进河流生态的良性循环。②生态镇脚内流速较低,能够为水生生物提供稳定繁殖、栖息和觅食环境,有助于形成生态食物链。③研究了齿形开孔预制构件的受力特性,从抗滑移和抗倾覆两个角度,对齿形开孔潜坝的稳定性进行了评价,以延长使用寿命。研究表明,齿形开孔潜坝的透空率保持为2.95%,即开孔直径50cm时为最佳。

2.2.2.2 生态设计评价

根据目前调查结果,航道整治工程建设对不同水生生物影响是有区别的:①附着藻类。整治工程建设对附着藻类产生正面影响。建设时较建设前种类数、细胞密度数、平均生物量均增加。其原因可能为工程构筑物的布置增加了附着藻类的附着面积。②底栖动物。整治工程建设对底栖动物产生正面影响。建设时较建设前种类数增加,平均密度和平均生物量降低。其原因可能为工程构筑物的布置,改变了原有底栖动物优势种湖沼股蛤(*Limnoperna lacustris*)的栖息地,使上游游入的水生昆虫可以找到新的适宜栖息地得以生存,故种类数较之前增加。平均密度和生物量降低,主要是因为建设前湖沼股蛤数量较多导致的。③水生植物。整治工程建设对水生植物产生负面影响,但还需进一步调查确定。建设时较建设前种类数、密度、盖度、生物量均降低。其原因是工程构筑物的布置,破坏了水生植物的生境,使之短期内未能恢复。

根据文献资料,航道整治工程在布置疏浚区、顺坝、锁坝和护滩区时会使原本生存的附着藻类、底栖动物和水生植物的水生生境发生变化,对其产生负面的影响。但根据我们的调查,优化结构后的生态航道工程构筑物,对水生生物产生了一些正面影响,如附着藻类种类数、密度、生物量均增加,底栖动物种类数增加等。但是其正面影响是否能持续,仍需开展长时间水生生态持续监测。

工程河段具有较重要的产卵和育幼功能,同时存在1处历史产卵场,主要保护对象为岩原鲤,基于生态调查结果,研究河段水域鱼类以适应急缓流和静水中繁殖,产沉(黏)性卵的鱼类为主。以岩原鲤幼鱼的生境参数为基础,岩原鲤幼鱼最佳水深范围:1.0~2.0m;阈值水深范围:0.5~3.0m;最佳流速范围:0.3~1.0m/s;阈值流速范围:0.1~1.5m/s。确定了以水深和流速为关键环境因子的栖息地适宜度范围、适宜度指标。从岩原鲤产卵育幼生境适宜度指标评价,通过对皇天坝大洲右汊非通航汊道疏浚,能够适当增加非通航汊道分流比,保持非通航汊道与主河槽的水力连通,最高增加量不大于5.6%,霸王滩右汊通航,工程前后左汊分流比减少不大于3.3%,对鱼类产卵场的影响有限,工程前后分流比变化随来流量增加而减少。相比工程前,整治方案实施后,水域淹没范围均有不同程度增加,其中,设计流量(Q=900m³/s)增加约1.5%,整治流量(Q=2250m³/s)增加约0.66%,最高通航流量(Q=15000m³/s)增加约0.03%,表明工程实施未造成水域淹没范围的降低,对于维持河流水生生态功能较为有利。设计流量Q=900m³/s条件下,通过工程整治水深不大于3.0m水域范围由26.28%增加至28.96%,表明工程后适宜鱼类产卵的水域范围增加,同时流速不大于1.5m/s的流速范围均有所扩大,表明适宜鱼类产卵的流速多样化增加。整治流量Q=2250m³/s条件下,有同样的趋势发现。三级流量条件下,岩原鲤产卵栖息地规模均有不同程度的增加,其中设计流量Q=900m³/s条件下,栖息地规模增加24hm²,整治流量Q=2250m³/s条件下,栖息地规模增加19hm²,最高通航流量Q=15000m³/s条件下,栖息地规模不减少。

通过上述分析,针对航道整治工程对鱼类栖息生境的影响问题,以岷江霸王滩滩群航道整治工程为依托,在明确工程位点鱼类生境条件关键因子及其适宜范围的基础上,以避让、减缓和补偿为原则的生态设计能在一定程度上控制工程建设和运行对工程河段鱼类关键生境的影响;在不同流量条件下,生态设计能有效地使得代表性鱼类岩原鲤产卵育幼生境的栖息地规模不减少,生境适宜度不下降。因此,鱼类栖息地规模增加与整治工程所采取的生态设计密切相关,为航道工程生态保护提供技术支撑和科学依据。

3 电站调度影响下山区河流水沙环境变化与水生生态响应机理研究

通过二维模型的数值计算、水槽试验等综合研究方法,对龙溪口电站非恒定泄流影响下岷江一期工程航道关键水生物因子时空分布规律以及河床底质输移规律等开展了深入系统研究。

3.1 模型建立与验证

3.1.1 模型建立

对岷江航道整治一期工程70km河段开展平面二维数学模型研究。主要通过恒定流模型对大型山区代表性河段航槽和鱼类栖息地水动力条件进行初步研究;同时,通过非恒定流模型对工程河段典型流量过程下水流特性进行初步研究,并与恒定流模型相对比。

二维水流数学模型上起龙溪口电站,下至思波水尺点,全长70km。采用地形资料包括:2017年4月龙溪口至合江门水域高程,2020年地形测量中间成果(图3.1-1)。

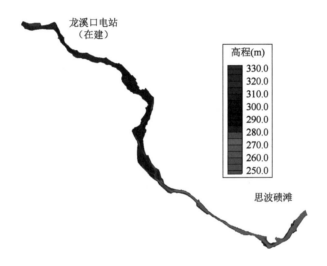

图3.1-1 龙溪口至合江门二维数学模型

3.1.2 模型验证

恒定流验证资料采用中水期沿程思波水尺的原型观测结果,见表3.1-1,由验证结果可知数学模型计算水位与实测水位误差在0.10m以内,符合相关规范要求。

二维数学模型验证情况(Q=1096 m³/s)　　　　　　　　　　表3.1-1

序号	水尺编号	实测水位(m)	计算水位(m)	误差(m)
1	临33	301.28	301.36	0.08
2	临31	298.40	298.46	0.06
3	月波	297.27	297.35	0.08

续上表

序号	水尺编号	实测水位(m)	计算水位(m)	误差(m)
4	泥溪	292.98	293.03	0.04
5	临27	291.94	292.02	0.08
6	临26	289.48	289.42	−0.06
7	临23	286.06	286.05	−0.02
8	蕨溪	284.18	284.22	0.04
9	临20	283.00	282.92	−0.08
10	真溪	276.31	276.40	0.09
11	临14	273.73	273.71	−0.01
12	临13	273.70	273.64	−0.06
13	临8	269.87	269.82	−0.05
14	思波	266.77	266.81	0.04

3.1.3 研究工况选取

模型出口边界根据对犍为站流量与高场站流量关系,高场站流量与思波水位的流量水位关系的计算,由犍为站流量推导出思波水位对应变化情况。犍为站流量与高场站流量走势基本一致(图3.1-2),犍为水文站在高场水文站上游,因此可以通过犍为站流量推导出高场站流量,高场站流量与思波水位的函数关系为 $y = 2.2176\ln x + 251.03$,其中,y 代表思波水位,x 代表高场站流量(图3.1-3)。

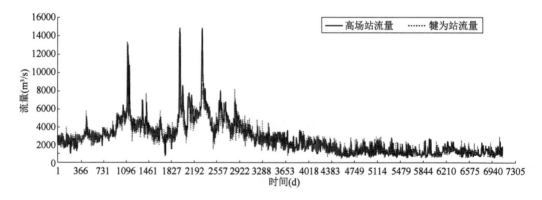

图3.1-2　2021—2022年犍为站与高场站流量关系图

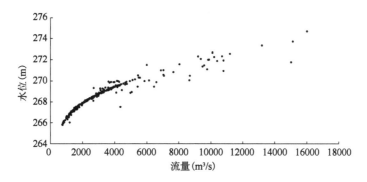

图 3.1-3　2021—2022 年高场站流量与思波水位关系图

3.1.4　中水期典型工况

在中水期(2021 年 5—6 月)下泄流量日变幅基本控制在 0~4000m³/s,最大频率发电流量变幅在 2000~2500 m³/s 之间,发电流量变幅期望值约为 2500m³/s。模型选取的水文工况为 2021 年 5 月 31 日—6 月 3 日,流量变幅为 1948~3043m³/s,期望值约为 2560m³/s,符合 2021 年 5—6 月总体变幅规律,因此作为典型日计算(如图 3.1-4 至图 3.1-6 所示)。

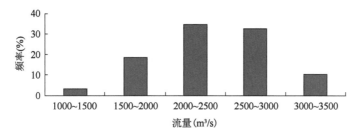

图 3.1-4　中水期(2021 年 5 月)犍为站流量变幅频率分布图

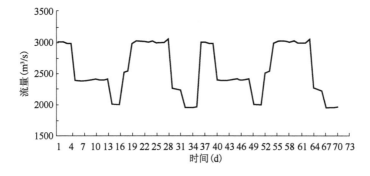

图 3.1-5　中水期犍为站典型日流量变幅频率分布图

3.1.5　汛后典型工况

在洪水期后(2021 年 10—11 月)下泄流量日变幅基本控制在 1000~3500m³/s,最大频率发电流量变幅在 2000~2500 m³/s 之间,发电流量变幅期望值约为 2700m³/s。模型选取的水文工况为 2021 年 10 月 19—21 日,流量变幅为 1919~2998m³/s,期望约 2714m³/s,符合 2021 年 10—

11月总体变幅规律,因此作为典型日计算(图3.1-7至图3.1-9)。

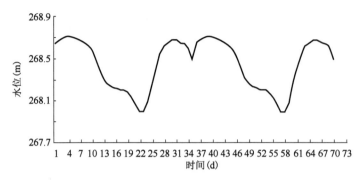

图3.1-6　下边界典型日水位确定

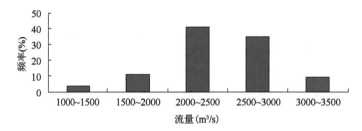

图3.1-7　洪水期后(2021年10月)犍为站流量变幅频率分布图

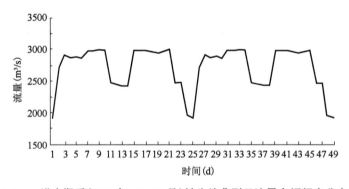

图3.1-8　洪水期后(2021年10—11月)犍为站典型日流量变幅频率分布图

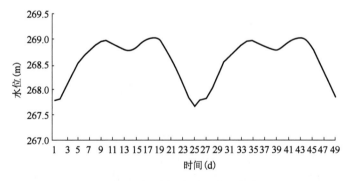

图3.1-9　下边界典型日水位确定

3.1.6 枯水期典型工况

在枯水期(2022年12月—2023年1月)下泄流量日变幅基本控制在661~2838m³/s,最大频率发电流量变幅在900~1500m³/s之间,发电流量变幅期望值约为1190 m³/s。模型选取的水文工况为2022年12月19—21日,发电流量变幅为940~1472m³/s,发电流量变幅期望值约为1123m³/s,符合2022年12月至2023年1月总体变幅规律,因此作为典型日计算(图3.1-10至图3.1-12)。

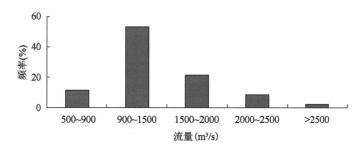

图3.1-10 枯水期(2022年12月)犍为站流量变幅频率分布图

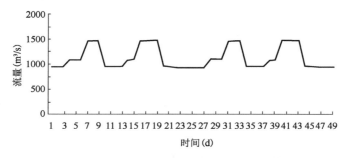

图3.1-11 枯水期犍为站典型日流量变幅频率分布图

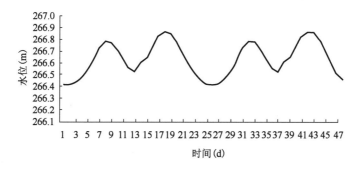

图3.1-12 下边界典型日水位确定

3.2 非恒定流下典型滩段水流特性分析

根据工程河段水生生态环境特征,选取分布有产卵场的代表滩段月波及霸王滩作为典型滩段进行分析。

3.2.1 水深变化情况

(1)中水期。

月波站距离龙溪口电站9.08km,恒定流下水深7.71m,非恒定流下最大水深7.97m,最小水深7.15m,最大日变幅0.82m,较恒定流下最大水深+0.26m,最小水深-0.56m(图3.2-1)。

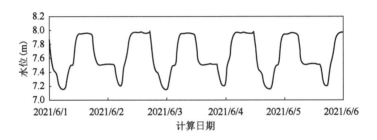

图3.2-1 中水期月波水深变化

霸王滩距离龙溪口电站35.35km,恒定流下水深6.33m,非恒定流下最大水深6.68m,最小水深5.73m,最大日变幅0.95m,较恒定流下最大水深+0.35m,最小水深-0.60m(图3.2-2)。

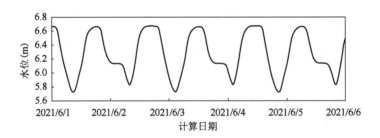

图3.2-2 中水期霸王滩水深变化

(2)洪水期后。

月波站距离龙溪口电站9.08km,恒定流下水深7.60m,非恒定流下最大水深7.96m,最小水深7.17m,最大日变幅0.79m,较恒定流下最大水深+0.36m,最小水深-0.43m(图3.2-3)。

霸王滩距离龙溪口电站35.35km,恒定流下水深6.24m,非恒定流下最大水深6.64m,最小水深5.92m,最大日变幅0.72m,较恒定流下最大水深+0.40m,最小水深-0.32m(图3.2-4)。

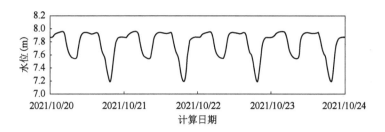

图 3.2-3　洪水期后月波水深变化

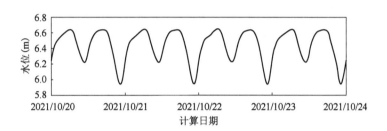

图 3.2-4　洪水期后霸王滩水深变化

(3) 枯水期。

月波站距离龙溪口电站9.08km,恒定流下水深6.57m,非恒定流下最大水深6.72m,最小水深6.17m,最大日变幅0.55m,较恒定流下最大水深+0.15m,最小水深-0.40m(图3.2-5)。

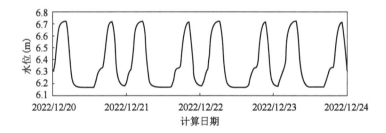

图 3.2-5　枯水期月波水深变化

霸王滩距离龙溪口电站35.35km,恒定流下水深5.01m,非恒定流下最大水深5.14m,最小水深4.57m,最大日变幅0.57m,较恒定流下最大水深+0.13m,最小水深-0.44m(图3.2-6)。

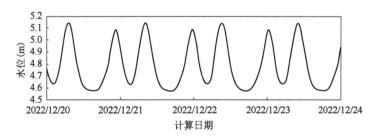

图 3.2-6　枯水期霸王滩水深变化

3.2.2 流速变化情况

(1)中水期。

月波站距离龙溪口电站9.08km,恒定流下流速1.54m/s,非恒定流下最大流速1.67m/s,最小流速1.29m/s,最大日变幅0.38 m/s,较恒定流下最大流速+0.13m/s,最小流速-0.25m/s(图3.2-7)。

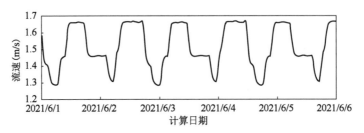

图3.2-7 中水期月波流速变化

霸王滩距离龙溪口电站35.35km,恒定流下流速1.73m/s,非恒定流下最大流速1.83m/s,最小流速1.54m/s,最大日变幅0.29m/s,较恒定流下最大流速+0.10m/s,最小流速-0.19m/s(图3.2-8)。

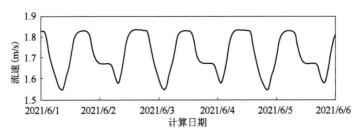

图3.2-8 中水期霸王滩流速变化

(2)洪水期后。

月波站距离龙溪口电站9.08km,恒定流下流速1.50m/s,非恒定流下最大流速1.66m/s,最小流速1.29m/s,最大日变幅0.37m/s,较恒定流下最大流速+0.16m/s,最小流速-0.21m/s(图3.2-9)。

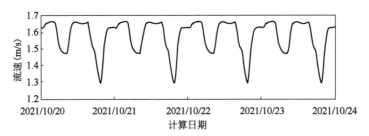

图3.2-9 洪水期后月波流速变化

霸王滩距离龙溪口电站35.35km,恒定流下流速1.71m/s,非恒定流下最大流速1.82m/s,最小流速1.60m/s,最大日变幅0.22m/s,较恒定流下最大流速+0.11m/s,最小流速-0.11m/s(图3.2-10)。

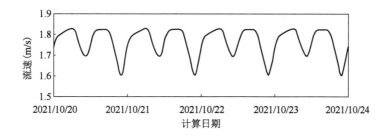

图 3.2-10　洪水期后霸王滩流速变化

(3)枯水期。

月波站距离龙溪口电站9.08km,恒定流下流速0.98m/s,非恒定流下最大流速0.76m/s,最小流速1.06m/s,最大日变幅0.30m/s,较恒定流下最大流速+0.08 m/s,最小流速-0.22m/s(图3.2-11)。

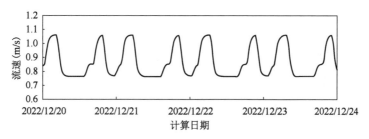

图 3.2-11　枯水期月波流速变化

霸王滩距离龙溪口电站35.35km,恒定流下流速1.25m/s,非恒定流下最大流速1.31m/s,最小流速1.03m/s,最大日变幅0.28m/s,较恒定流下最大流速+0.06m/s,最小流速-0.22m/s(图3.2-12)。

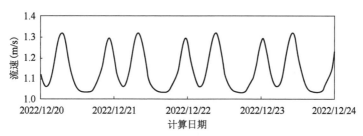

图 3.2-12　枯水期霸王滩流速变化

3.2.3　滩段流场

(1)中水期。

月波中水期最大流速下主河槽内流速比最小流速下主河槽内流速大大约0.24m/s,同时淹没中间滩槽,淹没面积约为6000m²;霸王滩中水期最大流速下主河槽内流速比最小流速下主河槽内流速大大约0.17m/s,同时由于流量的增大,滩上有深槽过水,淹没面积约为20000m²(图3.2-13至图3.2-16)。

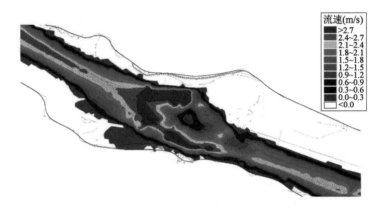

图3.2-13 中水期月波最大流速下流场图

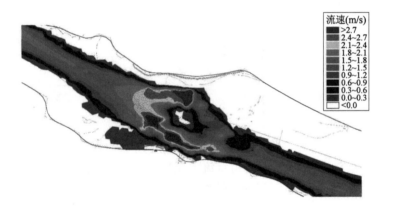

图3.2-14 中水期月波最小流速下流场图

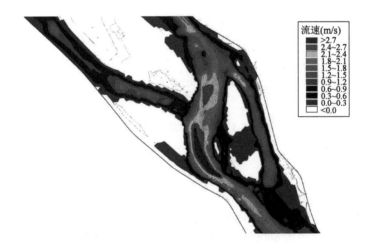

图3.2-15 中水期霸王滩最大流速下流场图

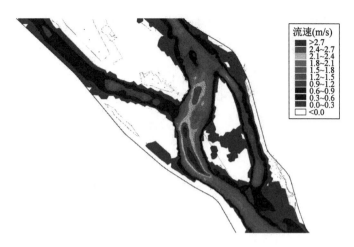

图3.2-16　中水期霸王滩最小流速下流场图

(2)洪水期后。

月波洪水期后最大流速下主河槽内流速比最小流速下主河槽内流速大大约0.26m/s,同时淹没中间滩槽,淹没面积约为7000m²。霸王滩洪水期后最大流速下主河槽内流速比最小流速下主河槽内流速大大约0.19m/s,同时由于流量的增大,滩上有深槽过水,淹没面积约为22000m²(图3.2-17至图3.2-20)。

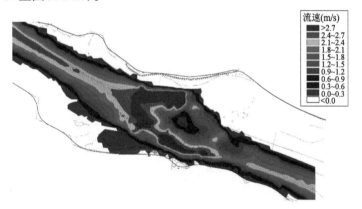

图3.2-17　洪水期后月波最大流速下流场图

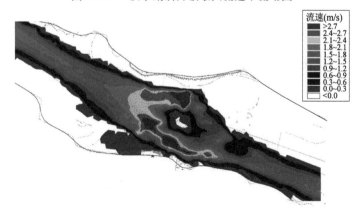

图3.2-18　洪水期后月波最小流速下流场图

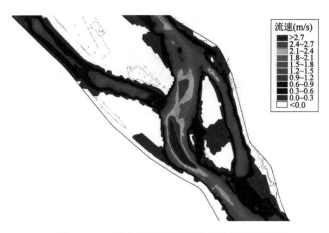

图 3.2-19　洪水期后霸王滩最大流速下流场图

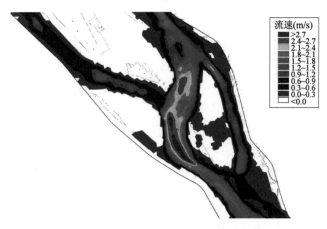

图 3.2-20　洪水期后霸王滩最小流速下流场图

(3)枯水期。

月波枯水期最大流速下主河槽内流速比最小流速下主河槽内流速大大约 0.23m/s,同时淹没中间滩槽,淹没面积约为 2400m²。霸王滩枯水期最大流速下主河槽内流速比最小流速下主河槽内流速大约为 0.12m/s,同时由于流量的增大,滩上有深槽过水,淹没面积约为 4000m²(图 3.2-21 至图 3.2-24)。

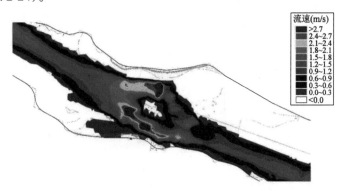

图 3.2-21　枯水期月波最大流速下流场图

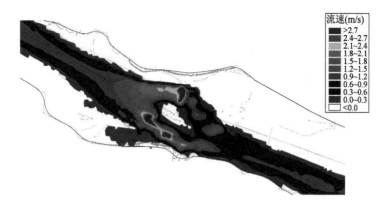

图 3.2-22　枯水期月波最小流速下流场图

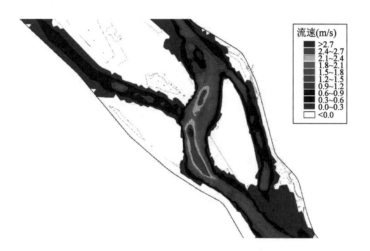

图 3.2-23　枯水期霸王滩最大流速下流场图

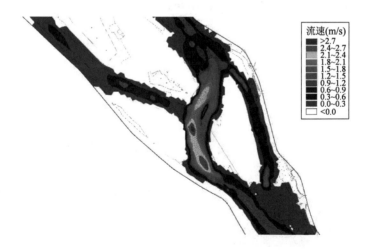

图 3.2-24　枯水期霸王滩最小流速下流场图

3.3 非恒定流对鱼类主要栖息地的影响

根据工程河段水生生态特征,典型滩段月波段分布有产漂流性鱼卵鱼类产卵场,霸王滩段产沉黏性鱼卵鱼类产卵场。本节从鱼类中尺度栖息地中的"三场"(产卵场、索饵场和越冬场)出发,通过计算不同水文条件下非恒定流对产卵场附近不同水层水流结构的变化,来分析和揭示非恒定流水流改变对鱼类"三场"的影响机理。

3.3.1 对产卵场的影响

研究河段鱼类繁殖季节开始于5月份,一般持续至汛期后10月份,选取中水期、洪水期后及枯水期非恒定流对上述两种鱼类产卵场的影响机理。

3.3.1.1 对产漂流性卵鱼类产卵场的影响

产漂流性卵鱼类一般生活在水体的表层,需通过急流环境来刺激性腺的发育和成熟,在繁殖季节会沿主流上溯寻找急流(1~1.5m/s及以上)和复杂流态的水环境,来刺激卵巢排卵以完成繁殖活动,通常会在河床急剧变化的区段,如矶头附近。

月波段鱼类众多,这类鱼有四大家鱼鲢、鳙、草鱼、青鱼,长薄鳅、铜鱼、圆口铜鱼、长鳍吻鮈、银鲴、花斑副沙鳅、双斑副沙鳅、赤眼鳟、鳊、寡鳞飘鱼、蛇鮈、中华金沙鳅、短身金沙鳅、犁头鳅等。这些鱼类的产卵期为4—8月,多为5—7月。产卵水温在16~32℃之间。各主要经济鱼类多在18℃左右的水温时开始产卵。产卵高峰多在20~24℃间。产卵时除要求达到一定水温外,还需要一定的涨水刺激。因而,非恒定流下对水位的调节也对漂浮性鱼卵有好的调节作用。

总体分析,在产漂流性鱼类繁殖季节,江河的涨水过程包含着水位升高、流量增大、流速加快、流态紊乱和透明度减小等多种水文因素的变化,这些水文因素相互关联,对鱼类繁殖刺激作用是综合的,但根据这些鱼类的繁殖活动是在水的上层,甚至表层进行的特点,其中流速的增大在促进鱼类繁殖的诸水文因素中,起主要作用。

因此我们以5月中水期为典型调节月进行分析(图3.3-1和图3.3-2)。

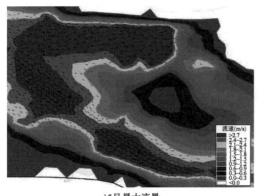
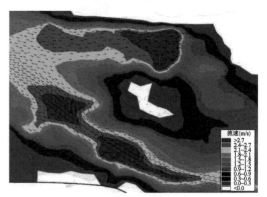

a)5月最大流量　　　　　　　　　　　　b)5月最小流量

图3.3-1　5月中水期月波矶头附近流场图

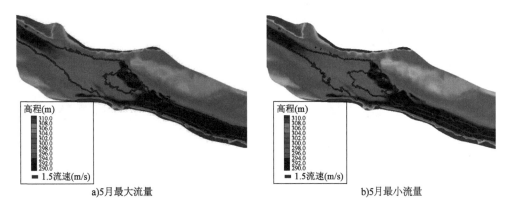

图 3.3-2　5 月中水期月波矶头附近流速等值线对比

在非恒定流条件下,主流基本顺沿微弯的河道向下游流动,在矶头的分流作用下,水流分为两汊,顺沿两侧向下,除矶头附近水流流态出现较大集中和偏转外,河道水流结构基本都较为规则和平顺。矶头左汊和右汊这一主流区域水流流速在1.5m/s以上,两个支汊里的流速相较于矶头更大,最小流量下最大可达3m/s。从河道流场结构和水流流速分布来看,水流结构变得极为复杂,同时洪季最大流量条件下矶头淹没,在矶头挑流作用下形成了三维特性明显的泡漩流,而水流越过矶头的过程形成涡流等复杂的水流结构,水体垂向交换强烈。

由此可见,在非恒定流条件下月波区域在矶头附近形成了流态复杂、紊动强度较大的强紊动水流环境,对于多数产漂流性卵鱼类而言,在繁殖期可吸引成鱼在此聚集,并刺激卵巢成功排卵。因此,非恒定流不会对月波漂流性卵鱼类的产卵造成影响。

3.3.1.2　对产沉黏性卵鱼类产卵场的影响

产沉黏性卵的鱼类多栖息于中下层水域,偏爱在洲滩、浅滩和弯道内侧等静缓的水环境下生活,亲鱼产卵后鱼卵通过卵膜的黏性依附于水草的茎干和枝叶上,也有部分鱼类将鱼卵产于浅滩沙床的表面。

霸王滩处鱼类分布众多,以岩原鲤为主体,其他鱼类包括南方鲇、大鳍鳠、白缘鱼央、宽鳍鱲、马口鱼、唇鱼骨、白甲鱼、鲤、鲫等。岩原鲤产卵场多为石底急滩,每年3—4月间和8—9月间分两次产卵,卵粒黏附在鹅卵石或砾石上发育。

由于产沉黏性卵鱼类喜爱于岸滩附近静缓水环境,首先分析了霸王滩非恒定流条件下中下层水体0.3m/s和0.5m/s流速等值线。从中可以看出,非恒定流调节下,最大流量下0.3m/s和0.5m/s等值线在霸王滩附近基本为顺岸;而在非恒定流调节实施后,最小流量下0.3m/s和0.5m/s等值线向河槽方向偏移明显,可见非恒定流调节后增大了岸滩缓流区的范围(图3.3-3和图3.3-4)。

非恒定流调节后,霸王滩增大的近岸缓流范围一方面有利于喜爱静缓水的鱼群在此聚集和繁殖,原较大的水流流速降低后可避免黏性卵从植物茎秆等黏附基质上脱落,增加其成活率;另一方面也为喜爱产卵于浅滩沙床表面上的鱼类提供了适宜的鱼卵着床区,降低的水流使浅滩河床趋于稳定,避免了沉于沙床表面的鱼卵被流沙覆盖而失活。因此,对于霸王滩附近浅滩而言在后期可形成适合产沉黏性卵鱼类的产卵场。

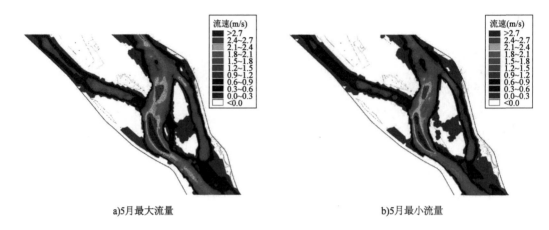

a)5月最大流量　　　　　　　　　　　　b)5月最小流量

图 3.3-3　5月霸王滩附近流场图

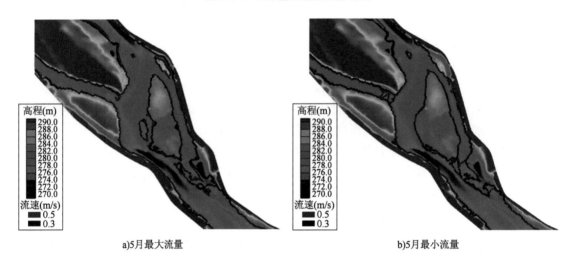

a)5月最大流量　　　　　　　　　　　　b)5月最小流量

图 3.3-4　5月霸王滩附近流速等值线对比

3.3.2　对索饵场的影响

与鱼类产卵繁殖期相关,对鱼类种群发展同样具有重要性的即是供繁殖前的亲鱼育肥的索饵场及繁殖出的鱼苗平安渡过幼鱼期的育幼场。

3月份后,水温逐渐回升,鱼类便从越冬深水区上溯至河流浅水的礁石或砾石滩索饵。调查江段鱼类多为以着生藻类、有机碎屑、底栖无脊椎动物等为主要食物的鱼类,浅水区光照条件好,礁石或砾石滩适宜着生藻类生长,相应地底栖无脊椎动物也较为丰富,往往成为鱼类重要的索饵场所。调查江段喜急流性鱼类,如蛇鮈、宽鳍鱲、马口鱼、白甲鱼、福建纹胸䱀、中华纹胸䱀、青石爬䱀、犁头鳅、长薄鳅、红尾副鳅、短体副鳅、山鳅、白缘鉠等,索饵区多为礁石林立的险滩和平缓的砾石长滩,水流比较湍急;缓流水或静水性鱼类,如鲤、鲫、鲢、鳙、银鲴、寡鳞飘鱼、黑鳍鳈、翘嘴鲌、鮎、黄颡鱼、瓦氏黄颡鱼、粗唇鮠、大眼鳜等,往往在险滩间水流平缓的顺直深潭河段、河湾洄水区、开阔平缓河段索饵。

由于鱼苗摄食能力较弱,抗逆性低,鱼类育幼场便为保证幼鱼在适宜环境下生长发育的重要因素。以水文条件分析,育幼场要求水流平缓,适口饵料丰富,水位相对稳定,这些条件与静缓流黏沉性鱼类产卵场相似,故育幼场一般多位于静水或缓流的河汊、河湾、河流的故道及岸边的缓流河滩,底质为卵石或水草,水位较浅,水面开阔,阳光照射升温较快;邻近深水区,易于躲避敌害。

研究河段受到电站调节的影响,水流环境较为复杂,呈周期性变化。在非恒定流调节实施后,对河道水流环境的影响也不同于单独的径流作用,因此需进一步分析整个调节过程中水流环境的变化特点,以及对鱼类索饵活动的影响。

选择来水小流量的枯水期条件下作为分析工况。根据之前分析可知,滩段前的缓流环境可为鱼类的索饵场提供适宜的水流环境,因此在选择滩段前的区域,分析调节前后单个潮周期过程中流速、流向的变化特性。

根据前文对月波段、霸王滩段的水深和流速变化分析可知,大流量时间短、小流量时间长,因此,月波段及霸王滩段既能够为富集于此的浮游生物提供较长时间的静缓水流环境,又能够在大流量时刻漫滩后进行短期的水流交换,形成一种低流速、弱紊动和周期性循环的水域环境,增加了水体更新和物质、能量的交换频率,为鱼类在坝后的栖息和索饵提供适宜的水流环境。

3.3.3 对越冬场的影响

在秋冬交替之际,河道水温降低,鱼类一般会下沉至下层或底层水温相对较高的水域进行越冬,同时为降低对抗水流而产生的消耗,会选择藏身于河底块石后或流速较缓的深槽区。鱼类越冬场位于干流的河床深处或坑穴中,一般水深3～4m以上,多为河沱、河槽、湾沱、回水或微流水或流水,底质多为乱石或礁石,凹凸不平。调查水域鱼类越冬大致区域有:部分岷江干流鱼类下游进入金沙江及长江的深水区越冬,支流建有水库中的鱼类在坝前深水区越冬,另一部分鱼类则就近在河流的深槽及湾沱等深水区越冬(表3.3-1)。这类越冬场在调查水域除霸王滩—门槛滩河段外,一般均在河流的一侧。

龙溪口调查区鱼类主要越冬场区段　　　　表3.3-1

生境	名称
越冬场	老君碛河段
	黑石包河段
	霸王滩—门槛滩河段
	思坡乡下游段

因此,选取枯水季条件下底层水体的计算结果,分析近岸洲滩、浅滩区在非恒定流调节前后水流条件的变化,以揭示对鱼类越冬活动的影响机理。从图3.3-5可以看出,霸王滩最大流量下主槽流速基本大于0.5m/s,最小流量下主槽流速基本在0.3～0.5m/s之间,在非恒定流调节后,最小流量下霸王滩右岸流速的衰减幅度基本在0.2～0.4m/s,水流流速基本趋于缓流,小于0.3m/s。根据前文对枯水季调节过程的分析可知,霸王滩右岸长期处于静缓的水流环境,可以为鱼类越冬提供较为适宜的场所,上文也揭示出坝后这种水流环境也利于浮游生物和底栖生物的富集,为鱼类越冬提供较为充足的饵料来源。

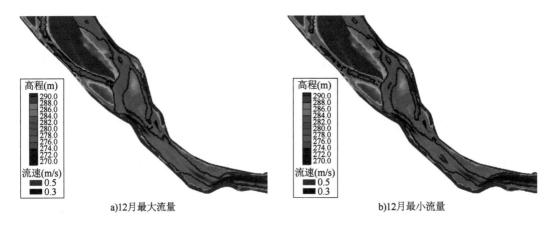

图3.3-5　12月霸王滩附近流速等值线对比

3.4　电站调度下近底生态基质响应室内试验

由前述成果可知,枢纽日调节下泄非恒定流引起了河道内水位、比降、流速的调整,也将改变泥沙输移特性,目前国内外对泥沙的研究主要集中在恒定均匀流条件,对于非恒定流输沙的研究,由于试验要求量测仪器的先进性以及试验手段的复杂性,尚处于起步阶段。下文采用自主研发的非恒定流输沙同步测试系统,对非恒定流作用下山区卵砾石的输移特性开展了水槽试验研究。

3.4.1　非恒定流输沙同步测试系统

为了研究非恒定流作用下推移质泥沙的输移规律,研发了一套非恒定流输沙同步测试系统,系统由试验水槽、进口流量控制系统、水力要素(水位、水深、流速及流量)测量系统、输沙率测量系统等组成。

(1)试验水槽。试验水槽长40m、宽0.8m、深0.8m,试验铺沙段长15m,可铺沙厚度0.15m,前端上距水槽进口约15m,后端下距尾门10m。水流循环运行是由泵房从地下供水库中抽水到平水塔,由平水塔经管道下泄稳定流至水槽,再由水槽出水口及回水槽将水流送回地下供水库。为了防止尾门格栅回水形成的反射波与非恒定流入射波相互叠加对沿程水位波形的影响,试验过程中尾门保持敞泄状态,水槽底坡保持2.65‰不变。

(2)进口流量控制系统。由一套时差式超声波流量计、直行程双座调节阀、电子式电动执行器、流量控制接口和计算机组成,计算机自动控制时,将电动执行器电压与超声波流量计流量的率定关系式代入,当实测的流量与试验给定的流量有偏差时,经计算机系统计算、调节,分别送出控制信号驱动放大电路给电动执行器,调节变化后的流量经超声波流量计再次反馈到计算机,再经调节控制,形成一个闭环自动控制系统,直至达到误差范围之内。

(3)水力要素测量系统。沿程布置5台自动水位仪(W1~W5)以测量水位变化过程;在试验段尾部W4水位仪上游2.07m处布设粒子图像速度场仪(PIV)同步实时测量床面至水面的垂线流速变化,PIV系统采用丹麦Dantec Dynamics公司研制的二维PIV测速仪,它由脉冲激光器、导光臂及片光源透镜组、跨帧CCD相机(分辨率2048×2048像素)、同步器、图像采集及数据分析系统组成,PIV测量时,激光由水槽上方垂直射入水面,通过侧向拍摄并测量水流中跟随水体运动的示踪粒子的速度来反映水流速度;流量由时差式超声波流量计测量。

(4)输沙率测量系统。试验段尾部设有接沙装置,由电子天平、接沙漏斗以及接沙容器等部件组成,试验段内的砾石受水流作用后逐渐向下输移,颗粒脱离试验段后落入接沙漏斗,并最终进入口径为0.3m的接沙容器内,接沙容器悬挂深度为66cm,由直径为4mm的细钢丝连接至电子天平的挂钩,借以称量输沙量的变化,由此计算涨落水过程中输沙率变化过程。电子天平量程30kg,精度0.1g,通过RS422与计算机连接,每秒可采集2～3个数据,当接沙容器接近满负荷时利用虹吸管将泥沙吸出(图3.4-1)。

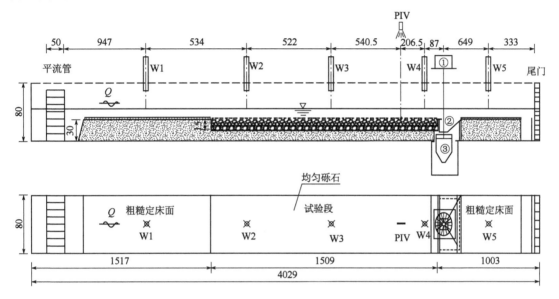

图3.4-1 非恒定流输沙同步测试系统示意图(尺寸单位:cm)

①-电子天平;②-接沙漏斗;③-接沙容器;W1～W5-自动水位仪

整个系统由计算机控制,通过检验,系统可生成稳定可重复的非恒定流过程,同时可同步实时采集床面至水面的垂线流速、水位(或水深)、砾石推移质水下单宽输沙率的变化过程。

3.4.2 非恒定流输沙试验

试验采用中值粒径d_{50}为3.2mm的天然均匀砾石,密度ρ_s为2710kg/m³,几何均方差σ_g为1.20。试验中水槽进口非恒定流量过程采用连续的三角形波形进行控制。共进行7组试验,其中水槽进口基流流量为43.64～45.27L/s,该流量条件下,泥沙已处于起动状态,峰值流量为80.10～118.68L/s,基流水深为10.75～12.19cm,峰流水深为12.75～15.76cm,峰流时水槽宽深比(B/h)为5.07～6.27,基流断面平均流速为0.45～0.51m/s,峰流断面平均流速为0.79～0.94m/s,峰流傅汝德数为0.70～0.76,表明各组试验均为缓流,非恒定强度参数P=0.18～0.38,试验水流条件见表3.4-1。为了使进出口输沙率达到动态平衡,在试验段上端加沙,加沙量以动床进口床面没有明显冲刷与淤积为准,每组试验过程中床面保持平整状态,未出现沙波现象。试验测量内容包括沿程水位、输沙率、垂线流速、水位、推移质输沙率连续测量100～

140个三角波过程,三角波周期为60～96s,采样频率为1Hz,PIV测量垂线流速25～40个三角波过程,采样频率为4Hz(图3.4-2)。

非恒定流推移质输移试验水沙要素　　　表3.4-1

组次	T (s)	$\tilde{Q}$ (m³)	W_b (kg)	基流						峰流						P
				h_b (cm)	Q_b (L/s)	V_b (m/s)	Re_b (10^4)	Fr_b	g_b [g/(m·s)]	h_p (cm)	Q_p (L/s)	V_p (m/s)	Re_p (10^4)	Fr_p	g_p [g/(m·s)]	
UM1	72	5.579	0.786	12.19	43.94	0.45	3.21	0.41	0.063	15.76	118.68	0.94	8.11	0.76	48.026	0.38
UM2	80	5.738	0.481	11.94	45.27	0.47	3.30	0.44	0.090	14.91	103.52	0.87	7.21	0.72	26.246	0.30
UM3	88	5.675	0.126	10.95	44.37	0.51	3.35	0.49	0.003	13.45	89.75	0.83	6.38	0.73	7.281	0.25
UM4	96	5.716	0.059	10.75	43.64	0.51	3.30	0.49	0.0002	12.75	80.10	0.79	5.83	0.70	3.073	0.18
UM5	60	4.288	0.285	11.76	44.62	0.47	3.26	0.47	0.042	14.44	103.26	0.89	7.21	0.75	20.121	0.33
UM6	70	4.998	0.361	11.62	44.03	0.47	3.23	0.44	0.051	14.44	102.99	0.89	7.21	0.75	22.639	0.31
UM7	90	6.456	0.465	11.24	44.27	0.49	3.28	0.47	0.027	14.43	104.13	0.90	7.29	0.76	23.602	0.30

注:T为非恒定流周期;h为水深;$\tilde{Q}$为单个泄水波径流量;W_b为单个泄水波输沙量;V为断面平均流速,$V=Q/Bh$,$B=0.8m$;Q为流量,Re为雷诺数,$Re=RV/\nu$,其中ν为水流运动黏滞系数,R为水力半径;Fr为傅汝德数,$Fr=V/(gh)^{1/2}$;下标b和p分别表示基流、峰流;P为非恒定强度参数。

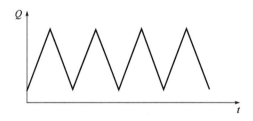

图3.4-2　试验三角形波形

3.4.3　非恒定强度参数 P

非恒定流在传播过程中沿程水力要素(如水深、流量)不断发生变化,沿程水深、流量变化率的大小直接反映了水流非恒定强度的大小以及非恒定强度沿程的变化。前人针对单个洪水波波形提出了多个表征非恒定强度的参数,如Γ、Γ'、α、Ω、P_{gt}。可以看出,前人提出的非恒定强度参数中非恒定项为水深变化率($\Delta h/T_r$)或单宽流量变化率($\Delta q/T_r$),另含有基流摩阻流速(U_b^*)、基流或峰流垂线平均流速(U_b或U_p)、或河道底坡坡降(S_0)。明渠非恒定流研究中确定摩阻流速最常用的方法是根据实测对数区垂线流速分布反算U^*,而对于天然河道,受地形影响,近底流速未必符合对数分布;天然河道恒定流的摩阻流速常根据水深h、水面比降S_w计算得到,即$U^*=(ghS_w)^{0.5}$,对于非恒定流,水槽试验表明非恒定流传播过程中水面比降先于摩阻流速达到最大值,即U^*与S_w不同步,两者不同步时间与水流非恒定强度有关,不适宜直接由基流水面比降确定U_b^*。因而对于天然河道内的非恒定流,确定U_b^*难度大。

在水文测验中水深h、流量Q为两个基本水力要素,易测量得到,且$\Delta h/T_r$、$\Delta Q/T_r$反映了水流平均非恒定强度,对 $\Delta h/T_r$、$\Delta Q/T_r$ 进行量纲分析,得到基于水深变化率、流量变化率的无量纲非恒定强度参数 P:

$$P = \begin{cases} \dfrac{1000BT_r}{Q_p - Q_b}\left(\dfrac{h_p - h_b}{T_r}\right)^2 & (Q_p \neq Q_b) \\ 0 & (Q_p = Q_b) \end{cases} \quad (3.4\text{-}1)$$

式中,T_r 为非恒定流涨水期历时(s)。P 未乘 1000 时量级一般为 10^{-3},乘以系数 1000 主要目的是增大 P 的量级,以降低后文建立经验关系中的指数值。对于恒定流($Q_p = Q_b$),水流非恒定强度为零,此时 $P=0$。

非恒定强度参数对量化枢纽下泄非恒定流的非恒定强度以及该因子对输沙的影响具有重要的意义,项目提出的无量纲参数 P 仅需确定非恒定流作用下天然河道的水深、流量变化率及河宽等基本水力要素,与前人提出的非恒定流强度参数相比具有易于确定、便于在天然河道中应用的优点。

3.4.4 非恒定流作用下砾石推移质输移特性

试验观察表明,涨水初期由于水流强度接近泥沙起动水流条件,床面上的个别泥沙颗粒在近底水流脉动力的作用下常先行颤动,当瞬间水流作用力超过保持颗粒稳定的力后,颗粒发生滚动并在惯性影响下与凹凸不平的床面脱离接触而跳跃向前运动,经过一小段距离后,在重力作用下又重新落于床面,落下后或者继续滚动一小段距离,或者立即停止运动,直到水流的瞬时作用力又超过保持其稳定的力后才再次跳跃。通常颗粒单步跃移时间很短,随着上游来流持续增强,作用于颗粒上的平均水流力也持续加大,此时,床面泥沙颗粒由个别跃移逐渐变为少量跃移,颗粒跳起并落于床面后常继续跳跃向前运动,随着水流作用力的继续增加,床面颗粒成群跃移前进(图 3.4-3)。

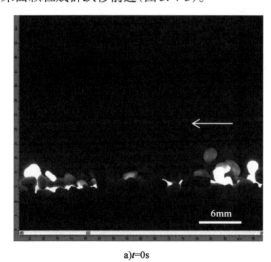
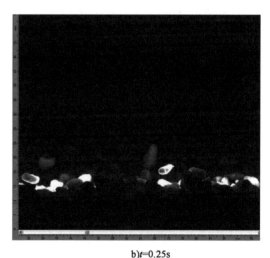

a) $t=0$s　　　　　　　　　　　b) $t=0.25$s

图 3.4-3　PIV 相机拍摄到的床面推移质跃移运动(时间间隔 0.25s)

(1)砾石输移具有明显的随机性、间歇性与阵发性。

由于近底水流的脉动性、颗粒位于床面位置的不确定性,即使在连续波涨水或落水的相同水流条件下,砾石输移仍表现出明显的随机性;同一颗粒运动过程中由于所处床面位置的不同,床面保持颗粒稳定的作用力也不同,颗粒在涨落水过程中时走时停,对同一颗粒而言,在水流强度较小时向前运动,而当水流强度较大时却停止运动,表现出颗粒运动的间歇性;在水流强度较大时,床面颗粒运动还表现出一定的阵发性(图3.4-4)。

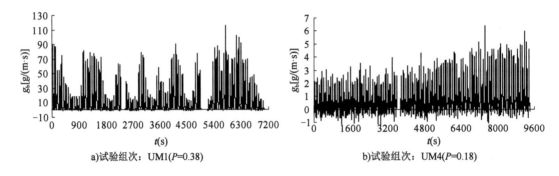

a)试验组次：UM1(P=0.38)　　　　b)试验组次：UM4(P=0.18)

图3.4-4　部分试验组次水下单宽输沙率变化

上游以相同的非恒定波下泄时,各个输沙率波动明显不同,输沙率峰值具有明显的脉动性,从试验的结果来看,水流非恒定强度较强时,输沙率峰值的脉动强度相应较强,而当水流非恒定强度较弱时,输沙率峰值的脉动则较为平稳。分析表明,输沙率峰值标准差S、脉动强度E'均与泄水波的非恒定强度P直接相关,随非恒定强度的增大而快速加大(图3.4-5),经验关系分别为：

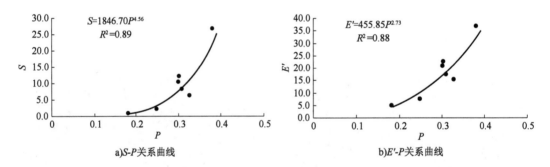

a)S-P关系曲线　　　　b)E'-P关系曲线

图3.4-5　输沙率峰值脉动标准差S和输沙率峰值脉动强度E'与非恒定强度P关系曲线

(2)输沙率与水流要素变化的不同步性。

推移质输沙率峰值与流速、水深峰值到达时间不同步。对于$P>0.32$的强非恒定流(如试验组次UM1、UM5),输沙率峰值滞后于流速峰值的时间分别为1.53s和2.49s,滞后时间分别占非恒定流涨水期时间的4%和8%,而对于$P<0.32$的弱非恒定流(如试验组次UM2、UM3、UM4、UM6、UM7),输沙率峰值的出现却先于流速峰值的现象,提前时间分别为6.96s、1.73s、7.34s、8.54s和5.89s,分别占非恒定流涨水期时间的17%、4%、15%、24%和13%;各试验组次的输沙率峰值均提前于水深峰值,提前时间占涨水期时间的2%~39%;水深峰值滞后于流速峰值的时间占涨水期时间的10%~16%。

针对输沙率变化与水流条件不同步的现象,分析如下：水流非恒定时,作用于床面泥沙颗粒的近底流速、切应力实时发生变化,使得输沙率随涨落水过程发生变化,由于泥沙颗粒容重大于水体,相应的泥沙颗粒惯性大于水流惯性;同时,泥沙颗粒在凹凸不平的床面运动时受到床面阻力大于水流受到的床面阻力,促使泥沙颗粒运动速度小于水流速度。对于强非恒定流,水力要素快速变化,床面泥沙没有足够的时间对快速变化的水流迅速作出响应,从而使得输沙率峰值滞后于流速峰值;对于弱非恒定流,水力要素变化缓慢,水流强度相对较小,床面泥沙颗粒对变化水流有充足的时间作出响应,出现输沙率峰值先于流速峰值的现象,但其原因尚未清楚,可能与床面颗粒运动的随机性占主导因素有关(图3.4-6)。

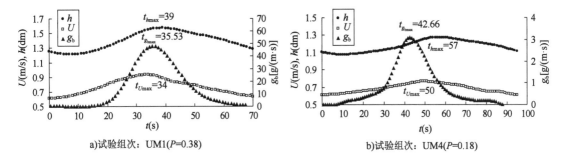

a)试验组次:UM1(P=0.38)　　　　b)试验组次:UM4(P=0.18)

图 3.4-6　非恒定流作用下输沙率变化与水流条件不同步现象

注:t_{hmax}为最大水位时刻,$t_{g_{bmax}}$为最大输沙率时刻,t_{Umax}为最大流速时刻。

(3)单宽输沙率(或输沙量)与单宽流量(或径流量)、水流非恒定强度关系。

水槽进口下泄非恒定流涨落水过程中,引起床面泥沙颗粒运动强度不断发生变化,输沙率也随着涨落水过程作出调整,对于水槽底坡固定、由某一粒径的均匀沙组成的床面,非恒定泄水波引起床面泥沙的单宽输沙率g_b与单宽流量q、水流的非恒定性P有关,即:

$$g_b = f(q, P) \quad (3.4-2)$$

推移质单宽输沙率g_b随单宽流量q增加而加大,但两者关系呈绳套曲线,这是由输沙率与流量变化的不同步引起,绳套方向及宽度大小与水流非恒定强度参数P有关。对于$P>0.32$的强非恒定流,输沙率峰值滞后于流量峰值,两者呈逆时针绳套关系;对于$P<0.32$的弱非恒定流,输沙率峰值出现先于流量峰值的现象,两者呈顺时针绳套关系(图3.4-7)。一般非恒定性相对较强时,绳套曲线相对较宽,即同流量条件下,涨落水输沙率相差较大;非恒定性相对较弱时,绳套曲线相对较窄,g_b-q趋于单一关系(图3.4-8)。

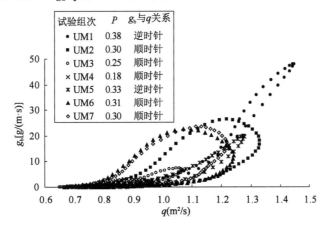

图 3.4-7　推移质单宽输沙率g_b与单宽流量q关系曲线

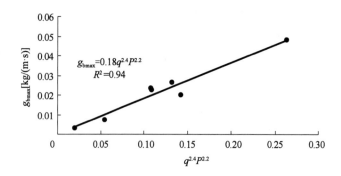

图 3.4-8 $g_{b\,max}$ 与对应单宽流量 q 和非恒定参数 P 关系曲线

非恒定流作用下推移质最大单宽输沙率 $g_{b\,max}$ 与对应单宽流量 q、水流非恒定性(P)有关，$g_{b\,max}$ 随 q 或 P 的增加而加大，其经验关系可表示为：

$$g_{b\,max}=0.18q^{2.4}P^{2.2} \tag{3.4-3}$$

进一步分析表 3.4-2 泄水波平均输沙率与泄水波平均单宽流量、水流非恒定强度之间的关系。爱因斯坦提出的输沙率强度参数 Φ 为：

$$\Phi = \frac{g_b}{\rho_s\sqrt{(\rho_s/\rho-1)gd_{50}^3}} \tag{3.4-4}$$

式中，ρ_s 为泥沙密度；ρ 为水的密度；d_{50} 为泥沙中值粒径。

各试验组次输沙量与径流量和非恒定强度参数关系 表 3.4-2

试验组次	P	$\tilde{Q}$ (m³)	W_b (kg)	$W_b/\tilde{Q}$ (kg/m³)	$g_{b\,min}$ [g/(m·s)]	$g_{b\,max}$ [g/(m·s)]	q (m²/s)	W_b^*	W_k	$\overline{g_b}^*$	$\overline{q}^*$
UM1	0.38	5.579	0.786	0.141	0.063	48.026	1.39	35.40	79.55	0.00679	1.76
UM2	0.30	5.738	0.481	0.084	0.090	26.246	1.29	21.66	94.98	0.00374	1.58
UM3	0.25	5.675	0.126	0.022	0.003	7.281	1.07	5.70	143.40	0.00089	1.45
UM4	0.18	5.716	0.059	0.010	0.0002	3.073	0.94	2.67	152.65	0.00038	1.36
UM5	0.33	4.288	0.285	0.066	0.042	20.121	1.24	12.84	74.29	0.00296	1.60
UM6	0.31	4.998	0.361	0.072	0.051	22.639	1.17	16.28	89.75	0.00321	1.62
UM7	0.30	6.456	0.465	0.072	0.027	23.602	1.19	20.94	139.23	0.00322	1.62

注：$\tilde{Q}$ 为单个非恒定流过程的径流量，$\tilde{Q}=\int_0^T Q(t)\mathrm{d}t$；$g_{b\,max}$ 和 $g_{b\,min}$ 分别为推移质最大、最小单宽输沙率；q 为推移质最大单宽输沙率对应的单宽流量；W_b^* 为输沙量强度参数；W_k 为径流量强度参数；$\overline{g_b}^*$ 为单个泄水波的平均单宽输沙率强度参数；$\overline{q}^*$ 为泄水波单宽流量强度参数。

对于单个泄水波的平均单宽输沙率强度参数 $\overline{g_b}^*$，可参照爱因斯坦输沙率强度参数 Φ 得到：

$$\overline{g_b}^* = \frac{W_b}{BT\rho_s\sqrt{(\rho_s/\rho - 1)gd_{50}^3}} \quad (3.4\text{-}5)$$

单个泄水波单宽流量强度参数 $\overline{q}^*$ 可表示为:

$$\overline{q}^* = \frac{\tilde{Q}}{TQ_b} \quad (3.4\text{-}6)$$

试验表明 $\overline{g_b}^*$ 随 $\overline{q}^*$ 或 P 的增加而增大,利用试验数据对三者进行回归分析,得到如下经验关系式:

$$\overline{g_b}^* = 0.0021\overline{q}^{*4.8}P^{1.6} \quad (3.4\text{-}7)$$

对于非恒定泄水波引起床面泥沙的输移量 W_b 则与泄水波的径流量 $\tilde{Q}$、水流非恒定强度参数 P 有关,即:

$$W_b = f(\tilde{Q}, P) \quad (3.4\text{-}8)$$

试验表明,非恒定泄水波的输沙量随径流量增大而加大,随水流非恒定性的增强而增加(图3.4-9和图3.4-10),单个泄水波的无量纲输沙量强度 W_b^*、对应泄水波径流量强度参数 W_k 可分别表示为:

$$W_b^* = \frac{W_b}{\rho_s B d_{50}^2} \quad (3.4\text{-}9)$$

$$W_k = \frac{V_b^2 \tilde{Q}}{gBh_b^3} \quad (3.4\text{-}10)$$

根据试验实测资料计算了各试验组次下的 W_b^*、W_k 和 P(表3.4-2),并对其进行回归分析,得到经验关系式如下:

$$W_b^* = 110.05 W_k^{0.68} P^{4.24} \quad (3.4\text{-}11)$$

式(3.4-12)中 P 的指数为4.24,大于 W_k 的指数0.68,表明本次试验参数范围内水流非恒定强度对输沙量的影响敏感于径流量。

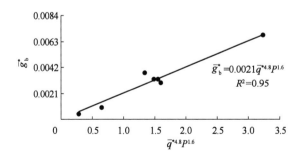

图3.4-9 平均单宽输沙率强度参数 $\overline{g_b}^*$ 与单宽流量强度参数 $\overline{q}^*$ 和 P 关系曲线

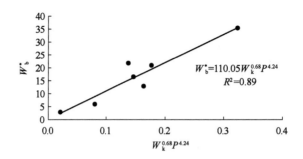

图 3.4-10　输沙量强度参数 W_b^* 与径流量强度参数 W_k 和 P 关系曲线

4 航道工程影响下的鱼类栖息地演化模拟与评价

本章以三维水动力数学模型为手段,以鱼类栖息地适宜度指标为桥梁,建立航道整治工程方案与鱼类生境保护间的定量关系,开展整治工程方案设计与优化,评价分析适宜鱼类不同生命史阶段栖息地规模与分布状况,从而对航道工程方案进行生态优化。

4.1 三维水沙数学模型

在自然界中存在的实际水流运动大都具有三维流动特性,所以基于Reynolds时均化Navier-Stokes(简称N-S)方程的三维自由表面非恒定流数学模型在实际工程中具有非常重要的意义,目前国内外越来越多的专家、学者致力于基于Reynolds平均三维水动力数学模型的研究,但各模型所采用的网格系统、构造思路及控制方程中各项的处理模式决定了模型的精度和计算效率。

当前广泛应用于解决工程问题的三维自由水面非恒定流的数学模型基本上采用的是静水压强假设,即三维浅水模型。但当垂向加速度影响较大时,如在短波水流、分层重力流、局部地形突变或水下建筑物附近水流流动等问题,静水压强假设模型会带来较大的计算误差,因此,需要建立更为精细的三维水动力数学模型以应对上述问题。

目前国内外越来越多的专家、学者致力于三维非静水压力水动力数学模型的研究,国内使用较多的为源于计算传热学的SLMPLE系列算法,对于此类基于完全Navier-Stokes方程的不可压缩流动,压强的求解是比较费时的,通常情况下压力泊松(Possion)方程的计算时间往往占总计算时间的70%以上,归其原因是不可压流的压力波传输速度为无限大,压力的扰动具有瞬时传播到全流场的椭圆形方程性质,因此为满足不可压条件而进行的压力修正迭代的收敛也比较慢。国外出现了一系列基于显式投影法、压力分裂法和半隐分步法构造思想的三维非静水压力的数学模型,这几类三维数学模型大多是在水平方向上采用结构化或非结构化网格、在垂向采用分层的方法来剖分三维计算域,这样计算时间随垂向分层数的增加呈几何增长,为此,如何在不降低模型精度的前提下通过减少垂向分层数来提高模型计算效率是当前研究的热点。

采用较少的垂向分层数是提高计算效率的最为有效的一种途径,下面给出当前国内外主要此类模型的特点:一类是Stelling和Zijlema提出的基于Keller-box压力定义方式,压力边界条件能精确地直接施加到自由表面处,在模拟短波问题时取得很好的计算结果;另一类是Yuan和Wu提出的基于表层压力积分的方法,确保自由表面处压力边界条件精确给出,在垂向也仅分很少层就能正确地模拟波陡达到0.31的波浪传播变形问题。经过研究发现,第一类模型形成的压力泊松方程的系数矩阵不是对称正定的或对角占优的,求解要占用一定的机时,甚至不能求得唯一解,而第二类模型形成的压力泊松方程的阶数4倍于其他的方法,求解也需要花费大量的时间,此外这两类模型在平面都是采用结构化网格,模型对复杂边界问题的适应性相对较差。

泥沙输运是一种固液两相流运动,描述这种水沙两相流运动过程的数学模型主要有两种。其中一种是分别考虑液相(水)和固相(沙)流动及输运并建立各个相态连续性方程和动量方程的两相流模型。另外一种是把沙粒运动仅看作是流动中的扩散现象并建立水沙混合物连续性方程和动量方程以及沙粒输运方程的扩散模型(Diffusion model)。两相流模型通过界面动量转换项考虑作为载体的流动和沙粒之间的相互作用,尽管其对水沙输运的本质有较好的概括,但由于两相流模型本身的复杂性及其在数值计算过程中,编程实现过程烦琐和计算代价高昂,将其应用于河流及河口地区实际泥沙输运问题仍然存在一定困难。现存的考虑实际河道及河口泥沙输运的计算模型绝大多数均采用单向流模型(Single-phase model 或 Eulerian-Eulerian approach)。在这些模型中,作为泥沙运动载体的流动为泥沙运动提供流场数据,而泥沙运动又反过来通过地形冲淤变形和河床粗糙程度变化影响整个流动过程。

在泥沙计算当中,随水流运动的全部泥沙颗粒称之为全沙(Total load),而根据泥沙来源的不同,通常把那些随水流从上游而来,较细小的,几乎不与河床发生关系的泥沙颗粒称为冲泻质(Wash load);而与河床不断进行交换,较粗大的颗粒称之为床沙质(Bed-material load)。床沙质是造成河床改变的主要来源,通常将床沙质按输运方式的不同分为悬移质(Suspended load)和推移质(Bedload)(图4.1-1)。悬移质在水流紊动作用的支撑下悬浮于水体当中,通常采用考虑沙粒沉速项的对流-扩散方程进行模拟;推移质在近河床的薄层里发生着滑移、滚动和跃动现象,对其模拟有一定难度,多采用经验或半经验的公式。鉴于悬移质和推移质泥沙不同的运动方式,在泥沙数值模拟中通常将水体分为悬移质层和推移质层分别进行计算。如图4.1-2所示,推移质层从河床到交接面D_b处;而悬移质层从E_b到自由水面处,其中,δ表示推移质层的厚度。在推移质输沙过程中,尤其是弯曲渠道当中的推移质输沙问题,由弯道离心力所引起的横向二次环流和外冲内淤所形成的横向底坡对推移质输沙大小和方向以及泥沙起动均会产生影响,有必要将这些影响包含在弯道推移质输沙模型当中予以考虑。

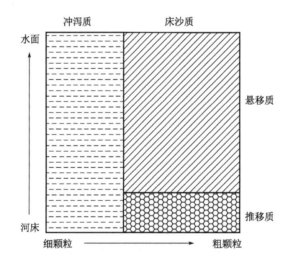

图4.1-1 河流泥沙输运分类示意图

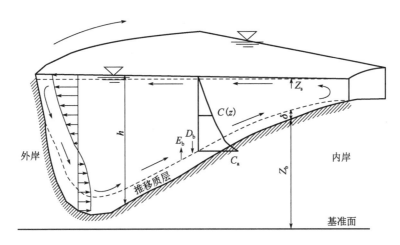

图 4.1-2 弯曲河道断面流动和泥沙输运示意图

4.1.1 三维水沙控制方程及定解条件

4.1.1.1 三维水沙控制方程

描述流体运动的控制方程是 Navier-Stokes 方程(N-S 方程),该方程是依据物理学中的质量守恒和动量守恒定律而建立的,相对应的流动控制方程分别称之为质量守恒方程(连续性方程)和动量守恒方程。

连续性方程:

$$\frac{\partial u}{\partial x} + \frac{\partial v}{\partial y} + \frac{\partial w}{\partial z} = 0 \tag{4.1-1}$$

动量方程:

$$\frac{\partial u}{\partial t} + \frac{\partial uu}{\partial x} + \frac{\partial uv}{\partial y} + \frac{\partial uw}{\partial z} = fv - \frac{\partial p}{\partial x} + \frac{\partial}{\partial x}\left(\nu^H \frac{\partial u}{\partial x}\right) + \frac{\partial}{\partial y}\left(\nu^H \frac{\partial u}{\partial y}\right) + \frac{\partial}{\partial z}\left(\nu^V \frac{\partial u}{\partial z}\right) \tag{4.1-2}$$

$$\frac{\partial v}{\partial t} + \frac{\partial uv}{\partial x} + \frac{\partial vv}{\partial y} + \frac{\partial vw}{\partial z} = -fu - \frac{\partial p}{\partial y} + \frac{\partial}{\partial x}\left(\nu^H \frac{\partial v}{\partial x}\right) + \frac{\partial}{\partial y}\left(\nu^H \frac{\partial v}{\partial y}\right) + \frac{\partial}{\partial z}\left(\nu^V \frac{\partial v}{\partial z}\right) \tag{4.1-3}$$

$$\frac{\partial w}{\partial t} + \frac{\partial uw}{\partial x} + \frac{\partial vw}{\partial y} + \frac{\partial ww}{\partial z} = -\frac{\partial p}{\partial z} + \frac{\partial}{\partial x}\left(\nu^H \frac{\partial w}{\partial x}\right) + \frac{\partial}{\partial y}\left(\nu^H \frac{\partial w}{\partial y}\right) + \frac{\partial}{\partial z}\left(\nu^V \frac{\partial w}{\partial z}\right) - \rho g \tag{4.1-4}$$

式中,$u(x,y,z,t)$、$v(x,y,z,t)$ 和 $w(x,y,z,t)$ 分别为速度矢量沿三个坐标轴 x,y,z 的分量;g 为重力加速度;ρ 为水体密度;p 为压力;f 为科式力系数;ν^H 和 ν^V 分别为水平和垂直方向的涡黏系数。

在自由液面运动学边界条件有:

$$w = \frac{d\eta}{dt} = \frac{\partial \eta}{\partial t} + u\frac{\partial \eta}{\partial x} + v\frac{\partial \eta}{\partial y} \tag{4.1-5}$$

在底面运动学边界条件有:

$$w = \frac{d(-h)}{dt} = u\frac{\partial(-h)}{\partial x} + v\frac{\partial(-h)}{\partial y} \tag{4.1-6}$$

对连续方程式(4.1-1)沿水深积分,并应用 Leibniz 法则有:

$$\int_{-h}^{\eta} \frac{\partial u}{\partial x} dz + \int_{-h}^{\eta} \frac{\partial v}{\partial y} dz + w|_{z=\eta} - w|_{z=-h} = 0 \tag{4.1-7}$$

$$\int_{-h}^{\eta} \frac{\partial u}{\partial x} dz = \frac{\partial}{\partial x} \int_{-h}^{\eta} u\, dz - \left(u|_{z=\eta} \frac{\partial \eta}{\partial x} - u|_{z=-h} \frac{\partial(-h)}{\partial x} \right) \tag{4.1-8}$$

$$\int_{-h}^{\eta} \frac{\partial v}{\partial y} dz = \frac{\partial}{\partial y} \int_{-h}^{\eta} v\, dz - \left(v|_{z=\eta} \frac{\partial \eta}{\partial y} - v|_{z=-h} \frac{\partial(-h)}{\partial y} \right) \tag{4.1-9}$$

把式(4.1-5)和式(4.1-6)代入式(4.1-7)可得水位演化方程:

$$\frac{\partial \eta}{\partial t} + \frac{\partial}{\partial x} \int_{-h}^{\eta} u\, dz + \frac{\partial}{\partial y} \int_{-h}^{\eta} v\, dz = 0 \tag{4.1-10}$$

根据 Casulli,方程式(4.1-2)至式(4.1-4)中的压力项 p 能分解为静水压力项和非静水压力项。非静水压力项能够通过忽略对流项和扩散项的垂向动量方程沿水深积分得到。即有:

$$p(x,y,z,t) = p_a(x,y,t) + g[\eta(x,y,t) - z] + q(x,y,z,t) \tag{4.1-11}$$

式中,$p_a(x,y,t)$ 为大气压;方程右端第二和第三项分别为由于静压分布引起的正压项和斜压项;$q(x,y,z,t)$ 表示非静压项。

将式(4.1-11)代入式(4.1-2)至式(4.1-4)得动量方程为:

$$\frac{\partial u}{\partial t} + \frac{\partial uu}{\partial x} + \frac{\partial uv}{\partial y} + \frac{\partial uw}{\partial z} = fv - \frac{\partial p_a}{\partial x} - g\frac{\partial \eta}{\partial x} - \frac{\partial q}{\partial x} + \frac{\partial}{\partial x}\left(\nu^H \frac{\partial u}{\partial x}\right) + \frac{\partial}{\partial y}\left(\nu^H \frac{\partial u}{\partial y}\right) + \frac{\partial}{\partial z}\left(\nu^V \frac{\partial u}{\partial z}\right)$$
$$\tag{4.1-12}$$

$$\frac{\partial v}{\partial t} + \frac{\partial uv}{\partial x} + \frac{\partial vv}{\partial y} + \frac{\partial vw}{\partial z} = -fu - \frac{\partial p_a}{\partial y} - g\frac{\partial \eta}{\partial y} - \frac{\partial q}{\partial y} + \frac{\partial}{\partial x}\left(\nu^H \frac{\partial v}{\partial x}\right) + \frac{\partial}{\partial y}\left(\nu^H \frac{\partial v}{\partial y}\right) + \frac{\partial}{\partial z}\left(\nu^V \frac{\partial v}{\partial z}\right)$$
$$\tag{4.1-13}$$

$$\frac{\partial w}{\partial t} + \frac{\partial uw}{\partial x} + \frac{\partial vw}{\partial y} + \frac{\partial ww}{\partial z} = -\frac{\partial q}{\partial z} + \frac{\partial}{\partial x}\left(\nu^H \frac{\partial w}{\partial x}\right) + \frac{\partial}{\partial y}\left(\nu^H \frac{\partial w}{\partial y}\right) + \frac{\partial}{\partial z}\left(\nu^V \frac{\partial w}{\partial z}\right) \tag{4.1-14}$$

式(4.1-12)至式(4.1-14)中的涡黏性系数 ν_t 采用标准的 $k\text{-}\varepsilon$ 两方程模式求解:

$$\nu_t = c_\mu \frac{k^2}{\varepsilon} \tag{4.1-15}$$

式中,c_μ 为经验常数;k 为湍动能;ε 为湍动能耗散率。

标准 $k\text{-}\varepsilon$ 两方程紊流模式可以表达为:

$$\frac{Dk}{Dt} - \nabla\left(\frac{\nu_t}{\sigma_k} \nabla k\right) = c_\mu \frac{k^2}{\varepsilon} G - \varepsilon \tag{4.1-16}$$

$$\frac{D\varepsilon}{Dt} - \nabla\left(\frac{\nu_t}{\sigma_\varepsilon} \nabla \varepsilon\right) = c_1 \frac{\varepsilon}{k} G - c_2 \frac{\varepsilon^2}{k} \tag{4.1-17}$$

式中,$c_1 = 1.44$,$c_2 = 1.92$,$c_\mu = 0.09$,$\sigma_k = 1.0$,$\sigma_\varepsilon = 1.3$,G 为湍动能的产生项,可以表达为:

$$G = \left(\frac{\partial u_i}{\partial x_j} + \frac{\partial u_j}{\partial x_i}\right)\frac{\partial u_i}{\partial x_j} \tag{4.1-18}$$

4.1.1.2 定解条件

上述三维水流运动简化方程组为时和空间的变量,作为数学物理方程的适定问题,还必须给出初始条件和边界条件。

(1)初始条件。

因为水体的动力(流场)过程调整较快,初始值一般取为0。

$$u(x,y,z,0) = 0 \tag{4.1-19}$$

$$v(x,y,z,0) = 0 \tag{4.1-20}$$

$$w(x,y,z,0) = 0 \tag{4.1-21}$$

$$\eta(x,y,0) = \eta_0(x,y) \tag{4.1-22}$$

$$k(x,y,z,0) = k_0(x,y,z) \tag{4.1-23}$$

$$\varepsilon(x,y,z,0) = \varepsilon_0(x,y,z) \tag{4.1-24}$$

(2)边界条件。

①自由表面边界条件。在表面风引起的表面剪应力和水体表层的Reynolds应力平衡有:

$$\nu^V \frac{\partial u}{\partial z} = \nu_T(u_a - u), \nu^V \frac{\partial v}{\partial z} = \nu_T(v_a - v) \tag{4.1-25}$$

式中,u_a和v_a分别为在垂直水面上10m的风速在x方向和y方向的分量;ν_T为与风速相关的风应力系数。

对紊流变量,k和ε通常由下式给定:

$$\frac{\partial k}{\partial z} = 0, \varepsilon = (k\sqrt{c_\mu})^{1.5}/(0.07\kappa h) \tag{4.1-26}$$

②底面边界条件。同表面力的平衡,在底部存在摩擦力和Reynolds应力的平衡,有:

$$\nu^V \frac{\partial u}{\partial z} = \nu_B u_{j,k}^{n+1}, \nu^V \frac{\partial v}{\partial z} = \nu_B v_{j,k}^{n+1} \tag{4.1-27}$$

式中,γ_B为拖曳力系数,$\gamma_B = \dfrac{\sqrt{\left(u_{j,k}^n\right)^2 + \left(v_{j,k}^n\right)^2}}{\left[2.5\ln\left(\dfrac{30d}{2.72k_s}\right)\right]^2}$;$d$为底层厚度;$k_s$为当量粗糙度。

在底层边界处,平行于底面的速度通过对数律来求得

$$\frac{V_\tau}{V_*} = \frac{1}{\kappa}\ln C \tag{4.1-28}$$

式中,V_τ为平行于底面的速度;V_*为剪切速度。且有

$$C = \begin{cases} \dfrac{30.0}{k_s}\Delta y & \text{(粗糙底面)} \\ \dfrac{9.05V_*}{\nu}\Delta y & \text{(光滑底面)} \end{cases} \tag{4.1-29}$$

对紊流变量k和ε通常由下式给定:

$$k = \frac{V_*^2}{\sqrt{c_\mu}}, \varepsilon = \frac{|V_*|^3}{\kappa \Delta y} \tag{4.1-30}$$

③入流边界条件。对于水位入流边界,通常采用实测的水位资料或者采用更大范围数学模型计算的水位值作为控制条件。在明渠流计算中,一般上游给出流量(流速)边界。若给出流速(流量)作为边界条件时,需要沿断面宽度和沿水深进行分布计算,根据断面宽度函数和垂向流速沿水深对数分布函数给出。若给出水位边界条件时,流速边界通常采用法向梯度为零来处理。

在入流边界,紊流变量值一般可以按如下方式给出:

$$u = \text{constant}, v = 0, w = 0 \tag{4.1-31}$$

$$k = 0.03u^2, \varepsilon = c_\mu \frac{k^{1.5}}{0.09h} \tag{4.1-32}$$

④出流边界条件。在出流处,如给定水位值η,其他的变量(包括流速、紊流变量、非静压项)沿出流边界的外法向方向的梯度为零。

4.1.2 数值离散与求解

4.1.2.1 网格系统与变量布置

所谓正交非结构化网格是在非结构化网格中要求两个相邻网格的"中心"的连线与公共边相互正交,称交点为边的"中心"。单元的"中心"不一定是其真正的中心,边的"中心"也不一定是边的中点,本文采用Delaunay三角化网格满足上述要求。一般来说,网格可以是三角形的,也可以是矩形或其他凸多边形。本模型采用平面正交非结构网格,垂向进行分层离散(可以不等分层),这样,三维计算域被剖分为若干棱柱形单元,由于这种剖分方式不会产生杂乱的四面体等结构,因此可以分开来定义变量的水平和垂向的空间布置。

变量采用交错网格的方式定义。水位η_i定义在平面单元的"中心"。水平方向法向速度$U_{j,k}$定义在垂向面的"中心"上,即为相邻棱柱连线方向;以j索引的垂向面有预定义法向$\mathbf{n}_j$,表示定义在此面的速度向量的正方向,因此,如果$\mathbf{u}_j$表示j面的速度向量,那么有$\mathbf{u}_j \cdot \mathbf{n}_j = U_j$。垂向速度$w_{i,k+1/2}$定义在棱柱形网格的上下单元的"中心";非静压项$q_{i,k}$、$C_{i,k}$(浓度变量)、紊动动能$k_{i,k}$和紊动耗散率$\varepsilon_{i,k}$定义在棱柱形网格的中心,变量的具体定义方式。此外,单元用$i \in [1, n_e]$作索引,n_e为单元数;平面单元的边用$j \in [1, n_s]$作索引,n_s为边数;节点用$m \in [1, n_d]$作索引,n_d为节点号;构成边的节点用$j_d[j(1,2)]$作索引;构成单元的边用$i_s[i(1,n_i)]$作索引,n_i为单元i的边数;构成单元的节点用$i_p[i(1,n_i)]$作索引;边相邻的单元用$j_e[j(1,2)]$作索引;相邻单元"中心"的距离用δ_j作索引,边的长度用l_j作索引。

第i个单元第n时刻垂向分层间距为$\Delta z_{i,k}^n = \min[\eta_i^n, z_{k+1/2}] - \max[-h_i, z_{k-1/2}]$, $k = nzb_i^n, k_{i+1}, \cdots, nzt_i^n$,其中$nzb_i^n$为第$i$个单元底层的索引,$nzt_i^n$为第$i$个单元表层的索引,为简便起见,下文中均忽略$n$。需要注意的是表层间距的$\Delta z_{i,nzt}$除了与空间位置有关还与时间$n$有关,底层间距$\Delta z_{i,nzb}$只与空间位置有关。第$j$面垂向分层间距$\Delta z_{j,k} = \Delta z_{i(j,1),k}$或$\Delta z_{j,k} = \Delta z_{i(j,2),k}$, $k=$

$nzb_j + 1, m_{j+1}, \cdots, nzt_j - 1$,其中$nzb_j$为第$j$面底层的索引,$nzt_j$为第$j$面表层的索引。底层和表层的分层间距可按所谓的"迎风"方式定义(图4.1-3)。

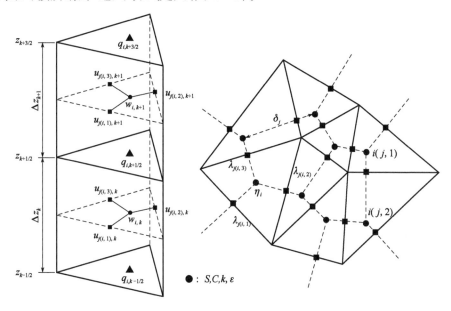

图4.1-3 网格及变量布置

4.1.2.2 数值离散

为了使模型稳定性不受自由表面波速、风应力、垂向黏性和底摩擦项的影响,采用半隐式的分步法在非结构化交错网格上求解三维RANS方程。

(1)静压计算。

在方程离散时,首先忽略隐式的非静水压力项贡献,只考虑上一时间步的非静水压力项,与基于静水压力假设的三维模型相比,本模型的水平法向动量方程的离散考虑了上一时间步的非静压项的影响。

水平动量方程是在每个单元的垂向面上求解,将单元控制面法向向量$\boldsymbol{n}_j$点乘水平动量方程式(4.1-12)和式(4.1-13),获得每个面的水平法向动量方程:

$$\frac{\partial U}{\partial t} + \frac{\partial U^2}{\partial t} + \frac{\partial U_v}{\partial t} + \frac{\partial U_w}{\partial t} = -g\frac{\partial \eta}{\partial n} + f_v n_1 - f_u n_2 - \frac{\partial q}{\partial n} + \frac{\partial}{\partial x}\left(\nu^H \frac{\partial U}{\partial x}\right) +$$

$$\frac{\partial}{\partial y}\left(\nu^H \frac{\partial U}{\partial y}\right) + \frac{\partial}{\partial z}\left(\nu^V \frac{\partial U}{\partial z}\right) \quad (4.1\text{-}33)$$

式中,$\partial/\partial n$是单元控制面水平法向梯度;n_1和n_2是法向向量$\boldsymbol{n}$的分量。

垂向动量方程可以表示为:

$$\frac{\partial w}{\partial t} + \frac{\partial uw}{\partial t} + \frac{\partial vw}{\partial t} + \frac{\partial w^2}{\partial t} = -\frac{\partial q}{\partial z} + \frac{\partial}{\partial x}\left(\nu^H \frac{\partial w}{\partial x}\right) + \frac{\partial}{\partial y}\left(\nu^H \frac{\partial w}{\partial y}\right) + \frac{\partial}{\partial z}\left(\nu^V \frac{\partial w}{\partial z}\right) \quad (4.1\text{-}34)$$

首先,忽略隐式的非静压项贡献,得到预测步的速度场和水位,因不是最终结果,为表达方便,采用$\overline{U}$、$\overline{w}$和$\overline{\eta}$表示预测步的速度和水位。

在 k 层 j 面对水平法向动量方程式(4.1-33)进行离散,有:

$$\overline{U}_{j,k}^{n+1} = F(U_{j,k}^n) - \frac{\Delta t(1-\theta)}{\delta_j}\left[g(\eta_{j_e(j,2)}^n - \eta_{j_e(j,1)}^n) + (q_{j_e(j,2),k}^n - q_{j_e(j,1),k}^n)\right] - \frac{g\Delta t\theta}{\delta_j}\left(\overline{\eta}_{j_e(j,2)}^{n+1} - \overline{\eta}_{j_e(j,1)}^{n+1}\right) + \frac{\Delta t}{\Delta z_{j,k}}\left[\nu_{j,k+1/2}^V\frac{\overline{U}_{j,k+1}^{n+1} - \overline{U}_{j,k}^{n+1}}{\Delta z_{j,k+1/2}} - \nu_{j,k-1/2}^V\frac{\overline{U}_{j,k}^{n+1} - \overline{U}_{j,k-1}^{n+1}}{\Delta z_{j,k-1/2}}\right] \qquad (4.1\text{-}35)$$

式中,上标 $n+1$ 和 n 分别表示计算时间步和当前时间步; Δt 为时间步长; θ 为隐式求解系数,为保证格式的稳定性 $\theta \geq 0.5$; $\Delta z_{j,k}$ 为边 j 的第 k 层厚度; $\Delta z_{j,k+1/2} = (\Delta z_{j,k+1} + \Delta z_{j,k})/2$; $F(U_{j,k}^n) = -c_c(U_{j,k}^n) + d_c(U_{j,k}^n) + f_v n_1 - f_u n_2$,其中 $c_c(U_{j,k}^n)$ 和 $d_c(U_{j,k}^n)$ 采用显式 Euler 离散算子。

令 $\upsilon_{j,k+1/2} = \Delta t\nu_{j,k+1/2}^V/\Delta z_{j,k+1/2}$,整理式(4.1-35)得:

$$-\upsilon_{j,k-1/2}\overline{U}_{j,k-1}^{n+1} + (\upsilon_{j,k-1/2} + \Delta z_{j,k} + \upsilon_{j,k+1/2})\overline{U}_{j,k}^{n+1} - \upsilon_{j,k+1/2}\overline{U}_{j,k+1}^{n+1}$$
$$= \Delta z_{j,k}F(U_{j,k}^n) - \frac{\Delta t g\theta \Delta z_{j,k}}{\delta_j}(\overline{\eta}_{j_e(j,2)}^{n+1} - \overline{\eta}_{j_e(j,1)}^{n+1}) -$$
$$\frac{\Delta t(1-\theta)\Delta z_{j,k}}{\delta_j}\left[(\eta_{j_e(j,2)}^n - \eta_{j_e(j,1)}^n) + (q_{j_e(j,2),k}^n - q_{j_e(j,1),k}^n)\right] \qquad (4.1\text{-}36)$$

在自由面边界

$$\nu_{j,n_{st}}^V\frac{\partial U}{\partial z} = \nu_t(U_a - U) \qquad (4.1\text{-}37)$$

式中, ν_t 为表面拖曳系数; U_a 为风速。对表层单元的离散有:

$$\overline{U}_{j,n_{st}}^{n+1} = F(U_{j,n_{st}}^n) - \frac{(1-\theta)\Delta t}{\delta_j}\left[g(\eta_{j_e(j,2)}^n - \eta_{j_e(j,1)}^n) + (q_{j_e(j,2),k}^n - q_{j_e(j,1),k}^n)\right] -$$
$$\frac{g\Delta t}{\delta_j}\theta(\overline{\eta}_{j_e(j,2)}^{n+1} - \overline{\eta}_{j_e(j,1)}^{n+1}) + \frac{\Delta t}{\Delta z_{j,n_{st}}}\left[\nu_t(U_{j,a} - \overline{U}_{j,n_{st}}^{n+1}) - \nu_{j,n_{st}-1/2}^V\frac{\overline{U}_{j,n_{st}}^{n+1} - \overline{U}_{j,n_{st}-1}^{n+1}}{\Delta z_{j,n_{st}-1/2}}\right] \qquad (4.1\text{-}38)$$

近一步整理式(4.1-38)有:

$$-\upsilon_{j,n_{st}-1}\overline{U}_{j,n_{st}-1}^{n+1} + (\Delta t\nu_t + \upsilon_{j,n_{st}-1} + \Delta z_{j,n_{st}})\overline{U}_{j,n_{st}}^{n+1}$$
$$= \Delta z_{j,n_{st}}F(U_{j,n_{st}}^n) + \Delta t\nu_t U_a - \frac{\Delta t g\theta \Delta z_{j,n_{st}}}{\delta_j}(\eta_{j_e(j,2)}^{n+1} - \eta_{j_e(j,1)}^{n+1}) -$$
$$\frac{\Delta t(1-\theta)\Delta z_{j,n_{st}}}{\delta_j}\left[g(\eta_{j_e(j,2)}^n - \eta_{j_e(j,1)}^n) + (q_{j_e(j,2),nzt}^n - q_{j_e(j,1),nzt}^n)\right] \qquad (4.1\text{-}39)$$

在底边界有:

$$\nu^V\frac{\partial U}{\partial z} = \nu_b U \qquad (4.1\text{-}40)$$

同样在底边界有离散方程

$$(\Delta z_{j,n_{sb}} + \Delta t\nu_b + \upsilon_{j,n_{sb}+1/2})\overline{U}_{j,n_{sb}}^{n+1} - \upsilon_{j,n_{sb}+1/2}\overline{U}_{j,n_{sb}+1}^{n+1}$$
$$= \Delta z_{j,n_{sb}}F(U_{j,n_{sb}}^n) - \frac{\Delta t g\theta \Delta z_{j,n_{sb}}}{\delta_j}(\overline{\eta}_{j_e(j,2)}^{n+1} - \overline{\eta}_{j_e(j,1)}^{n+1}) -$$
$$\frac{\Delta t(1-\theta)\Delta z_{j,n_{sb}}}{\delta_j}\left[g(\eta_{j_e(j,2)}^n - \eta_{j_e(j,1)}^n) + (q_{j_e(j,2),n_{sb}}^n - q_{j_e(j,1),n_{sb}}^n)\right] \qquad (4.1\text{-}41)$$

将式(4.1-36)、式(4.1-40)和式(4.1-41)写成矩阵形式,有:

$$A_j^n \overline{U}_j^{n+1} = G_j^n - \theta g \frac{\Delta t}{\delta_j} \left[\overline{\eta}_{i(j,2)}^{n+1} - \overline{\eta}_{i(j,1)}^{n+1} \right] \Delta Z_j \qquad (4.1\text{-}42)$$

式中,矩阵 $\overline{U}_j^{n+1} = \begin{bmatrix} \overline{U}_{j,n_{zt}}^{n+1} \\ \vdots \\ \overline{U}_{j,n_{zb}}^{n+1} \end{bmatrix}$, $\Delta Z_j = \begin{bmatrix} \Delta z_{j,n_{zt}}^{n+1} \\ \vdots \\ \Delta z_{j,n_{zb}}^{n+1} \end{bmatrix}$, A_j^n 和 G_j^n 的具体表达形式见本章结尾,其中矩阵 A_j^n 为 $(n_{zt}-n_{zb}+1) \times (n_{zt}-n_{zb}+1)$ 的三对角矩阵,通过追赶法可以直接求解方程组(4.1-42)。

法向速度表示为矩阵形式

$$\overline{U}_j^{n+1} = (A_j)^{-1} G_j^n - \theta g \frac{\Delta t}{\delta_j} \left[\overline{\eta}_{i(j,2)}^{n+1} - \overline{\eta}_{i(j,1)}^{n+1} \right] (A_j)^{-1} \Delta Z_j \qquad (4.1\text{-}43)$$

类似水平动量方程的离散,忽略隐式的非静压项,垂向动量方程同样采用半隐式有限差分离散,有:

$$\frac{\overline{w}_{i,k+1/2}^{n+1} - w_{i,k+1/2}^n}{\Delta t} = H(w_{i,k+1/2}^n) - (1-\theta) \frac{\Delta t}{\Delta z_{i,k+1/2}} (q_{i,k+1}^n - q_{i,k}^n) +$$

$$\frac{1}{\Delta z_{i,k+1/2}} \left[\frac{\nu_{i,k+1}^V (\overline{w}_{i,k+3/2}^{n+1} - \overline{w}_{i,k+1/2}^{n+1})}{\Delta z_{i,k+1}} - \frac{\nu_{i,k}^V (\overline{w}_{i,k+1/2}^{n+1} - \overline{w}_{i,k-1/2}^{n+1})}{\Delta z_{i,k}} \right]$$

$$(k = nzbj, nzbj+1, \cdots, nztj-1) \qquad (4.1\text{-}44)$$

式中,$H(w_{i,k}^n) = -c_c(w_{i,k}^n) + d_c(w_{i,k}^n)$,其中 $c_c(w_{i,k}^n)$ 和 $d_c(w_{i,k}^n)$ 为显式 Euler 离散算子。

令 $\upsilon_{i,k} = \Delta t \nu_{j,k}^V / \Delta z_{j,k}$,整理有:

$$-\upsilon_{i,k} \overline{w}_{i,k-1/2}^{n+1} + (\Delta z_{i,k+1/2} + \upsilon_{i,k+1} + \upsilon_{i,k}) \overline{w}_{i,k+1/2}^{n+1} - \upsilon_{i,k+1} \overline{w}_{i,k+3/2}^{n+1}$$

$$= \Delta z_{i,k+1/2} H(w_{i,k+1/2}^n) - (1-\theta) \frac{\Delta t}{\Delta z_{i,k+1/2}} (q_{i,k+1}^n - q_{i,k}^n) \qquad (4.1\text{-}45)$$

上式写成矩阵形式为:

$$B_i^n \overline{W}_i^{n+1} = H_i^n \qquad (4.1\text{-}46)$$

其中:

$$\overline{W}_i^{n+1} = \begin{bmatrix} \overline{w}_{i,n_{zt}-1}^{n+1} \\ \overline{w}_{i,n_{zt}-2}^{n+1} \\ \vdots \\ \overline{w}_{i,n_{zb}}^{n+1} \end{bmatrix}$$

B_i^n 和 H_i^n 的具体表达式同 A_j^n 和 G_j^n 类似,其中 B_i^n 同样为三对角矩阵,可以通过追赶法直接求解方程组(4.1-46)。

对水位演化方程式(4.1-10)采用半隐式的有限体积法离散,有:

$$P_i \overline{\eta}_i^{n+1} = P_i \eta_i^n - \Delta t \theta \sum_{j=1}^{n_j} \left[l_{i_s(i,j)} N_j \sum_{k=n_{sb}}^{n_{st}} \overline{U}_{i_s(i,j),k}^{n+1} \Delta z_{i_s(i,j),k}^{UW} \right] - \Delta t (1-\theta) \sum_{j=1}^{n_j} \left[l_{i_s(i,j)} N_j \sum_{k=n_{sb}}^{n_{st}} U_{i_s(i,j),k}^{UW} \Delta z_{i_s(i,j),k} \right]$$

$$= P_i \eta_i^n - \Delta t \theta \sum_{j=1}^{n_j} \left[l_{i_s(i,j)} N_j \overline{U}_{i_s(i,j),k}^{n+1} \Delta Z_{i_s(i,j),k}^{UW} \right] - \Delta t (1-\theta) \sum_{j=1}^{n_j} \left[l_{i_s(i,j)} N_j U_{i_s(i,j),k}^n \Delta Z_{i_s(i,j),k}^{UW} \right]$$

(4.1-47)

式中, P_i 为平面单元 i 的面积; $\Delta Z_{i_s(i,j),k}^{UW}$ 为单元控制面按迎风方法插值的垂向空间尺度; $N_j = 1$ 表示质量流出, $N_j = -1$ 表示质量流入, 采用下式计算:

$$N_j = \frac{j_e[i_s(i,j),1] + j_e[i_s(i,j),2] - 2i}{j_e[i_s(i,j),2] - j_e[i_s(i,j),1]} \tag{4.1-48}$$

将式(4.1-43)代入式(4.1-47), 整理有:

$$P_i \overline{\eta}_i^{n+1} - g\theta^2 \Delta t^2 \sum_{j=1}^{n_j} \frac{l_{i_s(i,j)} N_j}{\delta_{i_s(i,j)}} \left[(\Delta Z)^T A^{-1} \Delta Z \right]_{i_s(i,j)}^n (\overline{\eta}_{j_s[i_s(i,j),2]}^{n+1} - \overline{\eta}_{j_s[i_s(i,j),1]}^{n+1})$$

$$= P_i \eta_i^n - \Delta t (1-\theta) \sum_{j=1}^{n_j} \left[l_{i_s(i,j)} N_j [(\Delta Z)^T U]_{i_s(i,j),k}^n \right] - \Delta t \theta \sum_{j=1}^{n_j} \left[l_{i_s(i,j)} N_j [(\Delta Z)^T A^{-1} G]_{i_s(i,j),k}^n \right]$$

(4.1-49)

由于 $[(\Delta Z)^T A^{-1} \Delta Z]_{i_s(i,j)}^n$ 为非负数, 式(4.1-49)是关于 $\overline{\eta}_i^{n+1}$ 的线性稀疏的方程组, 且系数矩阵为严格对角占优、对称和正定的, 本模型采用预处理的共轭梯度法求解式(4.1-49), 其中预优矩阵采用不完全 Cholesky 分解获得。一旦求出预测水位 $\overline{\eta}_i^{n+1}$, 可以通过式(4.1-43)求出水平法向方向的预测步速度, 预测步垂向流速通过式(4.1-48)求得。

(2)非静压修正计算。

由于第一步忽略了隐式的非静压项, 得到的预测步速度场不能满足连续性方程, 本节通过考虑隐式的非静压项影响, 来修正预测步的速度场 $(\overline{U}_{j,k}^{n+1}, \overline{w}_{i,k}^{n+1})$, 从而得到新时刻的速度场 $(U_{j,k}^{n+1}, w_{i,k}^{n+1})$。

由于式(4.1-42)和式(4.1-46)的离散都是忽略了隐式的非静压项, 考虑隐式的非静压项, 有:

$$U_{j,k}^{n+1} = \overline{U}_{j,k}^{n+1} - \frac{\theta \Delta t}{\delta_j} (\overline{q}_{j_e(j,2),k}^{n+1} - \overline{q}_{j_e(j,1),k}^{n+1}) \tag{4.1-50}$$

$$w_{i,k+1/2}^{n+1} = \overline{w}_{i,k+1/2}^{n+1} - \frac{\theta \Delta t}{\Delta z_{i,k+1/2}} (\overline{q}_{i,k}^{n+1} - \overline{q}_{i,k+1}^{n+1}) \tag{4.1-51}$$

式(4.1-50)和式(4.1-51)中, $\overline{q}$ 表示非静压修正项。

当前大多的三维非静水压力模型在模拟具有强三维流动特性的流动时, 在垂向需要很多层(20~30层)才能得到精确的结果, 这就大大地增加了计算量, 根据研究发现, 究其原因是自由表面处零压力边界条件未能直接施加到自由表面处。为此, 本模型采用表层压力积分的方法, 确保自由表面的零压力边界条件能精确地施加到模型中, 使模型在垂向也仅分2~5层就能正确地模拟具有强三维流动特性的水波流动问题, 从而大大提高了计算效率。

忽略垂向动量方程的对流扩散项, 沿表层中心 $z = z^*$ 到自由表面 $z = \eta$ 对其积分, 并用 Leibniz 公式和自由表面运动边界条件, 则在表层单元压力项为:

$$p_{z=z^*} = g(\eta - z^*) + \frac{\partial}{\partial t}\int_{z^*}^{\eta} w\mathrm{d}z + w\big|_{z^*}\frac{\partial z^*}{\partial t} - w\big|_{\eta}\frac{\partial \eta}{\partial t} \tag{4.1-52}$$

式(4.1-52)右端第一项表示静压项,右端剩余项表示非静压项。

由于 z^* 是自由表面的函数 $z^* = (\eta - \Delta z)/2$,有:

$$\frac{\partial z^*}{\partial t} = \frac{1}{2}\frac{\partial \eta}{\partial t}, \frac{\partial z^*}{\partial x} = \frac{1}{2}\frac{\partial \eta}{\partial x}, \frac{\partial z^*}{\partial y} = \frac{1}{2}\frac{\partial \eta}{\partial y} \tag{4.1-53}$$

将式(4.1-53)代入式(4.1-52),可得:

$$p_{z=z^*} = g\left(\frac{\eta - \Delta z}{2}\right) + \frac{\partial}{\partial t}\int_{z=(\eta-\Delta z)/2}^{z=\eta} w\mathrm{d}z + \left(\frac{1}{2}w\bigg|_{z=(\eta-\Delta z)/2} - w\bigg|_{z=\eta}\right)\frac{\partial \eta}{\partial t} \tag{4.1-54}$$

对式(4.1-54)离散可得:

$$P_i \Delta z_{i,n_{st}} \frac{w_{i,n_{st}}^{n+1} - w_{i,n_{st}}^n}{\Delta t} + P_i \Delta z_{i,n_{st}}(w_{i,n_{st}}^n)^2 + P_i \Delta z_{i,n_{st}} w_{i,n_{st}}^n \frac{\eta_i^{n+1} - \eta_i^n}{2\Delta t} +$$

$$\frac{1}{2}\sum_{m=1}^{n_i} N_{i,(i,m)} l_{i,(i,m)} \Delta z_{i,(i,m),n_{st}}^n U_{i,(i,m),n_{st}}^n w_{i,(i,m),n_{st}}^n +$$

$$\frac{1}{2}\sum_{m=1}^{n_i} N_{i,(i,m)} l_{i,(i,m)} \Delta z_{i,(i,m),n_{st}}^n U_{i,(i,m),n_{st}}^n w_{i,(i,m),n_{st}}^n$$

$$= P_i \Delta z_{i,n_{st}} p_{i,n_{st}}^{n+1} - P_i \Delta z_{i,n_{st}} g(\eta_i^{n+1} - z_{n_{st}}) \tag{4.1-55}$$

由于 $p_{i,n_{st}+1/2}^{n+1} = 0$,式(4.1-55)可整理为:

$$P_i p_{i,n_{st}}^{n+1} = P_i g(\eta_i^{n+1} - z_{n_{st}}) + P_i \Delta z_{i,j,n_{st}} \frac{w_{i,n_{st}}^{n+1} - w_{i,n_{st}}^n}{2\Delta t} +$$

$$\frac{1}{2}\sum_{l}^{S_i} N_l l_{j(i,l)} \Delta z_{j(i,l),n_{st}}^{UW} U_{j(i,l),n_{st}}^n w_{j(i,l),n_{st}}^n + P_i(w_{i,n_{st}+1/2}^n)^2 - P_i(w_{i,n_{st}}^n)^2 \tag{4.1-56}$$

$w_{i,n_{st}}^{n+1}$ 是顶层 z^* 处的垂向流速,Yuan 和艾丛芳采用平均 $w_{i,n_{st}}^{n+1} = 0.5w_{i,n_{st}-1/2}^{n+1} + 0.5w_{i,n_{st}+1/2}^{n+1}$,然而他们的方法需要采用很多层才能得到满意的结果(如在模拟线性正弦短波时需要采用20层)。Yuan 证实了线性插值 $w_{i,n_{st}}^{n+1} = 0.25w_{i,n_{st}-1/2}^{n+1} + 0.75w_{i,n_{st}+1/2}^{n+1}$ 是很好的一种的选择,$w_{i,n_{st}}^{n+1}$ 也能通过下面的插值方式构造出三阶精度格式:

$$w_{i,n_{st}}^{n+1} = \frac{77}{128}w_{i,n_{st}+1/2}^{n+1} + \frac{77}{128}w_{i,n_{st}-1/2}^{n+1} - \frac{33}{128}w_{i,n_{st}-3/2}^{n+1} - \frac{7}{128}w_{i,n_{st}-5/2}^{n+1} \tag{4.1-57}$$

考虑到 $g(\eta_i^{n+1} - z_{n_{st}}) = g(\overline{\eta}_i^{n+1} - z_{n_{st}}) + \overline{q}_{i,n_{st}}^{n+1}$,将式(4.1-57)代入式(4.1-56),有:

$$P_i p_{i,n_{st}}^{n+1} = P_i g(\overline{\eta}_i^{n+1} - z_{n_{st}}) + P_i \overline{q}_{i,n_{st}}^{n+1} + \frac{1}{2}\sum_{l}^{S_i} N_l l_{j(i,l)} \Delta z_{j(i,l),n_{st}}^{UW} N_{j(i,l)}^n U_{j(i,l),n_{st}}^n +$$

$$P_i \Delta z_{i,j,n_{st}} \frac{77w_{i,n_{st}+1/2}^{n+1} + 77w_{i,n_{st}-1/2}^{n+1} - 33w_{i,n_{st}-3/2}^{n+1} - 7w_{i,n_{st}-5/2}^{n+1} - 128w_{i,n_{st}}^n}{256\Delta t} +$$

$$P_i(w_{i,n_{st}+1/2}^n)^2 - P_i(w_{i,n_{st}}^n)^2 \tag{4.1-58}$$

对连续性方程(4.1-1)采用半隐式的有限体积法离散,有:

$$P_i(w_{i,k+1/2}^{n+\theta} - w_{i,k-1/2}^{n+\theta}) + \sum_{j=1}^{n_i} l_{i,(i,j)} N_j \Delta z_{i,(i,j),k}^{UW} U_{i,(i,j),k}^{n+\theta} = 0 \quad (k = nzb, \cdots, nzt - 1)$$

$$\tag{4.1-59}$$

对水位演化方程式(4.1-10),采用半隐式的有限体积法离散,有:

$$P_i\eta_i^{n+1} = P_i\eta_i^n - \Delta t\theta \sum_{j=1}^{n_j}\left[l_{i,(i,j)}N_j\sum_{k=n_{sb}}^{n_{st}}U_{i,(i,j),k}^{n+1}\Delta z_{i,(i,j),k}^{UW}\right] -$$

$$\Delta t(1-\theta)\sum_{j=1}^{n_j}\left[l_{i,(i,j)}N_j\sum_{k=n_{sb}}^{n_{st}}U_{i,(i,j),k}^n\Delta z_{i,(i,j),k}^{UW}\right] \tag{4.1-60}$$

在底部采用不透水边界有 $w_{i,n_{sb}-1/2}^{n+\theta} = 0$,并利用式(4.1-29)各层相加并代入式(4.1-60)有:

$$P_i\eta_i^{n+1} = P_i\eta_i^n - \Delta t\theta\sum_{j=1}^{n_j}\left[l_{i_b(i,j)}N_jU_{i,(i,j),n_{st}}^{n+1}\Delta z_{i,(i,j),n_{st}}^{UW}\right] + \Delta t\theta P_i w_{i,n_{st}-1/2}^{n+1} -$$

$$\Delta t(1-\theta)\sum_{j=1}^{n_j}\left[l_{i,(i,j)}N_j\sum_{k=n_{sb}}^{n_{st}}U_{i,(i,j),k}^n\Delta z_{i,(i,j),k}^{UW}\right] \tag{4.1-61}$$

将式(4.1-58)代入式(4.1-61)可得表层非静压修正项 $\bar{q}_{i,n_{st}}^{n+1}$ 的方程如下:

$$\bar{q}_{i,n_{st}}^{n+1} = f_1\sum_{l}^{S_j}U_{j(i,l),n_{st}}^{n+1} + f_2 w_{i,j,n_{st}+1/2}^{n+1} + f_3 w_{i,j,n_{st}-1/2}^{n+1} + f_4 w_{i,j,n_{st}-3/2}^{n+1} + f_5 w_{i,j,n_{st}-5/2}^{n+1} + f_6 \tag{4.1-62}$$

式中,f_1、f_2、f_3、f_4、f_5 和 f_6 为与已知变量相关的常系数。

分别将式(4.1-60)和式(4.1-61)代入式(4.1-62)得到除表层外的非静压修正项 $\bar{q}_{i,k}^{n+1}$ 的方程为:

$$\Delta t^2\theta^2 g\left[\sum_{j=1}^{n_j}\left[l_{i,(i,j)}N_j\Delta z_{j,k}\frac{(\bar{q}_{j_e(j,1),k}^{n+1} - \bar{q}_{j_e(j,2),k}^{n+1})}{\delta_j}\right] + P_i\left(\frac{(\bar{q}_{i,k}^{n+1} - \bar{q}_{i,k+1}^{n+1})}{\Delta z_{i,k+1/2}} - \frac{(\bar{q}_{i,k-1}^{n+1} - \bar{q}_{i,k}^{n+1})}{\Delta z_{i,k-1/2}}\right)\right]$$

$$= \Delta t\theta P_i g(\bar{w}_{i,k-1/2}^{n+1} - \bar{w}_{i,k+1/2}^{n+1}) + \Delta t(1-\theta)P_i g(\bar{w}_{i,k-1/2}^{n+1} - \bar{w}_{i,k+1/2}^{n+1}) -$$

$$(1-\theta)\Delta tg\sum_{j=1}^{n_j}l_{i,(i,j)}N_j\Delta z_{i,(i,j),k}U_{j_b(i,j),k}^n - \theta\Delta tg\sum_{j=1}^{n_j}l_{i,(i,j)}N_j\Delta z_{i,(i,j),k}\overline{U}_{i,(i,j),k}^{n+1} \tag{4.1-63}$$

式(4.1-62)和式(4.1-63)形成关于非静压修正变量 $\bar{q}_{i,k}^{n+1}$ 的线性稀疏方程组,本文采用预条件 Bi-CGSTAB 方法求解该压力方程组,预优矩阵同样采用不完全 Cholesky 分解获得。

当非静压修正项求解出以后,水平法向流速和垂向流速分别由式(4.1-50)和式(4.1-51)求得。最后,新的水位由式(4.1-60)求得。

以上求解方法也适用于模拟存在干湿界面的流动问题。在每一时间步,在多边形的边上新的水深 H_j^{n+1} 由式(4.1-64)计算:

$$H_j^{n+1} = \max[0, h_j + \eta_{j_e(j,1)}^{n+1}, h_j + \eta_{j_e(j,2)}^{n+1}] \tag{4.1-64}$$

新时刻的垂向网格尺度 $\Delta z_{j,k}^{n+1}$ 相应的作出调整,当总水深 H_j^{n+1} 为零时,表示单元 $j_e(j,1)$ 和 $j_e(j,2)$ 为干,相应的速度为零,当 H_j^{n+1} 大于零时,单元为湿,按以上方法求解。

(3)紊流方程离散。

采用有限体积法离散标准 $k-\varepsilon$ 方程,对紊动动能方程离散有:

$$\frac{\Delta z_{i,k}^{n+1}k_{i,k}^{n+1} - \Delta z_{i,k}^n k_{i,k}^n}{\Delta t} = I(k_{i,k}^n) - \frac{1}{P_i}\sum_j^{N_j}[\theta u_{j,k}^{n+1} + (1-\theta)u_{j,k}^n]k_{j,k}^n\Delta z_{j,k}^{UW}N_j l_j -$$

$$\theta(w_{i,k+1}^{n+1}k_{i,k+1/2}^{n+1} - w_{i,k}^{n+1}k_{i,k-1/2}^{n+1}) - (1-\theta)(w_{i,k+1}^n k_{i,k+1/2}^n - w_{i,k}^n k_{i,k-1/2}^n) +$$

$$\theta D_k k_{i,k}^{n+1} + (1-\theta)D_k k_{i,k}^n + \Delta z_{i,k}^n\left[c_\mu\frac{(k_{i,k}^n)^2}{\varepsilon_{i,k}^n}G_{i,k}^n - \varepsilon_{i,k}^n\frac{k_{i,k}^{n+1}}{k_{i,k}^n}\right] \tag{4.1-65}$$

式中，D_k 为垂向紊动动能扩散项离散算子；$I(k_{i,k}^n)$ 为水平扩散项采用 Adams-Bashforth 离散算子，由式(4.1-66)给出：

$$I(k_{i,k}^n) = \frac{1}{P_i} \sum_{j}^{N_i} \frac{(\nu^H)_{j,k}}{\delta_j} [k_{i(j,2),k} - k_{i(j,1),k}] \Delta z_{j,k}^{UW} N_j l_j \qquad (4.1\text{-}66)$$

对紊动能耗散率方程离散有：

$$\frac{\Delta z_{i,k}^{n+1} \varepsilon_{i,k}^{n+1} - \Delta z_{i,k}^n \varepsilon_{i,k}^n}{\Delta t} = J(\varepsilon_{i,k}^n) - \frac{1}{P_i} \sum_{j}^{N_i} [\theta u_{j,k}^{n+1} + (1-\theta) u_{j,k}^n] \varepsilon_{j,k}^n \Delta z_{j,k}^{UW} N_j l_j -$$

$$\theta(w_{i,k+1}^{n+1} \varepsilon_{i,k+1/2}^{n+1} - w_{i,k}^{n+1} \varepsilon_{i,k-1/2}^{n+1}) - (1-\theta)(w_{i,k+1}^n \varepsilon_{i,k+1/2} - w_{i,k}^n \varepsilon_{i,k-1/2}) +$$

$$\theta D_\varepsilon \varepsilon_{i,k}^{n+1} + (1-\theta) D_\varepsilon \varepsilon_{i,k}^n + \Delta z_{i,k}^n \left(c_1 \frac{\varepsilon_{i,k}^n}{k_{i,k}^n} G_{i,k}^n - c_2 \frac{\varepsilon_{i,k}^n}{k_{i,k}^n} \varepsilon_{i,k}^{n+1} \right)$$

$$(4.1\text{-}67)$$

式中，D_ε 为垂向紊动耗散率扩散项离散算子；$J(\varepsilon_{i,k}^n)$ 为水平扩散项采用 Adams-Bashforth 离散算子，由式(4.1-68)给出

$$J(\varepsilon_{i,k}^n) = \frac{1}{P_i} \sum_{j}^{N_i} \frac{(\nu^H)_{j,k}}{\delta_j} [\varepsilon_{i(j,2),k} - \varepsilon_{i(j,1),k}] \Delta z_{j,k}^{UW} N_j l_j \qquad (4.1\text{-}68)$$

(4) 悬移质泥沙输运方程离散。

表示悬移质泥沙浓度的标量 C 定义在棱柱体单元中心，采用有限体积方法对其进行离散，首先在第 k 层对其分层积分：

$$\frac{\partial(\Delta z C)_k}{\partial t} + \frac{\partial(\Delta z_u C)_k}{\partial x} + \frac{\partial(\Delta z_v C)_k}{\partial y} + (\omega_{k+1/2} - \omega_s) C_{k+1/2} - (\omega_{k-1/2} - \omega_s) C_{k-1/2}$$

$$= \frac{\partial}{\partial x} \left(\Delta z K_h \frac{\partial C}{\partial x} \right)_k + \frac{\partial}{\partial y} \left(\Delta z K_h \frac{\partial C}{\partial y} \right)_k + K_v \frac{\partial C_{k+1/2}}{\partial z} - K_v \frac{\partial C_{k-1/2}}{\partial z} \qquad (4.1\text{-}69)$$

在以棱柱体 (i,k) 为控制体内进行离散：

$$\Delta z_{i,k} \frac{\partial C_{i,k}}{\partial t} = C_{i,k} \left[\frac{\partial(\Delta z_u)_{i,k}}{\partial x} + \frac{\partial(\Delta z_v)_{i,k}}{\partial y} \right] - \left[\frac{\partial(\Delta z_u C)_{i,k}}{\partial x} + \frac{\partial(\Delta z_v C)_{i,k}}{\partial y} \right] -$$

$$[\omega_{i,k+1/2}(C_{i,k+1/2} - C_{i,k}) - \omega_{i,k-1/2}(C_{i,k-1/2} - C_{i,k})] + \omega_s(C_{i,k+1/2} - C_{i,k-1/2}) +$$

$$\frac{\partial}{\partial x} \left(\Delta z K_h \frac{\partial C}{\partial x} \right)_{i,k} + \frac{\partial}{\partial y} \left(\Delta z K_h \frac{\partial C}{\partial y} \right)_{i,k} + K_v \frac{\partial C_{i,k+1/2}}{\partial z} - K_v \frac{\partial C_{i,k-1/2}}{\partial z} \qquad (4.1\text{-}70)$$

采用迎风格式处理通量项，在悬移质泥沙输运过程中考虑泥沙沉速项的影响，有：

$$C_{i,k}^{n+1} = C_{i,k}^n + \frac{\Delta t}{\Delta z_{i,k}^n} [-Adv_1(C_{i,k}^n) + Adv_2(C_{i,k}^n) + Dif(C_{i,k}^n)] -$$

$$\frac{\Delta t}{\Delta z_{i,k}^n} [\omega_{i,k+1/2}(C_{i,k+1/2}^n - C_{i,k}^n) - \omega_{i,k-1/2}(C_{i,k-1/2}^n - C_{i,k}^n)] +$$

$$\frac{\Delta t \omega_s}{\Delta z_{i,k}^n} (C_{i,k+1/2}^n - C_{i,k-1/2}^n) +$$

$$\frac{\Delta t}{\Delta z_{i,k}^n} \left(K_{i,k+1/2}^v \frac{C_{i,k+1}^n - C_{i,k}^n}{\Delta z_{i,k+1/2}^n} - K_{i,k-1/2}^v \frac{C_{i,k}^n - C_{i,k-1}^n}{\Delta z_{i,k-1/2}^n} \right) \qquad (4.1\text{-}71)$$

4.2 敏感栖息地生态环境因子适宜度模型

4.2.1 代表性鱼类

据《四川鱼类志》记载,岷江水系包括岷江干流、大渡河、青衣江等支流计有鱼类164种和亚种,其中岷江干流鱼类148种。根据以上记录,参考相关流域水生生态专题报告,并结合《中国动物志 硬骨鱼纲 鲤形目(中卷)》《中国动物志 硬骨鱼纲 鲤形目(下卷)》《中国动物志 硬骨鱼纲 鲇形目》《中国动物志 硬骨鱼纲 鲈形目 虾虎鱼亚目》等有关文献校核订正,同时访问岷江工程影响流域段沿岸退捕渔民/钓鱼爱好者,查阅宜宾市农业农村局和宜宾市翠屏区农业农村局相关资料(表4.2-1),岷江下游共分布鱼类111种,分别隶属6目18科73属。鲤形目为主要类群,有5科56属85种,又以鲤科鱼类为最多,有66种,占总种数的59.46%;鲇形目5科9属16种,占总种数的14.41%;鲈形目6科6属8种,占总种数的7.21%;鲟形目、鳉形目和合鳃目均为1科1属1种,分别占总种数的0.90%。

调查水域鱼类属、种百分比 表4.2-1

目	科	属(个)	属占比(%)	种(个)	种占比(%)
鲟形目	鲟科	1	1.37	1	0.90
鲤形目	胭脂鱼科	1	1.37	1	0.90
	鳅科	7	9.59	11	9.91
	鲤科	43	58.90	66	59.46
	平鳍鳅科	4	5.48	6	5.41
鲇形目	鲇科	1	1.37	2	1.80
	鲿科	4	5.48	9	8.11
	钝头鮠科	1	1.37	1	0.90
	鮡科	1	1.37	2	1.80
	鲴科	2	2.74	2	1.80
鳉形目	青鳉科	1	1.37	1	0.90
合鳃鱼目	合鳃鱼科	1	1.37	1	0.90
鲈形目	鮨科	1	1.37	3	2.70
	沙塘鳢科	1	1.37	1	0.90
	鲈科	1	1.37	1	0.90
	蝦虎鱼科	1	1.37	1	0.90
	斗鱼科	1	1.37	1	0.90
	鳢科	1	1.37	1	0.90

在工程影响江段共分布有国家Ⅰ级保护鱼类1种,为长江鲟;国家级Ⅱ级保护鱼类6种,分别为胭脂鱼、长薄鳅、鯮、圆口铜鱼、长鳍吻鮈和岩原鲤;四川省级保护鱼类4种,分别为小眼薄鳅、鳤、侧沟爬岩鳅和窑滩间吸鳅。工程影响江段列入《中国濒危动物红皮书》(2020)极危物种(CR)有长江鲟;濒危物种(EN)有白缘䱌;易危物种(VU)有胭脂鱼、长薄鳅、鯮和岩原鲤4种。列入《中国物种红色名录》(2015)的极危物种(CR)有长江鲟、胭脂鱼、鯮、鳤和圆口铜鱼,共5种;濒危物种有长鳍吻鮈1种;易危物种(VU)有长薄鳅、小眼薄鳅、方氏鲴、厚颌鲂、岩原鲤和白缘䱌,共6种。

工程影响江段主要经济鱼类有岩原鲤、中华倒刺鲃、白甲鱼、翘嘴鲌、长吻鮠、大口鲇、黄颡鱼等。但华鲮等鱼类种群数量近年来急剧衰退,资源量已十分有限;白甲鱼、岩原鲤和中华倒刺鲃随着近年来人工增殖放流和保护力度的加大,渔获量有所增加。目前,主要经济鱼类以鲤、鲫、鲢、黄颡鱼、中华倒刺鲃、大口鲇、翘嘴鲌等鱼类为主。

工程影响江段分布鱼类依繁殖习性可分为4个类群。

(1)产黏沉性卵类群。

本水域鱼类绝大多数鱼类为产黏沉性卵类群。这一类群包括鲇形目的黄颡鱼、瓦氏黄颡鱼、光泽黄颡鱼、长吻鮠、粗唇鮠、切尾拟鲿、凹尾拟鲿、细体拟鲿、大鳍鳠、福建纹胸鮡、鮰、大口鲇等。鲤科的宽鳍鱲、马口鱼、胭脂鱼、红鳍原鲌、鲤、鲫、岩原鲤、厚颌鲂、泉水鱼、白甲鱼、黄尾鲴、方氏鲴、圆吻鲴、唇䱻、花䱻、似鮈、棒花鱼、麦穗鱼等。鳅科的山鳅、泥鳅、大鳞副泥鳅等。

其产卵季节多为春夏间,也有部分种类晚至秋季,且对产卵水域流态底质有不同的适应性,多数种类都需要一定的流水刺激。产出的卵或黏附于石砾、水草发育,或落于石缝间在激流冲击下发育。胭脂鱼、泉水鱼繁殖季节均在3—4月,胭脂鱼产卵黏附于石块或其他物体上发育,泉水鱼多产卵于在石缝或石洞中。岩原鲤产卵场多为石底急滩,每年3—4月间和8—9月分两次产卵,卵粒黏附在鹅卵石或砾石上发育。宽鳍鱲每年4—6月在流水滩上产卵。唇䱻产卵期为3—5月,在底质为卵石或砾石,流速0.5~1.0m/s的流水滩产强黏性卵。红鳍原鲌产卵期5—7月,在湖泊等静水环境中繁殖,卵产出后黏附在马来眼子菜、聚草等水草上发育。黄颡鱼产卵期在5—6月,产卵前,雄鱼先在浅水区挖一浅坑,雌鱼产卵后雄鱼护巢发育。瓦氏黄颡鱼产卵期在4—5月,多在水流缓慢的浅水滩或水草多的岸边产卵,产卵后黏附于石头上发育。粗唇鮠8—9月在浅水草丛中产卵,卵黏附于水草上孵化。大鳍鳠5—6月为产卵期,产卵于流水的浅滩上。白甲鱼等鲃亚科种类则在5—7月间集群上溯至底质为礁岩的河床上产卵。少数鱼类产卵时不需要水流刺激,可在静缓流水环境下繁殖,产黏性卵,其卵有的黏附于水草发育,如鲤、鲫、泥鳅等;有的黏附于砾石,如鮰、麦穗鱼等。

(2)产漂流性卵类群。

产漂流性卵鱼类,产卵需要湍急的水流条件,通常在汛期洪峰发生后产卵。这一类鱼卵比重略大于水,但产出后卵膜吸水膨胀,在水流的外力作用下,鱼卵悬浮在水层中顺水漂流。孵化出的早期仔鱼,仍然要顺水漂流,待身体发育到具备较强的溯游能力后,才能游到浅水或缓流处停歇。从卵产出到仔鱼具备溯游能力,一般需要30h或40h以上,有的需要时间更长。

这类鱼有四大家鱼鲢、鳙、草鱼、青鱼,长薄鳅、铜鱼、圆口铜鱼、长鳍吻鮈、银鲴、花斑副沙鳅、双斑副沙鳅、赤眼鳟、鳊、寡鳞飘鱼、蛇鮈、中华金沙鳅、短身金沙鳅、犁头鳅。

这些鱼类的产卵期为4—8月,多为5—7月。产卵水温在16~32℃之间。各主要经济鱼类多在18℃左右的水温时开始产卵。产卵高峰多在20~24℃间。产卵时除要求达到一定水温外,还需要一定的涨水刺激。总体分析,在产漂流性卵鱼类繁殖季节,江河的涨水过程包含着水位升高、流量增大、流速加快、流态紊乱和透明度减小等多种水文因素的变化,这些水文因素相互关联,对鱼类繁殖刺激作用是综合的,但根据这些鱼类的繁殖活动是在水的上层,甚至表层进行的特点,其中流速的增大在促进鱼类繁殖的诸水文因素中起主要作用。

此外,鳜、大眼鳜、斑鳜的受精卵为微黏性,在发育过程中黏性逐步消失,由于卵黄具较大油球,也可随水漂流发育。

(3) 产浮性卵类群。

乌鳢、叉尾斗鱼等鱼类的卵具油球,在水中漂浮发育。

(4) 特异性产卵类群。

鳑鲏类多产卵于蚌类的鳃瓣中发育。

工程影响江段为丘陵平原河流,全长34km,枯水期河面宽150~350m,分布有大量河口、汊道、过江段、河湾等各种类型的浅滩,一般流速1.5~2.5m/s。河面宽阔,枯水河床宽浅段汊道和江心洲多。由于多洲多汊,使宽浅河道水流分散,从而主河道水深不足,形成许多汊道型浅滩。居于此鱼类多适应该流水生境。

产卵场大致有急缓流交错河段、急流礁石滩河段、河道急转下跌水域、静缓流水域等几种类型。育幼场一般在水深3m以内的砾石、礁石、沙质岸边的静缓流水域。越冬场分布在水深达十数米或数十米的河沱、河槽、湾沱、回水、微流水或流水处,底质多为乱石或礁石。

繁殖是鱼类生活史的重要行为阶段。岷江下游鱼类的繁殖类型大致分为4类,产黏沉性卵类群、产漂流性卵类群、产浮性卵类群及特异性产卵类群。产浮性卵种类及特异性产卵种类数量少,对水文条件也无特异性要求,调查水域满足其产卵条件的场所广泛分布,一般均处于其生活水域附近。如产浮性卵类群的鳜、大眼鳜、斑鳜乌鳢、叉尾斗鱼等,常微流水环境中产卵,由于其卵具油球,在水中漂浮发育。而特异性产卵类群主要是鳊亚科的鳑鲏类,多产卵于蚌类的鳃瓣中发育。数量较多及对水文条件有一定要求的为产黏沉性卵类群及产漂流性卵类群。

岷江下游产黏沉性卵鱼类众多,是几种产卵类群中最大的一群。其鱼类资源量也是各种类群中最大,该类群各种类间繁殖期跨度较大,大体在3—9月间。在河流水温达到一定温度(一般在16℃以上)后,在合适的产卵水域繁殖。产卵水域主要由一定的流态条件——激流或静缓流,一定的产卵基质环境——水草、砾石、砂石、岩缝或石洞构成,主要可划分为两类。

一类为静缓流产卵类群,它们的产卵场多在静水或缓流的河汊、河湾、河流的故道及河流边的缓流水域,所要求的产卵基质为水草及砾石,所产出的卵黏附于水草或砾石上发育。这一类群包括评价水域种群数量最大,如鲤形目的鲤、鲫、红鳍原鲌、方氏鲴、四川华鳊、棒花鱼、麦穗鱼,鲇形目的鲇、黄颡鱼、瓦氏黄颡鱼、光泽黄颡鱼、长吻鮠、粗唇鮠、切尾拟鲿、凹尾拟鲿、细体拟鲿等,这类产卵水域在调查水域广泛分布。另一类群为激流产卵类群,产卵场多要求激流的砾石或礁岩河滩,产出卵黏于砾石上或落入石缝间发育,这一类群主要有鲇形目大鳍鳠、福建纹胸鮡、大口鲇、白缘鮡、胭脂鱼科的胭脂鱼、鲤科的岩原鲤、宽鳍鱲、马口鱼、唇䱻、白甲鱼等,这类产卵场相对分散,只要有适合的水文及流态条件,不论面积大小,急流心洲边缘、心滩、边滩都能成为其产卵场(表4.2-2)。

4 航道工程影响下的鱼类栖息地演化模拟与评价

主要黏沉性急流产卵鱼类产卵场　　　　　　　　　　　　　　　　表 4.2-2

序号	产卵场名称	距乐山大渡河口里程（km）	主要产卵鱼类	位于保护区位置
1	干龙子	84.8	国家级保护鱼类:胭脂鱼; 省级保护鱼类:岩原鲤; 其他鱼类:南方鲇、鲇、大鳍鳠、福建纹胸鮡、白缘鮡、鲤、鲫等	保护区外
2	白甲滩	95.6	省级保护鱼类:岩原鲤; 其他鱼类:大鳍鳠、白缘鮡、宽鳍鱲、马口鱼、唇䱻、鲤、鲫等	保护区试验区
3	背时滩	105.6		保护区试验区
4	南瓜滩	112.3	省级保护鱼类:岩原鲤; 其他鱼类:南方鲇、大鳍鳠、白缘鮡、宽鳍鱲、马口鱼、唇䱻、白甲鱼	保护区试验区
5	霸王滩	118.9	省级保护鱼类:岩原鲤; 其他鱼类:南方鲇、大鳍鳠、白缘鮡、宽鳍鱲、马口鱼、唇䱻、白甲鱼、鲤、鲫等	保护区试验区

综合以上资料,研究选择省级保护鱼类岩原鲤为代表鱼类(图 4.2-1)。

图 4.2-1　岩原鲤 *Procypris rabaudi*

分类地位:鲤形目(*Cypriniformes*),鲤科(*Cyprinidae*),鲤亚科(*Cyprininae*),原鲤属(*Procypris*)。

保护等级:《中国濒危动物红皮书》和《中国物种红色名录》评定为易危物种,四川省和重庆市重点保护动物。

生活习性:岩原鲤现主要分布于长江上游的干支流流域的水体中,嘉陵江、岷江、沱江、渠江、酉水、赤水河以及金沙江中下游等江河有少量的分布。在天然水体中主要常栖息于水流较缓而底层为砾石及岩石缝、深坑洞的江河水体中,喜欢集群栖息于较暗的底层缓流水体中活动,故为底栖性鱼。冬季在江河河床的岩石缝、深坑及有缓流水的岩石洞中越冬,摄食底栖生物和着生于岩石上的软体动物、着生生物。立春后即水温在 12℃以上时开始溯水上游到长江上游的干流及与长江相通的支流中摄食生长及产卵。

生长特点:岩原鲤属广温性鱼类,生存温度1.5~37℃。生活适温为2~36℃,最适摄食生长温度为18~30℃。水温在8~9℃以上时开始摄食,但摄食量占体重的比例较少,为0.3%~0.5%,水温31~31.5℃以上摄食欲明显减弱。水温超过35℃时基本上停食。在溶解氧2.0~2.5mg/L时仍能正常生活,最佳摄食生长溶解氧量为3mg/L以上,当饲养水体中溶解氧低于0.75~0.93mg/L时开始浮头,当溶解氧低于0.55mg/L时鱼迟钝,呼吸频率加快而产生死亡。正常活动及摄食生长的pH值范围为6.5~8.8,pH值低于5.8或高于9.2基本上停止摄食生长及体色产生变化为灰白色。

产卵习性:岩原鲤属于多次产卵的类型,产卵场大多分布于干支流与上游水流急滩下江段,在底质为砾石的流水处产卵。产卵处流速常见为1.0m/s左右,水质清,底质为石砾,产黏性卵,固着在石块上。产卵季节为每年的2—4月份,8—9月或小阳春也有岩原鲤亲鱼产卵。产卵水温为18~26℃,最佳产卵水温为20~24℃。水温超过26.5℃以上出现畸形或胚胎发育停止而死亡。在水温15~17℃时也可产卵,但产卵率及孵化率均较低仅有20%~45%。岩原鲤的卵为淡黄色,卵的光泽较强,卵的直径在1.6mm以上,富有弹性的卵质量好,可产出及孵化鱼苗。

4.2.2 栖息地关键环境因子

本次整治工程主要是对整治建筑物布置、结构和材料方面的设计,工程实施对河道内流速、水深和底质发生直接的影响,故选定水深、流速作为整治工程对岩原鲤产卵栖息地模拟评价的参考环境因子。因局部河段整治工程实施难以对水温产生影响,故不选择水温作为本模拟评价的参考环境因子。

根据水生生态部门对工程及其影响河段的鱼类资源调查,并结合鱼类专家的判断,确定岩原鲤产卵适宜流速和水深范围如下:

(1)流速阈值范围为0.1~1.5m/s;最佳范围为0.3~1.0m/s(图4.2-2);
(2)水深阈值范围为0.5~3.0m;最佳范围为1.0~2.0m(图4.2-3)。

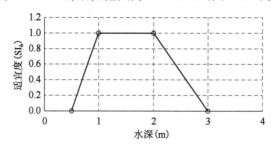

图4.2-2 岩原鲤水深适宜度曲线

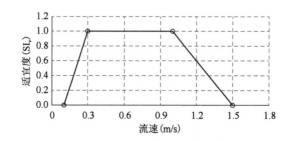

图4.2-3 岩原鲤流速适宜度曲线

$$SI_h = \begin{cases} 0 & (h < 0.5) \\ 2h - 1 & (0.5 \leqslant h < 1.0) \\ 1 & (1.0 \leqslant h \leqslant 2.0) \\ -h + 3 & (2.0 < h \leqslant 3.0) \\ 0 & (h > 3.0) \end{cases} \quad (4.2\text{-}1)$$

$$SI_v = \begin{cases} 0 & (v < 0.1) \\ 5v - 0.5 & (0.1 \leqslant v < 0.3) \\ 1 & (0.3 \leqslant v \leqslant 1.0) \\ -2h + 3 & (1.0 < v \leqslant 1.5) \\ 0 & (v > 1.5) \end{cases} \quad (4.2\text{-}2)$$

式中,SI_h 为水深适宜度函数;SI_v 为流速适宜度函数。

根据整治河段水生生物状况的历史资料,以及通过渔获物和鱼探仪相结合的生态调查与监测方法,确定整治河段的指示水生生物以及构成该水生生物栖息地生境因子及生境因子的时空分布。

采用渔获物、生物学、早期资源和鱼探仪等多种技术手段,探明整治工程建设前后受影响河段的鱼类资源变化情况、产卵场位置、规模大小,尤其是特有鱼类资源现状。同时,结合资源量、受威胁程度及其对环境敏感度,综合确定整治河段的指示性生物,一般可选择鱼类作为指示性生物。鱼类在水生生态系统处于食物链顶端,对其他种群的存在和丰度有着重大影响,且对水环境的变化敏感,如以单一鱼类物种作为指示物种的研究案例达47%,以鱼类种群作指示物种的案例达25%,以底栖动物的达20%。

可通过渔获物、鱼探仪等监测方法确定指示鱼类出现的位置,采用整治河段的三维水沙数学模型反演指示鱼类流速流态、水深、含沙量及覆盖物生境因子的时空分布特征。

可采用多元线性回归建立整治河段指示性物种响应与栖息地变量水深、流速及含沙量等生境因子之间的关系,获得水生生物对应单个生境因子的适宜性指数。统计整治河段指示鱼类在某一流速、水深、底质和含沙量等区间范围的出现频次作为该区间的适宜度,即指示水生生物对应生境因子的相对丰度,认为出现频次最高的区间适宜度为1,采用归一化处理即得到该指示生物对应水深、流速以及含沙量等各个生境因子的适宜度曲线。

划分区间采用Sturge计算最佳间隔:

$$I = \frac{R}{1 + 3.908 \times \lg N} \quad (4.2\text{-}3)$$

式中,I 为最佳间隔;R 为指标变化范围;N 为观察到的指示性生物的数量。

进一步地,根据三维水沙模型计算出整治河段的水深、流速及含沙量分布,结合整治河段指示性物种的栖息地生境因子适宜度曲线,该指示生物栖息地的适宜度模型建立如下:

$$WUA = \sum_{i=1}^{n} A_i \times HSI_i \quad (4.2\text{-}4)$$

$$HSI_i = \min(V_i, D_i, S_i) \quad (4.2\text{-}5)$$

式中,WUA 为整治河段区域指示水生生物的加权栖息地面积;A_i 为第 i 单元的表面积;HSI_i 为第 i 单元的栖息地生境因子综合适宜性,综合适宜度因子(Combined Suitability Factor, CSF)也可采用最小值法确定;V_i 为第 i 单元的流速适宜性指数;D_i 为第 i 单元的水深适宜性指数;S_i 为第 i 单元的含沙量适宜性指数(图 4.2-4 至图 4.2-6)。

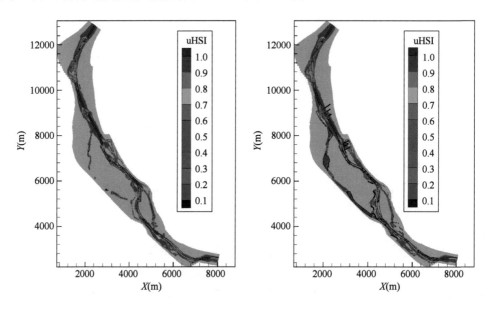

图 4.2-4　工程前后流速适宜度(uHSI)分布对比图(设计流量 Q=900m³/s)

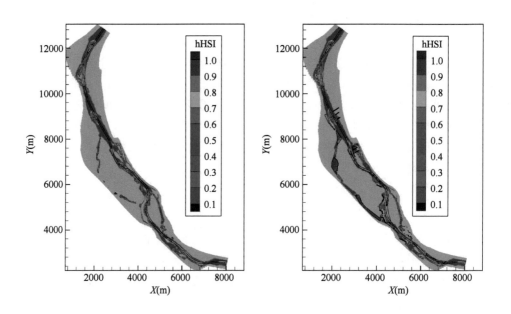

图 4.2-5　工程前后水深适宜度(hHSI)分布对比图(设计流量 Q=2250m³/s)

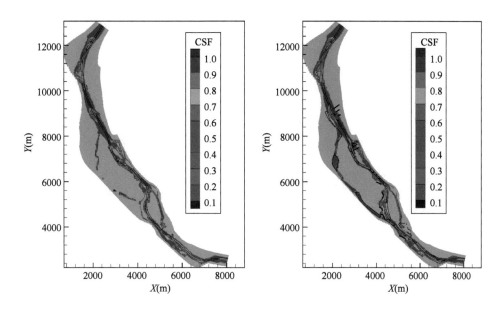

图 4.2-6 工程前后流速-水深组合适宜度分布对比图(设计流量 Q=15000m³/s)

最高通航流量 Q=15000m³/s,工程前,流速可用栖息地面积为257hm²,水深可用栖息地面积为183hm²,组合可用栖息地面积为135hm²,占总计算面积1592hm²的8.50%。工程后,流速可用栖息地面积为262hm²,水深可用栖息地面积为183hm²,组合可用栖息地面积为135hm²,占总计算面积1592hm²的8.47%。相比工程前,工程后流速栖息地增加5hm²,水深栖息地增加0hm²,组合栖息地增加0hm²,增加量占总计算面积的0%。总体来看,在最高通航流量条件下,洪水上滩,鱼类适宜栖息地均位于高滩上或沿滩边沿分布,整治工程对栖息地规模与分布的影响有限(图4.2-7至图4.2-9)。

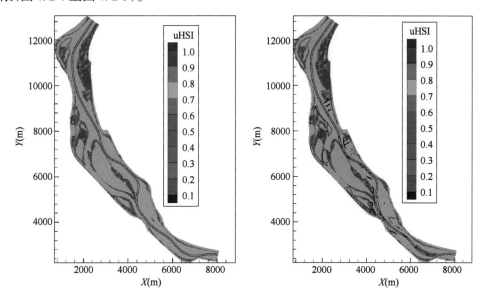

图 4.2-7 工程前后流速适宜度分布对比图(设计流量 Q=900m³/s)

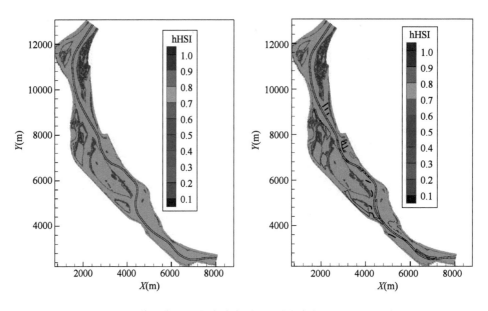

图4.2-8 工程前后水深适宜度分布对比图(设计流量 $Q=2250\text{m}^3/\text{s}$)

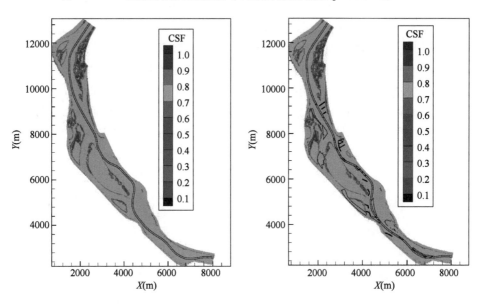

图4.2-9 工程前后流速-水深适宜度分布对比图(设计流量 $Q=15000\text{m}^3/\text{s}$)

5 山区河流生态航道整治工程布局设计方法和整治技术研究

本章结合山区河流航道整治工程特点与内容,基于河段水生生态监测成果与水沙环境变化与水生生态响应机制研究,运用鱼类栖息地演化模拟与评价技术,提出生态型工程布局设计方法与整治技术,并将其用于岷江霸王滩滩群航道整治生态建设方案。

5.1 生态型工程布局设计方法与整治技术

5.1.1 避让-减缓-补偿的层次原则

2019年生态环境部发布的《建设项目环境影响报告表编制技术指南(生态影响类)(试行)》提出:"建设项目应针对生态环境影响的对象、范围、时段、程度、参照环境影响评价相关技术导则要求,提出避让、减缓、修复、补偿、管理、监测等对策措施"。航道工程作为涉水开发的建设项目类型,对水域、陆域生态环境具有直接影响,故参照上述技术指南,提出避让、减缓和补偿的层次原则。

在避让层次,整治方案航路选择上,沿用习惯航路,尽可能少开辟新航路,以减少航道、航运对河床与水域面积的占用。例如水生生态调查确定的霸王滩左汊为鱼类历史产卵场,尽管航线经过霸王滩左汊具有较好的工程与经济效益,但为避开鱼类产卵场,航线选择走霸王滩右汊,航线呈S形,造成航道整治难度增加。

在减缓层次,因霸王滩滩群汊道纵横,航槽开挖后水位降落导致分流比发生较大变化,从而使非通航汊道过流量减少,降低水域淹没范围和横向连通性,产生一定程度的生态环境问题。因此,通过疏浚非通航汊道,降低因航道开挖所引起的分流比变化,尽可能保持汊道天然分流比。为保持霸王滩右汊与杀鱼滩汊道的水系连通,避免因筑坝工程造成汊道间水流、物质运动的阻隔,取消了原长顺坝、格坝群的设计,改用不影响水系连通的分散式丁顺坝设计。为减轻筑坝工程的影响,减少坝体对河床的占用,削弱坝体的阻水效应,优化坝体结构设计。选择透水、利用水生生物栖息附着的生态护岸,并在护岸枯水平台位置增设鱼巢砖作为镇脚,涉及护滩工程,采用条状间断守护,避免护滩工程覆盖自然滩地,造成水土连通性丧失和底栖生物死亡。采用透空型的扭王字块坝体护面,既能守护坝身免受冲蚀,又能营造丰富多样的坝面流态,块体内部与块体之间的空腔便于生物躲避栖息。非通航汊道的疏浚其一是为了保持汊道天然分流比,其二是保持非通航汊道枯水期与主河槽的水力连通,增加枯水期的水域淹没范围,增加水生生物栖息生境。

在补偿层次,在弃渣区洲头设置分流鱼嘴,利用鱼嘴所屏蔽所形成的缓流区域,构建利用生物栖息躲避和繁殖的空间,将其作为补偿工程生态环境影响的一项措施。选择不影响通航的河湾,构建生态涵养区,作为替代生境,利用透水镂空齿坝封湾,保持其与河道的水力连通,并在涵养区抛投石笼网袋、人工鱼礁等构件,丰富涵养区的生境形态。利用清礁弃渣进行采砂坑修复,构筑浅缓水域,抛投人工鱼巢等,同时保留鱼类的越冬场。

5.1.2 生态型工程布局设计方法

通航-生态融合的设计理论和方法是实现内河航道生态建设的重要途径。其包含平面布局生态化和生态型整治结构两方面。传统航道工程建设追求河流通航功能效益最大化,着重于航道尺度(水深-宽度-弯曲半径)条件对船舶航行要求的满足。作为河流水资源综合开发利用的重要方面,如今河流生态功能保护与修复上升到同等重要的地位,在开发河流通航功能的同时,需要兼顾河流生态功能的保护与修复。要求对传统航道工程设计理论和方法进行改进,将生态保护与修复的理念、思路和方法融入传统的设计理论与方法中,即开展航道工程生态设计。

整治工程平面布置与结构形式作为内河航道工程设计的两个重要方面,相应的设计理论和设计方法改进也应从这两个方面入手。在平面布置上研究平面布局生态化设计理论和方法,在整治结构形式上研究生态型新结构及其设计方法。

平面布局生态化设计理论以河流连通性保持和恢复为原则,开发河流通航功能的同时,兼顾河流生态功能的保护,在平面布置上对河流通航空间与生态空间进行统筹规划。注重航槽范围内水深、流速和流态满足船舶安全高效航行的前提下,同时关注对河流洪水边滩、河湾、汊道、江心洲、沙洲等浅水生境的保留与营造。设计方法以分析河流栖息生境变化对工程平面布局调整的响应为基础,以栖息生境面积大小、多样化水平和连通性强度等表征栖息地质量的因子为准则,对航线位置、整治建筑物类型、尺寸和间距等平面设计参数进行优化和规定。

5.1.3 生态型整治技术

生态型航道整治结构不仅要满足其航道整治功能的正常和稳定发挥,还需与周围水域陆域环境相适应,既能营造水生生物栖息、觅食和繁殖的微生境空间,又能与水域陆域环境相协调。开发具备物质自由交换、微生境营造和自然融入的装配式新结构,包括开发工业装配式护岸和护滩结构,透水型生态丁坝,航道内微生境营造顺坝,航道岸坡主动型防护堤,洲滩分流导堤布置等结构形式。核验结构物的基本航道整治功能,并研究结构物周围流场、地形变化以及生物种群类型、丰度和密度,通过对比分析结构物周围水生生物的分布状况和集聚效应,对整治新结构的生态性进行评述,并提炼出成套可行的航道整治结构生态性设计方法。

结合实际工程情况,对现有的常见于工程中的内河航道整治材料及结构形式进一步归纳汇总,从结构特点、优缺点及适用条件等诸多方面对结构进行对比分析,为新结构的设计提供参考,汇总结果见表 5.1-1。

内河航道整治坝体结构形式汇总表 表 5.1-1

坝体形式	结构特点	优越性	存在的问题	适用条件
堆石坝	坝体全部由石块构成	对于河床变形的适应性好,施工维修方便	坝体面层块石易滑落,当水流力和波浪力较大时,容易局部失稳	适用于块石来源比较丰富、河床变形大的河段
抛石棱体浆砌石墩混合坝	改进的堆石坝,上部为矩形浆砌石墩体,下部为梯形抛石体	外形美观,顶部整体性增强,不易损坏,在一定坝高条件下,能节省石料、节省投资	工程须分汛前、汛后两次施工,不能一气呵成,当坝体发生沉陷时,浆砌石墩容易断裂崩毁	适用于河床变形不大、施工水位较低的河段

续上表

坝体形式	结构特点	优越性	存在的问题	适用条件
沙枕块石坝	改进的堆石坝,以沙枕代替部分块石	就地取材、施工维修方便、造价低,适应沙质河床的变形	当盖面材料损坏后,造成沙枕外露,沙枕易破损、充填沙易流失,坝体破坏	适用于深水坝
沙枕模袋混凝土坝	改进的沙枕-块石坝,以模袋混凝土代替护面块石	结构稳定性好,面层整体性较强,能抵御强风浪冲击	坝芯局部变形易引起模袋混凝土护面的断裂	适用于河床变形较大、块石来源较少的河段
大型混凝土预制件坝	大型混凝土预制件构成坝体主体	整体性和抗冲性较强	混凝土件的预制和安装工序较复杂,在河床变形较大和沉陷不均匀时,混凝土件容易受力不均,导致混凝土预制件容易断裂和倾倒	适用于河床变形不大、波浪力大的河段
桩板坝	坝体由立桩与板体构成	结构整体性强	在水流冲击下,容易发生往复震动,招致疲劳破坏,同时板体与桩的连接要求精度高,施工难度大	适用于河床水深和变形不大的河段
卵石网兜块石坝	改进的堆石坝,以卵石网兜代替部分块石	整体性、柔性较好,可抛投和水下定位安放,计量方便,确保质量	石块装袋技术还不成熟	适用于水流力、波浪力较大、河床变形较大、卵石丰富的河段

从表5.1-1中可以看出,为了满足通航条件,维持航道尺度,整治坝体往往单独或组合使用整体性、抗冲性较好的块石、混凝土、沙枕、卵石网兜等材料,相应的结构包括抛石、砌石、现浇或预制块体以及其他的新型的整治坝体结构。这些结构都具有较高的抗冲性能和整体性,同时有着施工方便、造价低廉的优势,但是在工程实践中,这种"硬性"挡水结构也暴露出各种问题,有待解决,具体如下:

(1)由于材料多为不透水、无孔隙的硬性材料,在水流的长期冲刷侵蚀下容易导致基础被掏空或产生局部冲刷坑,坝体的稳定性降低,诱发结构水毁,耐久性大打折扣。

(2)由于材料整体性较好,所以在发生不均匀沉降,导致受力不均匀的情况下,构件很容易断裂损毁,导致结构破坏,失去整治功能。

(3)硬性的材料结构使得植被难以在坝体表面和内部附着,而研究发现植被根系可以起到加筋固土的作用。同时,水生生物和底栖生物也依赖于植被的丰茂,因此,采用硬性丁坝结构对丁坝附近生态系统造成了不利影响。

(4)丁坝的修建一定程度上降低了河流的纵向连通性,不利于鱼类的洄游索饵。

(5)近岸区是鱼类较为活跃的区域,丁坝坝田区域流速较缓,是鱼类和底栖生物的良好栖息地,但是与此同时,由于为了达到较好的整治效果,丁坝高程往往采用整治水位,洪水期,坝田淤积堵塞,而当水位下降,坝田冲刷,底质的不稳定,使底栖生物的栖息环境遭到破坏。

通过对现有整治坝体结构的总结分析发现,在传统的航道整治工程中,往往只注重航道"泄洪、排涝、蓄水、航运"的使用功能,忽视了河流原本应该发挥的生态调节的功能,现如今,以生态为主,实现多种建设功能成为发展的主流。生态型整治坝体是通过修建整治坝体后可满足通航要求的同时,利用其挡水作用,创造适宜水生生物生存的栖息生境,达到生态修复的目的。因此,在结构的设计中,应遵循以下原则:

(1)安全性原则。整治坝体的安全性是其正常发挥其整治功能和生态性的前提,具体表现为以下几点:

①强度。结构材料本身应具有一定强度,能够抵抗来流的冲撞,另外应根据结构位置受力的不同,选择不同强度的材料。例如,对受水流冲力较大的坝头和坝根位置,可以选用强度较大的材料;对受水流冲力较小的结构背坡,可以选用强度相对较小的材料。

②稳定性。保证整治坝体结构基本稳定,具有足够的稳定重量,保证其主体结构的基本完整,对容易引起局部失稳的部分加以保护。

③耐久性。整治坝体结构在水流的冲刷磨损下,使用寿命会大大缩减,因此需要考虑到整治坝体结构的耐久性,这也会影响结构后期的维护费用。

(2)功能性原则。坝体结构整治功能是工程建设的首要目的,所以需要确保结构具有良好的工程效果。具体表现为如下几点:

①束窄河床,冲深航道,维持航道水深。

②调整流向,控导河势。

③保护河岸免遭淘刷。

(3)生态性原则。生态型坝体在满足整治功能要求的同时,还应充分发挥整治坝体的生态功能,利用其后坝田缓流区营造水生生物栖息地,维护生态系统的稳定。

①不能对原有的生态系统造成破坏,减少整治坝体工程对河流生态系统的制约。

②栖息适宜性。考虑到工程河段水生生物种类和栖息特点,工程结构能够为其创造多样化流态,形成深槽与浅滩相间的地形环境,提高生物多样性。

③绿色性。结构材料绿色环保,植物能够附着,动物能够栖息接近。整治坝体结构能够与当地生态系统有机融合,成为自然环境的一部分。

④景观性。与周围环境景观协调,满足对水体景观的基本需求。

⑤人水和谐。满足良好的亲水性需求。自然河流航道,要以回归自然作为生态型整治坝体建设的主流,给人们提供舒适的休闲郊游空间和水域环境。

(4)经济性原则。

①施工方便。

②材料易得。

③便于生产。

以往仅仅从水动力学和结构力学的角度进行整治坝体设计,很少有结合生态学和水生生物需求端进行结构设计的。传统整治坝体设计过程中往往为了寻求工程效益最大化,将整治坝体设计为连续、不透水的实体结构。一方面,忽视了为水生生物留有栖息生境和洄游通道的问题,植物与动物难以在筑坝区域生长栖息,与其后坝田难以形成统一有机的生态圈,不利于整治坝体周围生境的维持;另一方面,整治坝体周围水流结构比较复杂,由于过流面积较小,使得整治坝体所在断面流速较大,在水流的长期冲刷下,坝体面层块石易滑落,造成局部失稳,植物也难以附着。

因此,需要开发一种局部可以过水,材料上绿色环保,生态上亲水友好地整治坝体结构,要求其既能够减小河流的冲刷,保证坝体的稳定,满足通航的需要,又能为动植物营造良好的栖息环境。航道整治坝体在实现束窄水流、控导水沙、稳定边滩和防护岸坡功能的同时,也容易在近岸坝田区形成大片连续型淤积体,而近岸浅滩因其多样化的生境条件是水生生物重要的栖息地。为提高近岸浅滩的生境条件,恢复主流与边滩的连通性,在整治坝体坝身上开挖过流槽,使上下游坝体形成连续的过流通道。

5.2 岷江霸王滩滩群航道整治生态建设方案

按照避让、减缓、补偿的层次原则,结合霸王滩滩群航道整治特点与内容,提出以下建设方案:

避让层次:沿用历史习惯航路,尽可能少开辟新航路,减少因航道工程升级占用自然河床与水域面积。坚持生态优先,生态选汊,涉及通航汊道选择问题,研究汊道生态功能,通过水生生态调查监测,了解到霸王滩左汊为鱼类历史产卵场,为保留该鱼类产卵场功能,尽管航线经过霸王滩左汊具有较好的工程与经济效益,但为避开鱼类产卵场,航线选择走霸王滩右汊,航线呈S形,造成航道整治难度增加,但其具有直接的生态效益。霸王滩生态选汊见表5.2-1。

霸王滩滩群航道生态建设技术内容　　　　表5.2-1

层次	内容	说明
避让(A)	航路选择	沿用习惯航路,尽可能少开辟新航路
	生态选汊	避让鱼类产卵场
减缓(B)	分流比	保持原汊道分流比
	水系连通	取消长顺坝、格坝群设计,改用间断丁顺坝
	弱化筑坝影响	减少河床占用,优化坝长、坝高
	生态护岸(滩)	透水护岸、植草护坡、鱼巢镇脚、条状间断守护
	生态护面	扭王字块空腔坝体护面
	枯水水力连通	汊道疏浚
补偿(C)	洲头(近岸)浅水生境	弃渣区洲头设置分流鱼嘴
	河湾生态涵养区	构建浅缓水域,石笼封湾,抛投人工鱼巢与底栖构件
	采砂坑修复	设置弃渣区、抛投人工构件,构筑浅缓水域、越冬场

5.2.1 航道工程实施多汊道分流量调整变化

霸王滩滩群自永乐坝始,终于岗子坪,全长约10km,该河段内分布较大的洲滩分别是皇天坝大洲、斑竹林浅滩、杀鱼滩和霸王滩。其分流情况如下:皇天坝大洲分左右两汊,左汊道为主河道,右汊道有限分流,其中,左汊道在中枯水流量下被斑竹林浅滩分为左右两汊,左汊因无序采砂形成深潭,右汊选为本航道工程的通航汊道。

杀鱼滩位于皇天坝大洲右汊道的尾部,下接霸王滩,因杀鱼滩右汊入口处高程较高,水流常年走左汊,右汊仅中洪水期存在过流。

霸王滩位于该河段尾部,中枯水期将来流一分为三,左侧两股水流分流后再次汇流,该汊道也是鱼类的历史产卵场,尽管右汊河道弯曲、水浅流急,本次航道工程将其作为通航汊道(图5.2-1)。

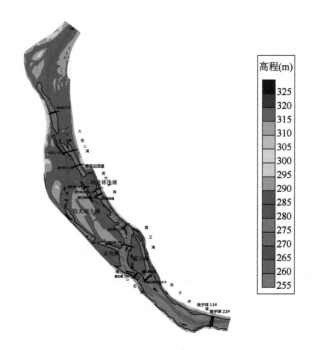

图5.2-1　霸王滩滩群汊道分布与流量施测断面

5.2.1.1　分流比分析

霸王滩滩群共设12个流量施测断面,进行了3个不同时期的测次,分别为2020年12月8日(10~15号断面,岗子坪滩过流量2160m³/s)、2021年2月23日(17~22号断面,岗子坪滩过流量746m³/s)和2021年8月6日(17~22号断面,岗子坪滩过流量5103m³/s),以上3个测次分别对应中水、枯水和洪水不同水期,具有较好的代表性(表5.2-2)。

霸王滩滩群流量施测断面一览　　　　　　　　表5.2-2

测流日期	断面编号	水位(m)	流量(m³/s)	位置
2020年12月8日	1	302.14	2158.26	
	2	299.78	906.17	
	3	299.91	1301.72	
	4	299.46	2213.59	
	5	296.38	1058.74	—
	6	296.55	1101.74	
	7	296.23	2143.61	—
	8	290.44	2074.23	—

续上表

测流日期	断面编号	水位(m)	流量(m³/s)	位置
2020年12月8日	9	290.44	2161.53	—
	10	284.51	2166.73	大浩口
	11	284.34	1824.8	斑竹林
	12	282.81	968.04	斑竹林汊道
	13	281.85	1494.77	蛮洞溪
	14	281.05	1214.8	霸王滩
	15	277.32	2160.48	岗子坪
2021年2月23日	17	283.71	717.34	永乐坝
	18	282.45	291.724	斑竹林
	19	281.18	452.777	斑竹林汊道
	20	278.21	655.112	霸王滩
	21	278.19	78.014	霸王滩汊道
	22	275.65	745.832	岗子坪
2021年8月6日	17	286.86	5081.589	永乐坝
	18	284.46	1682.751	斑竹林
	19	284.62	2411.055	斑竹林汊道
	20	—	—	霸王滩
	21	—	—	霸王滩汊道
	22	279.65	5103.143	岗子坪

5.2.1.2 分流比验证

分别模拟3个不同时期测次所对应流量级，主要施测断面的实测流量与模拟流量对比见表5.2-3至表5.2-5。

实测流量与模拟流量对比（2021年2月测次） 表5.2-3

断面编号	水位(m)	实测流量(m³/s)	测流日期	位置	模拟流量(m³/s)	差值(m³/s)
17	283.71	717	2021/2/23	永乐坝	754	37
18	282.45	292	2021/2/23	斑竹林	323	31
19	281.18	453	2021/2/23	斑竹林汊道	462	9
20	278.21	655	2021/2/23	霸王滩	701	46
21	278.19	78	2021/2/23	霸王滩汊道	33	−45
22	275.65	746	2021/2/23	岗子坪	787	41

实测流量与模拟流量对比（2020年12月测次） 表5.2-4

断面编号	水位(m)	实测流量(m³/s)	测流日期	位置	模拟流量(m³/s)	差值(m³/s)
10	284.51	2167	2020/12/8	大浩口	2264	97

续上表

断面编号	水位(m)	实测流量(m³/s)	测流日期	位置	模拟流量(m³/s)	差值(m³/s)
11	284.34	1825	2020/12/8	斑竹林	1917	92
12	282.81	968	2020/12/8	斑竹林汊道	1046	78
13	281.85	1495	2020/12/8	蛮洞溪	1437	−57
14	281.05	1215	2020/12/8	霸王滩	1201	−14
15	277.32	2161	2020/12/8	岗子坪	2285	124

实测流量与模拟流量对比（2021年8月测次） 表5.2-5

断面编号	水位(m)	实测流量(m³/s)	测流日期	位置	模拟流量(m³/s)	差值(m³/s)
17	286.86	5082	2021/8/6	永乐坝	5142	60
18	284.46	1683	2021/8/6	斑竹林	1864	181
19	284.62	2411	2021/8/6	斑竹林汊道	2451	40
20			2021/8/6	霸王滩		
21			2021/8/6	霸王滩汊道		
22	279.65	5103	2021/8/6	岗子坪	5190	87

5.2.1.3 分流比变化

研究选择设计流量（$Q=900$m³/s）、整治流量（$Q=2250$m³/s）和最高通航流量（$Q=15000$m³/s）3级流量条件下，按整治工程设计方案实施前后，4个主要分流洲滩的分流比变化。

设计流量（$Q=900$m³/s）条件下：

(1) 皇天坝左右汊道分流，整治工程前左汊分流98.2%、右汊分流1.8%；整治工程后左汊分流92.6%、右汊分流7.4%，因右汊入口位置疏浚，增大了右汊分流。

(2) 斑竹林浅滩右汊作为通航汊道，整治工程前右汊分流41.6%；左汊为采挖区域，分流58.4%。整治工程后右汊分流67.5%，左汊分流32.5%。原因可能是航道内疏浚，采挖区域作为疏浚土回填区所引起的分流比调整。

(3) 将杀鱼滩右汊作为主要过流通道对其出口霸王滩航道整治具有积极意义。整治工程前水流全部走左汊，整治工程后88.7%水流走右汊，剩余11.3%水流走左汊，相比整治工程前的100%有大幅下降。一方面，相比左汊出口流向，右汊出口位置水流方向与霸王滩航线交角较小，避免因水流入汇所产生的横流影响；另一方面，相比左汊出流，右汊出流绕过了霸王滩滩险，降低了因入汇流量增加所导致的整治难度加大。

(4) 霸王滩在整治工程前，右汊分流92.4%、左汊分流7.6%；整治工程后，右汊分流95.7%、左汊分流4.3%。

整治流量（$Q=2250$m³/s）条件下：

(1) 皇天坝左右汊道分流，整治工程前左汊分流88.4%、右汊分流11.6%；整治工程后左汊分流87.3%、右汊分流12.7%，因右汊入口位置疏浚，增大了右汊分流。

(2) 斑竹林滩右汊作为通航汊道，整治工程前右汊分流46%，左汊为采挖区域，分流54%；整治工程后右汊分流57.4%、左汊分流42.6%，原因可能是航道内疏浚，采挖区域作为疏浚土回填区所引起的分流比调整。

(3)杀鱼滩右汊作为主要过流通道对其出口霸王滩航道整治具有积极意义。工程前水流全部走左汊，工程后84.6%水流走右汊，剩余15.4%水流走左汊，相比工程前100%有大幅下降。一方面，相比左汊出口流向，右汊出口位置水流方向与霸王滩航线交角较小，避免因水流入汇所产生的横流影响；另一方面，相比左汊出流，右汊出流绕过了霸王滩滩险，降低了因入汇流量增加所导致的整治难度加大。

(4)霸王滩整治工程前右汊分流81.9%、左汊分流18.1%；整治工程后右汊分流85.2%、左汊分流14.8%。

最高通航流量(Q=15000m³/s)条件下：

(1)皇天坝左右汊道分流，整治工程前左汊分流70.50、右汊分流29.50%；整治工程后左汊分流69.10%、右汊分流30.90%，因右汊入口位置疏浚，增大了右汊分流。

(2)斑竹林滩因水流上滩，不分流。

(3)杀鱼滩整治工程前左汊分流83.70%、右汊分流16.30%；整治工程后左汊分流70.50%、右汊分流29.50%。

(4)霸王滩因水流上滩，不分流。

综上所述：

(1)皇天坝大洲左汊通航，整治工程后，三级流量对应左汊分流分别减少5.6%，1.1%和1.4%，右汊过流略有增加。

(2)斑竹林浅滩右汊通航，整治工程后，三级流量对应左汊分流分别减少25.9%，11.4%，15000m³/s流量未分流，右汊过流增加明显。

(3)杀鱼滩左右汊均不通航，整治工程后，三级流量对应左汊分流分别减少88.7%，84.6%和13.2%，右汊作为主要过流通道。

(4)霸王滩右汊通航，整治工程后，三级流量对应左汊分流均减少3.3%，15000m³/s流量不分流，右汊分流略微增加。

(5)从结果来看，分流比变化随来流量增加而减少（表5.2-6）。

霸王滩滩群主要分流洲滩不同流量级条件下整治工程前后分流比变化 表5.2-6

分流洲滩	汊道名称	功能	分流比（整治工程前）(%)			分流比（整治工程后）(%)			分流比调整(%)		
			900 m³/s	2250 m³/s	15000 m³/s	900 m³/s	2250 m³/s	15000 m³/s	900 m³/s	2250 m³/s	15000 m³/s
皇天坝大洲	皇天坝（左汊）	通航	98.20	88.40	70.50	92.60	87.30	69.10	-5.60	-1.10	-1.40
	皇天坝（右汊）	非通航	1.80	11.60	29.50	7.40	12.70	30.90	5.60	1.10	1.40
斑竹林浅滩	斑竹林（左汊）	非通航	58.40	54	不分流	32.50	42.60	不分流	-25.90	-11.40	
	斑竹林（右汊）	通航	41.60	46		67.50	57.40		25.90	11.40	0.00

续上表

分流洲滩	汊道名称	功能	分流比(整治工程前)(%)			分流比(整治工程后)(%)			分流比调整(%)		
			900 m³/s	2250 m³/s	15000 m³/s	900 m³/s	2250 m³/s	15000 m³/s	900 m³/s	2250 m³/s	15000 m³/s
杀鱼滩	杀鱼滩(左汊)	非通航	100	100	83.70	11.30	15.40	70.50	-88.70	-84.60	-13.20
	杀鱼滩(右汊)	非通航	0	0	16.30	88.70	84.60	29.50	88.70	84.60	13.20
霸王滩	霸王滩(左汊)	非通航	7.60	18.10	不分流	4.30	14.80	不分流	-3.30	-3.30	
	霸王滩(右汊)	通航	92.40	81.90		95.70	85.20		3.30	3.30	0.00

5.2.2 水动力分析

5.2.2.1 水位变化

(1)整治工程前后主航槽内水位、水深沿程变化情况如图5.2-2至图5.2-7所示。

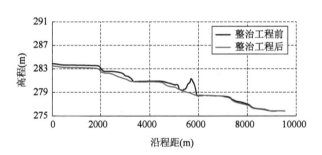

图5.2-2 整治工程前后主航槽沿程水面线对比(Q=900m³/s)

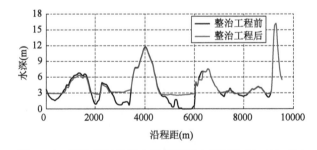

图5.2-3 整治工程前后主航槽沿程水深对比(Q=900m³/s)

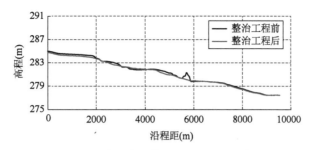

图5.2-4 整治工程前后主航槽沿程水面线对比（$Q=2250\text{m}^3/\text{s}$）

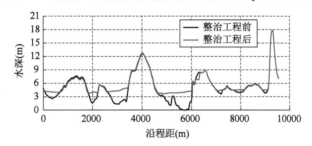

图5.2-5 整治工程前后主航槽沿程水深对比（$Q=2250\text{m}^3/\text{s}$）

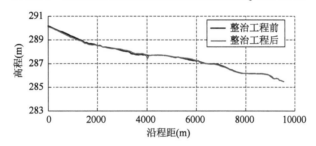

图5.2-6 整治工程前后主航槽沿程水面线对比（$Q=15000\text{m}^3/\text{s}$）

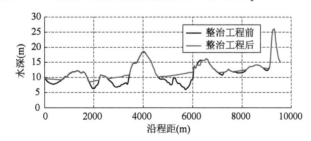

图5.2-7 整治工程前后主航槽沿程水深对比（$Q=15000\text{m}^3/\text{s}$）

(2)整治工程前后皇天坝汊道沿程水位变化情况如图5.2-8至图5.2-13所示。

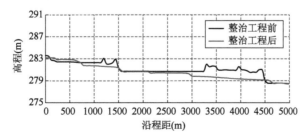

图5.2-8 整治工程前后皇天坝汊道沿程水面线对比（$Q=900\text{m}^3/\text{s}$）

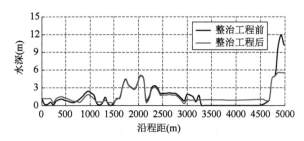

图 5.2-9　整治工程前后皇天坝汊道沿程水深对比（$Q=900\text{m}^3/\text{s}$）

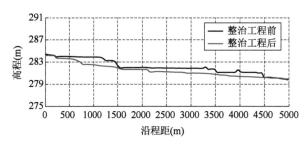

图 5.2-10　整治工程前后皇天坝汊道沿程水面线对比（$Q=2250\text{m}^3/\text{s}$）

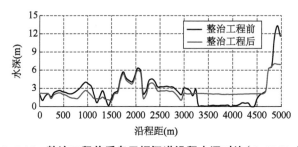

图 5.2-11　整治工程前后皇天坝汊道沿程水深对比（$Q=2250\text{m}^3/\text{s}$）

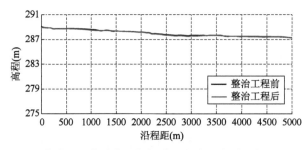

图 5.2-12　整治工程前后皇天坝汊道沿程水面线对比（$Q=15000\text{m}^3/\text{s}$）

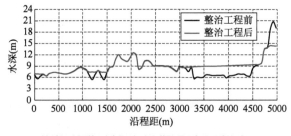

图 5.2-13　整治工程前后皇天坝汊道沿程水深对比（$Q=15000\text{m}^3/\text{s}$）

（3）整治工程前后杀鱼滩左汊水位变化情况如图5.2-14至图5.2-19所示。

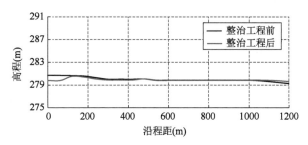

图5.2-14　整治工程前后杀鱼滩左汊沿程水面线对比（Q=900m³/s）

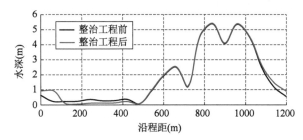

图5.2-15　整治工程前后杀鱼滩左汊沿程水深对比（Q=900m³/s）

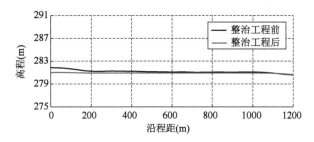

图5.2-16　整治工程前后杀鱼滩左汊沿程水面线对比（Q=2250m³/s）

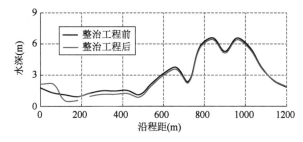

图5.2-17　整治工程前后杀鱼滩左汊沿程水深对比（Q=2250m³/s）

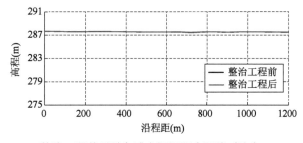

图5.2-18　整治工程前后杀鱼滩左汊沿程水面线对比（Q=15000m³/s）

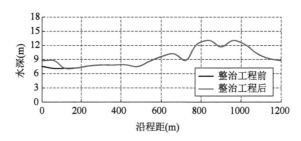

图 5.2-19　整治工程前后杀鱼滩左汊沿程水深对比（Q=15000m³/s）

（4）整治工程前后霸王滩左汊水位变化情况如图 5.2-20 至图 5.2-25 所示。

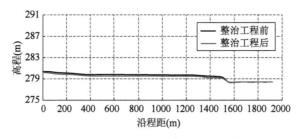

图 5.2-20　整治工程前后霸王滩左汊沿程水面线对比（Q=900m³/s）

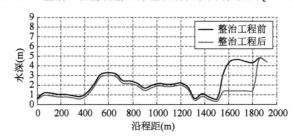

图 5.2-21　整治工程前后霸王滩左汊沿程水深对比（Q=900m³/s）

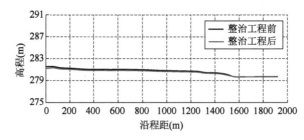

图 5.2-22　整治工程前后霸王滩左汊沿程水面线对比（Q=2250m³/s）

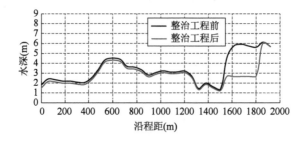

图 5.2-23　整治工程前后霸王滩左汊沿程水深对比（Q=2250m³/s）

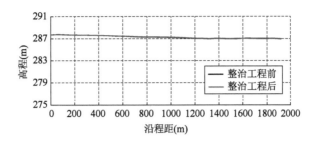

图 5.2-24 整治工程前后霸王滩左汊沿程水面线对比（$Q=15000\text{m}^3/\text{s}$）

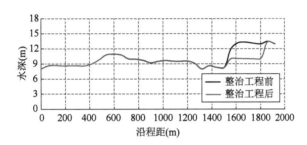

图 5.2-25 整治工程前后霸王滩左汊沿程水深对比（$Q=15000\text{m}^3/\text{s}$）

5.2.2.2 水域淹没范围变化

模型采用曲线正交网格，共划分152276个计算单元，平均单元面积105m²，最大单元面积378m²，最小单元面积33m²，计算域总面积1.59×10⁷m²。水域淹没范围以单元中心水深≥0.001m为统计准则，凡满足此准则的单元均认为是淹没区域。统计结果见表5.2-7。

不同计算工况下的水域淹没范围变化 表5.2-7

工况		水域淹没面积(m²)	计算域面积(m²)	面积占比(%)
整治工程前	900m³/s	6345577	1.59×10⁷	39.85
	2250m³/s	7108326	1.59×10⁷	44.64
	15000m³/s	12710060	1.59×10⁷	79.82
整治工程后	900m³/s	6584572	1.59×10⁷	41.35
	2250m³/s	7213049	1.59×10⁷	45.30
	15000m³/s	12715110	1.59×10⁷	79.85

相比整治工程前，整治方案实施后，水域淹没范围均有不同程度增加，其中，设计流量（$Q=900\text{m}^3/\text{s}$）增加约1.5%，整治流量（$Q=2250\text{m}^3/\text{s}$）增加约0.66%，最高通航流量（$Q=15000\text{m}^3/\text{s}$）增加约0.03%。

5.2.2.3 流速变化

(1)整治工程前后航道沿程流速如图5.2-26至图5.2-28所示。

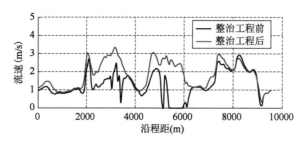

图 5.2-26　整治工程前后主航槽沿程流速对比（$Q=900\text{m}^3/\text{s}$）

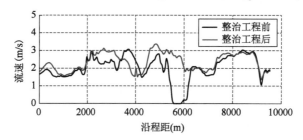

图 5.2-27　整治工程前后主航槽沿程流速对比（$Q=2250\text{m}^3/\text{s}$）

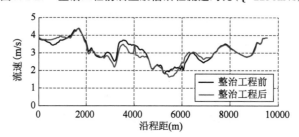

图 5.2-28　整治工程前后主航槽沿程流速对比（$Q=15000\text{m}^3/\text{s}$）

（2）整治工程前后主要汊道沿程流速如图 5.2-29 至图 5.2-37 所示。

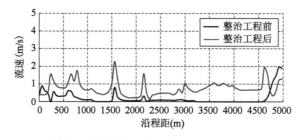

图 5.2-29　整治工程前后皇天坝汊道沿程流速对比（$Q=900\text{m}^3/\text{s}$）

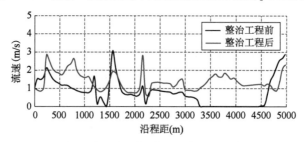

图 5.2-30　整治工程前后皇天坝汊道沿程流速对比（$Q=2250\text{m}^3/\text{s}$）

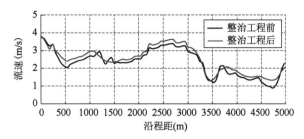

图 5.2-31　整治工程前后皇天坝汊道沿程流速对比（Q=15000m³/s）

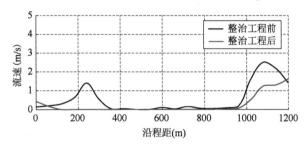

图 5.2-32　整治工程前后杀鱼滩左汊沿程流速对比（Q=900m³/s）

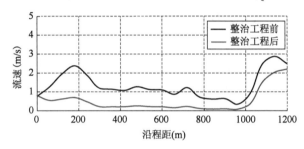

图 5.2-33　整治工程前后杀鱼滩左汊沿程流速对比（Q=2250m³/s）

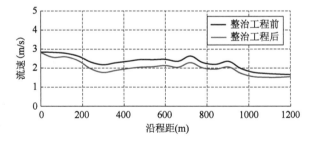

图 5.2-34　整治工程前后杀鱼滩左汊沿程流速对比（Q=15000m³/s）

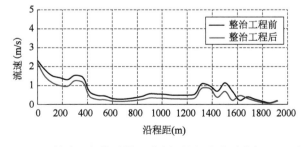

图 5.2-35　整治工程前后霸王滩左汊沿程流速对比（Q=900m³/s）

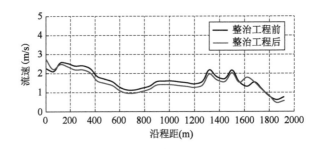

图 5.2-36　整治工程前后霸王滩左汊沿程流速对比（$Q=2250\text{m}^3/\text{s}$）

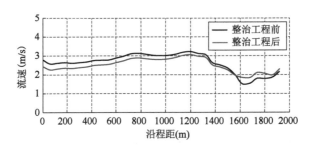

图 5.2-37　整治工程前后霸王滩左汊沿程流速对比（$Q=15000\text{m}^3/\text{s}$）

5.2.2.4　流速-水深分区间统计

通过对整治工程前后流速-水深分区间进行统计分析，可以掌握不同流速、水深范围受工程实施影响所产生的变化，包括面积规模与空间分布变化（图 5.2-38 至图 5.2-40，表 5.2-8 至表 5.2-10）。

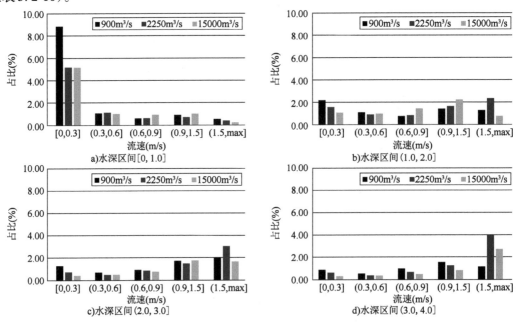

图　5.2-38

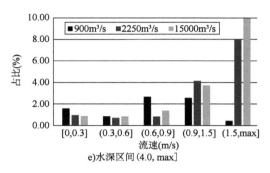

e)水深区间(4.0, max]

图 5.2-38　整治工程前不同流量下流速-水深分区间面积占比

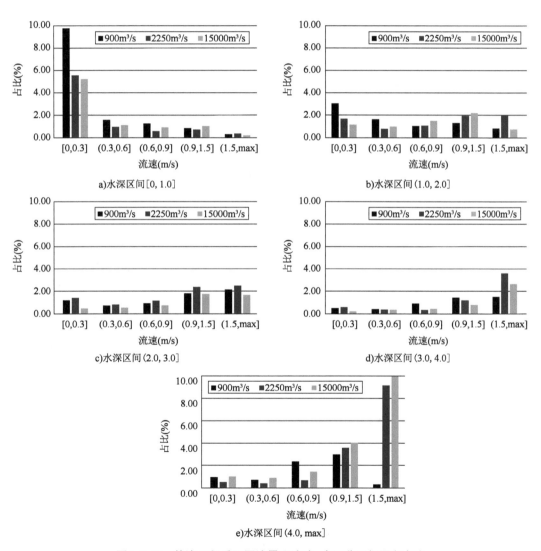

图 5.2-39　整治工程后不同流量下流速-水深分区间面积占比

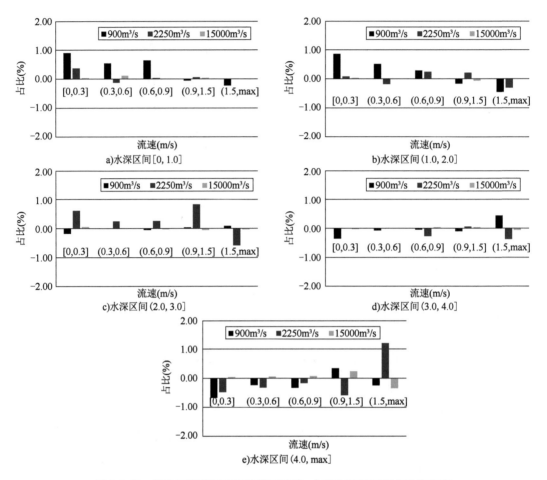

图 5.2-40 整治工程前后不同流量下流速-水深分区间面积占比变化率

整治工程前流速-水深分区间面积百分比(占计算域面积)(%) 表 5.2-8

流速区间 (m/s)	水深区间(m)														
	[0,1.0]			(1.0,2.0]			(2.0,3.0]			(3.0,4.0]			(4.0,max]		
	900 m³/s	2250 m³/s	15000 m³/s	900 m³/s	2250 m³/s	15000 m³/s	900 m³/s	2250 m³/s	15000 m³/s	900 m³/s	2250 m³/s	15000 m³/s	900 m³/s	2250 m³/s	15000 m³/s
[0, 0.3]	8.84	5.20	5.21	2.26	1.64	1.15	1.41	0.83	0.49	0.90	0.63	0.29	2	1	0.95
(0.3, 0.6]	1.10	1.16	1.06	1.16	0.99	1.04	0.76	0.58	0.58	0.53	0.40	0.40	0.95	0.77	0.86
(0.6, 0.9]	0.64	0.64	0.98	0.82	0.89	1.50	1.02	0.95	0.80	1.03	0.68	0.49	2.69	0.88	1.40
(0.9, 1.5]	0.95	0.73	1.05	1.50	1.74	2.26	1.81	1.58	1.84	1.58	1.25	0.83	2.63	4.20	4
(1.5, max]	0.59	0.41	0.25	1.32	2.38	0.79	2.10	3.08	2	1.12	4	3	0.51	7.98	47

工程后流速-水深分区间面积百分比(占计算域面积)(%)　　　　表5.2-9

流速区间(m/s)	水深区间(m)													
	[0,1.0]			(1.0,2.0]			(2.0,3.0]			(3.0,4.0]			(4.0,max]		
	900 m³/s	2250 m³/s	15000 m³/s	900 m³/s	2250 m³/s	15000 m³/s	900 m³/s	2250 m³/s	15000 m³/s	900 m³/s	2250 m³/s	15000 m³/s	900 m³/s	2250 m³/s	15000 m³/s
[0,0.3]	9.74	5.56	5.23	3.12	1.71	1.18	1.22	1.44	0.53	0.56	0.64	0.28	1	1	0.98
(0.3,0.6]	1.64	1.03	1.17	1.68	0.80	1.03	0.75	0.82	0.58	0.47	0.42	0.41	0.72	0.44	0.90
(0.6,0.9]	1.28	0.66	0.99	1.10	1.12	1.50	0.96	1.18	0.76	1.00	0.41	0.52	2.36	0.70	1.47
(0.9,1.5]	0.90	0.79	1.07	1.32	1.95	2.19	1.84	2.40	1.78	1.48	1.24	0.82	2.98	3.62	4
(1.5,max]	0.37	0.41	0.25	0.87	2.07	0.79	2.17	2.48	2	1.56	4	3	0.28	9.21	47

工程前后流速-水深分区间面积百分比变化率(占计算域面积)(%)　　　　表5.2-10

流速区间(m/s)	水深区间(m)													
	[0,1.0]			(1.0,2.0]			(2.0,3.0]			(3.0,4.0]			(4.0,max]		
	900 m³/s	2250 m³/s	15000 m³/s	900 m³/s	2250 m³/s	15000 m³/s	900 m³/s	2250 m³/s	15000 m³/s	900 m³/s	2250 m³/s	15000 m³/s	900 m³/s	2250 m³/s	15000 m³/s
[0,0.3]	0.90	0.36	0.02	0.86	0.07	0.03	-0.19	0.61	0.04	-0.34	0.01	-0.01	-0.67	-0.49	0.03
(0.3,0.6]	0.54	-0.13	0.11	0.52	-0.19	-0.01	-0.01	0.24	0.00	-0.06	0.02	0.01	-0.23	-0.33	0.04
(0.6,0.9]	0.64	0.02	0.01	0.28	0.23	0.00	-0.06	0.23	-0.04	-0.03	-0.27	0.03	-0.33	-0.18	0.07
(0.9,1.5]	-0.05	0.06	0.02	-0.18	0.21	-0.07	0.03	0.82	-0.06	-0.10	-0.01	-0.01	0.35	-0.58	0.24
(1.5,max]	-0.22	0.00	0.00	-0.45	-0.31	0.00	0.07	-0.60	-0.04	0.44	-0.38	-0.06	-0.23	1.23	-0.35

(1)设计流量 Q=900m³/s 条件下,通过工程整治,水深不大于3.0m水域范围由26.28%增加至28.96%,从水域淹没分布图可以看出,增加区域主要有2处,1处位于杀鱼滩右汊,现状不过流,工程后过流,水域面积增加;1处位于霸王滩左汊尾部的缓流区,现状为挖采区,工程后疏浚土弃渣回填后水深变小(图5.2-41至图5.2-43)。

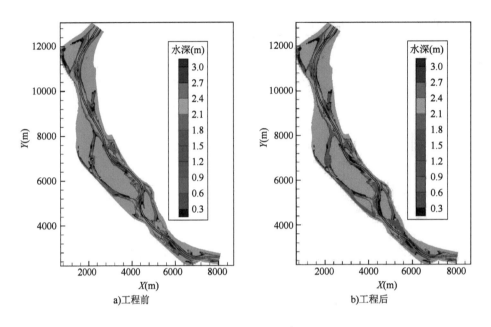

图 5.2-41　水深不大于3.0m水域淹没分布图（设计流量 Q=900m³/s）

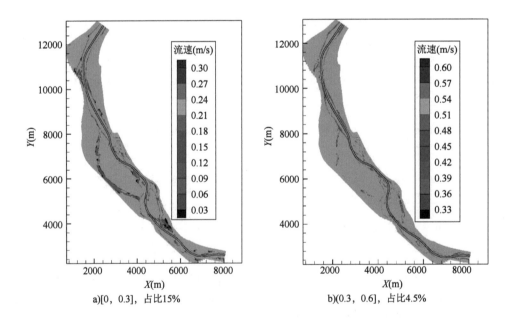

图　5.2-42

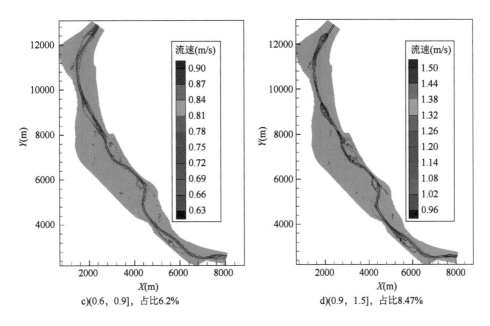

c)(0.6, 0.9]，占比6.2%　　　　　　d)(0.9, 1.5]，占比8.47%

图 5.2-42　工程前不同流速区间范围分布图（设计流量 $Q=900\text{m}^3/\text{s}$）

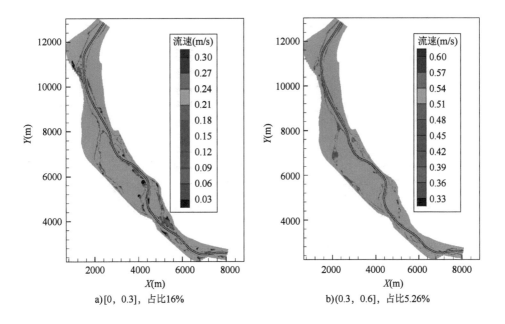

a)[0, 0.3]，占比16%　　　　　　b)(0.3, 0.6]，占比5.26%

图 5.2-43

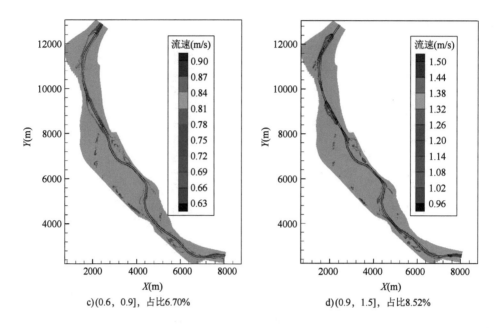

c)(0.6，0.9]，占比6.70%　　　　　d)(0.9，1.5]，占比8.52%

图 5.2-43　工程后不同流速区间范围分布图（设计流量 Q=900m³/s）

（2）设计流量 Q=2250m³/s 条件下，通过工程整治，水深不大于3.0m水域范围由22.80%增加至24.42%，从水域淹没分布图可以看出，增加区域依然为杀鱼滩右汊和霸王滩左汊（图5.2-44至图5.2-46）。

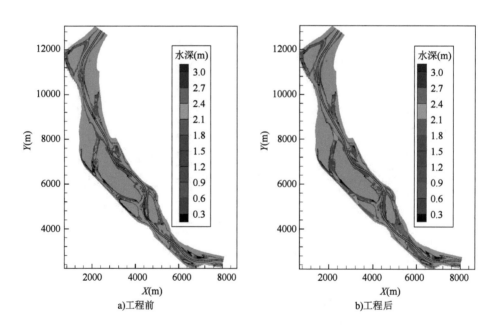

a)工程前　　　　　　　　　　　　b)工程后

图 5.2-44　水深不大于3.0m水域淹没分布图（设计流量 Q=2250m³/s）

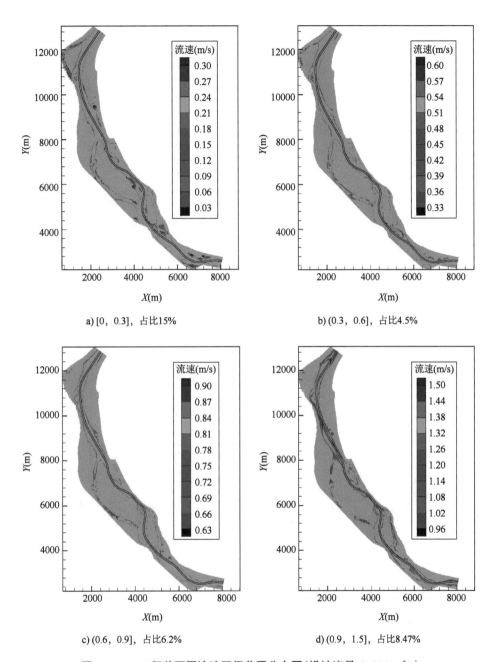

图 5.2-45　工程前不同流速区间范围分布图（设计流量 $Q=2250\text{m}^3/\text{s}$）

（3）最高通航流量 $Q=15000\text{m}^3/\text{s}$ 条件下,通过工程整治水深不大于 3.0m 水域范围由 20.74% 增加至 20.75%,变化不大。从水域淹没分布图可以看出,随着流量增加,淹没范围逐步向滩沿和滩面发展,工程实施对淹没范围的影响有限。从工程前后分区间流速分布图可以看出,各流速区间工程前后规模与分布变化不大（图 5.2-47 至图 5.2-50）。

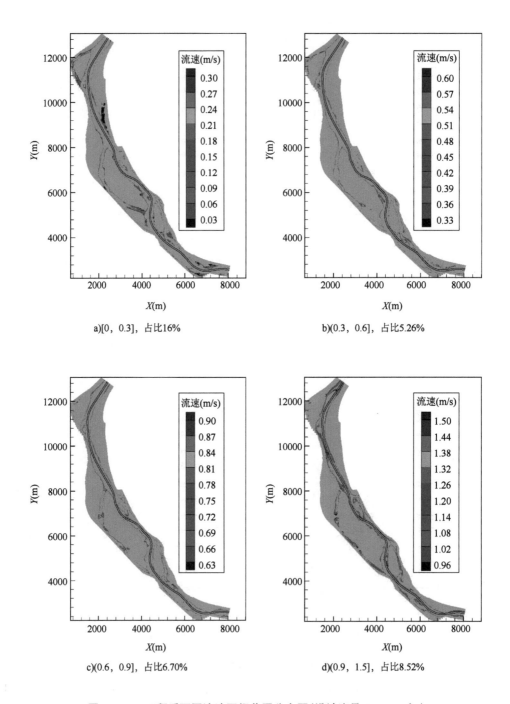

图 5.2-46 工程后不同流速区间范围分布图(设计流量 $Q=2250\text{m}^3/\text{s}$)

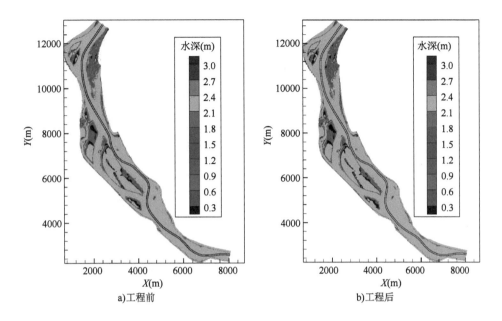

图 5.2-47 水深不大于 3.0m 水域淹没分布图（设计流量 $Q=15000\text{m}^3/\text{s}$）

a) 工程前　　　　　　　　　　　　　b) 工程后

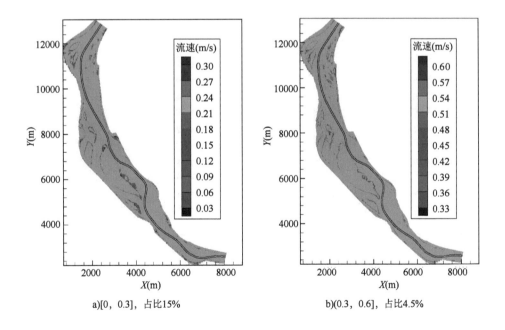

a)[0, 0.3]，占比15%　　　　　　　b)(0.3, 0.6]，占比4.5%

图　5.2-48

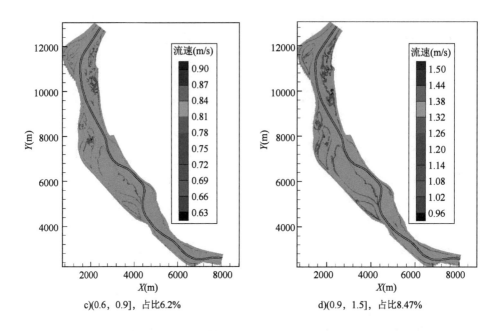

c)(0.6, 0.9], 占比6.2%　　　　　d)(0.9, 1.5], 占比8.47%

图5.2-48　工程前不同流速区间范围分布图（设计流量 Q=15000m³/s）

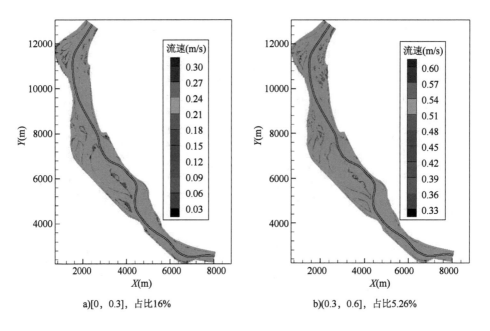

a)[0, 0.3], 占比16%　　　　　b)(0.3, 0.6], 占比5.26%

图　5.2-49

5 山区河流生态航道整治工程布局设计方法和整治技术研究

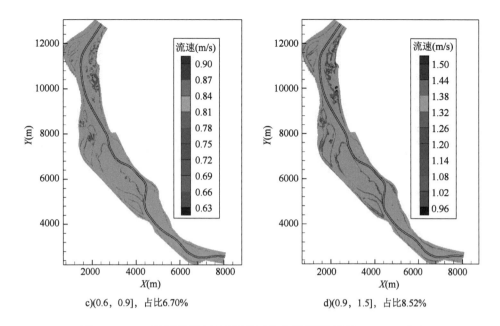

c)(0.6, 0.9], 占比6.70%　　　　　　d)(0.9, 1.5], 占比8.52%

图 5.2-49　工程后不同流速区间范围分布图（设计流量 $Q=15000\text{m}^3/\text{s}$）

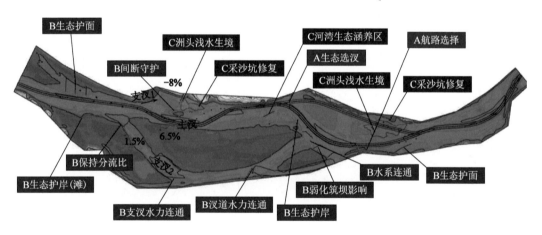

图 5.2-50　霸王滩滩群航道生态建设技术内容

6 通航-生态融合生态型航道整治建筑物新结构研发

6.1 工程河段生态结构设计

6.1.1 新型生态堤身设计

(1)齿形开孔潜坝。

通过考虑喜流水性代表性鱼类的生境需求和水动力条件喜好,设计了一种齿形开孔潜坝结构形式(图 6.1-1),从增加透空性和水流多样性为出发点。通过增加透空性,为鱼类提供了更多的栖息空间和通行路径。这样,它们可以更自由地游动和迁徙,有助于维持鱼类种群的多样性和稳定性。此外,通过齿形结构设计,营造多形态水流,这种水流多样性有助于增加水体中的氧气含量和水中悬浮物的悬浮度,提供了更适宜鱼类生存的环境。为了验证设计效果,运用三维数值水槽和室内水槽试验的方法进行了模拟。通过精细模拟,能够准确地观察到丁坝坝体周围及内部的流场、流速和紊动等水动力特性。在保证结构稳定性和工程效果的前提下,优化坝体的设计,确保其具备高速强紊动水流的生态效益。

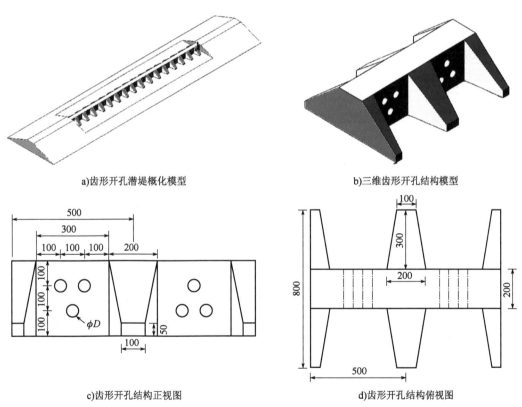

a)齿形开孔潜堤概化模型　　　　　b)三维齿形开孔结构模型

c)齿形开孔结构正视图　　　　　d)齿形开孔结构俯视图

图 6.1-1　齿形开孔潜坝示意图和尺寸(尺寸单位:cm)

(2)多 V 形抛石坝。

多 V 形抛石坝采用的抛筑材料有块石、预制扭王字块混凝土构件、预制实心混凝土构件、钢筋等(图 6.1-2)。V 形坝体轴线的夹角为可取 80°、90°和 100°,单边长 20m,上游顶点坝高相比下游顶点坝高高出 0.5m,坝体迎水坡 1:2、背水坡 1:2.5~3.0。

多 V 形潜坝的布置可以引导水流集中流经主槽,增加水流的速度和流量,从而产生较强的冲刷力。抛筑材料如块石、预制混凝土构件等被用于构建潜坝,以抵抗水流的冲刷力,保证坝体的稳定性。V 形坝体的夹角、单边长和坝高的设置应综合考虑水流条件和工程要求,以实现最佳的冲刷效果。此外,多 V 形潜坝的布置可以形成多个水流通道,通过改变水流的速度和流向,形成不同的水动力条件。鱼类通常喜欢在水流较快的区域觅食,因此,多 V 形潜坝可以增加鱼类的栖息空间和食物来源,促进鱼类生态系统的恢复和保护。

6.1.2 新型生态镇脚设计

新型生态镇脚是一种具有创新性的设计,通过四面贯通的开孔结构,提供了一个特殊的生境,以促进产沉性卵鱼类的繁殖和生态保护(图 6.1-3)。镇脚的外围轮廓呈 1m 立方体形状,其中包括一个大直径为 0.6m 的开孔和一个小直径为 0.3m 的开孔,这两个开孔在设计中具有不同的功能。首先,将大直径开孔设置在迎水侧,这样可以为鱼类提供较为静缓的水体空间。这种设计可以有效地保护鱼卵免受水流的冲击,提高鱼卵黏附的成功率,使得水体在该区域形成适宜产卵和孵化的环境。其次,小直径开孔位于镇脚内部,贯通整个结构,形成通道。这个通道为鱼类提供了一个特殊的通行路径,使得它们可以在不同的生境之间迁徙。这样的设计可以增加鱼类的栖息空间,促进种群的繁衍和遗传交流,对于保护和维护鱼类生态系统具有积极的作用。在镇脚材料选择方面,可以选择适合产沉性卵鱼类的底质特征,表面材质的选择和顶部的粗糙形式能更好地促进鱼卵的黏附和生长。可以考虑使用粗糙的材料或者在护底表面增加纹理,以提供更多的附着面积,帮助鱼卵黏附在护底表面上。此外,还可以选择与河床底质相似的材料,以提供更加适宜的生境条件。

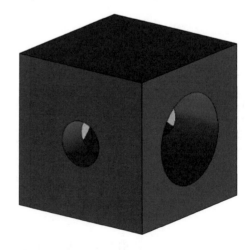

图 6.1-2　多 V 形潜坝示意图　　　　图 6.1-3　生态镇脚示意图

总之，新型生态镇脚通过四面贯通的开孔设计，在考虑产沉性卵鱼类的生态需求的基础上，优化了护底结构表面材质和迎水侧开孔的大小。这种设计不仅能够有效增加鱼卵的黏附成功率，还能够提供适宜的水体环境和通行路径，为鱼类的繁殖和生态保护做出积极贡献。然而，具体的设计和实施还需要进一步的研究和实地验证，以确保其效果和可行性。

6.2 三维数值水槽模型和试验设计

6.2.1 基本理论

6.2.1.1 控制方程

本文采用的三维水动力数学模型的控制方程由连续性方程和动量方程组成，其张量表达式为：

$$\frac{\partial \overline{u}_i}{\partial x_i} = 0 \tag{6.2-1}$$

$$\frac{\partial \rho \overline{u}_i}{\partial t} + \frac{\partial \rho \overline{u}_i \overline{u}_j}{\partial x_j} = -\frac{\partial \overline{p}^*}{\partial x_i} - g x_i \frac{\partial \rho}{\partial x_i} + \frac{\partial}{\partial x_j}\left[\mu_{\text{eff}}\frac{\partial \overline{u}_i}{\partial x_j}\right] + f_i \tag{6.2-2}$$

式中，$\overline{u}_i$ 和 $\overline{u}_j$ 为时均速度矢量；ρ 为液体密度；p^* 为拟动水压强；x_i 和 x_j 为地点矢量；g 为重力加速度；μ_{eff} 为有效黏性系数，经由 $\mu_{\text{eff}} = \mu_1 + \mu_t = \rho\nu_1 + \rho\nu_t$ 给出，其中 μ_1 为液体动力黏度，ν_1 为液体运动黏度，μ_t 为湍流动力黏度，ν_t 为湍流运动黏度；f_i 是涵盖表面张力项的体积作用。

采用时间平均的改进 κ-ϵ 湍流模型就雷诺应力进行描述以封闭上述方程组：

$$\frac{\partial \rho \kappa}{\partial t} + \overline{u}_j \frac{\partial \rho \kappa}{\partial x_j} = \frac{\partial}{\partial x_j}\left[\left(\mu + \frac{\mu_t}{\sigma_\kappa}\right)\frac{\partial \kappa}{\partial x_j}\right] + \rho p_\kappa - \rho \epsilon \tag{6.2-3}$$

$$\frac{\partial \rho \epsilon}{\partial t} + \overline{u}_j \frac{\partial \rho \epsilon}{\partial x_j} = \frac{\partial}{\partial x_j}\left[\left(\mu + \frac{\mu_t}{\sigma_\epsilon}\right)\frac{\partial \epsilon}{\partial x_j}\right] + \frac{\epsilon}{\kappa}(C_{\epsilon 1}\rho p_\kappa - C_{\epsilon 2}\rho \epsilon) \tag{6.2-4}$$

式中，κ 是湍动能；ϵ 是湍动能耗散率；p_κ 是湍动能项，可由 $p_\kappa = \overline{u_i' u_j'}\frac{\partial \overline{u}_i}{\partial x_j}$ 确定，因雷诺附加应力 $\rho \overline{u_i' u_j'} = \mu_t\left(\frac{\partial \overline{u}_i}{\partial x_j} + \frac{\partial \overline{u}_j}{\partial x_i}\right) = \rho\nu_t\left(\frac{\partial \overline{u}_i}{\partial x_j} + \frac{\partial \overline{u}_j}{\partial x_i}\right)$，故而 p_κ 表征湍动脉冲对时均流场的作用；涡旋动力黏性系数经由 $\mu_t = \rho C_\mu \frac{\kappa^2}{\epsilon}$ 或运动黏性系数经由 $\nu_t = C_\mu \frac{\kappa^2}{\epsilon}$ 给出；σ_κ、σ_ϵ、C_μ、$C_{\epsilon 1}$、$C_{\epsilon 2}$ 均为经验系数常值，需要依托大量湍流数据拟合得到，取值为 $\sigma_\kappa=1.00$、$\sigma_\epsilon=1.30$、$C_\mu=0.09$、$C_{\epsilon 1}=1.44$、$C_{\epsilon 2}=1.92$。

在自由液面问题的处理上，采用改进时间平均的VOF方法进行捕提：

$$\frac{\partial \alpha}{\partial t} + \frac{\partial \langle u_i \rangle \alpha}{\partial x_i} + \frac{\partial \langle u_{ci} \rangle \alpha (1-\alpha)}{\partial x_i} = 0 \tag{6.2-5}$$

式中，α 为体积分数函数，$\alpha=0$ 表征单元全部是气，$\alpha=1$ 表征单元全部是水，而 $0<\alpha<1$ 表征单元为自由液面所在单元。在经典的对流方程 $\frac{\partial \alpha}{\partial t} + \nabla \cdot (U\alpha) = 0$ 中，引进人工压缩对流项 $\nabla \cdot [U_c \alpha (1-\alpha)]$ 用以解决体积分数函数 α 的迁移问题，使得气相和液相交界面指标函数 α 满足 $0<\alpha<1$ 的同时，确保该对流仅在气液交界面法线方向上 $(\frac{\nabla \alpha}{|\nabla \alpha|})$ 由气相（$\alpha=0$）向液相（$\alpha=1$）压缩。

计算某一单元两相特性系数需使用 VOF 指标函数 α 对其进行加权：$\varphi = \alpha \varphi_{\text{water}} + (1-\alpha) \varphi_{\text{air}}$，其中 φ_{water} 和 φ_{air} 可为海水和大气任何物理特性。U_c 为相对速度矢量，经由公式：$|\langle u_{ci} \rangle| = \min[c_\alpha |\langle u_i \rangle|, \max|\langle u_i \rangle|]$ 确定，其中 c_α 是一个默认值是 1 的自定义变量，设定值越高表征气液界面的压缩程度越强，$\langle u_i \rangle$ 为自由液面速度，$\langle u_{ci} \rangle$ 为相对速度。

6.2.1.2 数值求解

(1) 离散格式。

控制方程中不同项的离散格式有所不相同，本文中拉普拉斯项采用线性差值计算，梯度项采用高斯线性格式，瞬时项采用逆风差分格式，对流项采用迎风格式。

拉普拉斯项：

$$\int_V \nabla (\Gamma \nabla \phi) \, dV = \int_S dS (\Gamma \nabla \phi) = \sum_f \Gamma_f S_f (\nabla \phi)_f \tag{6.2-6}$$

其中当网格控制体 P 和网格控制体 N 中心连线向量 d_f 垂直于界面平面时，界面梯度离散为显性：

$$S_f (\nabla \phi)_f = |S_f| \frac{\phi_N - \phi_P}{|d|} \tag{6.2-7}$$

瞬态项：

$$\frac{\partial}{\partial t} \int_V \rho \phi \, dV = \frac{3(\rho_P \phi_P V)^n - 4(\rho_P \phi_P V)^o + (\rho_P \phi_P V)^{oo}}{2\Delta t} \tag{6.2-8}$$

对流项：

$$\int_V \nabla (\rho U \phi) \, dV = \int_S dS (\rho U \phi) = \sum_f S_f (\rho U)_f d_f = \sum_f F \phi_f \tag{6.2-9}$$

其中 ϕ_f 采用迎风格式：

$$\phi_f = \begin{cases} \phi_P & (F \geq 0) \\ \phi_N & (F \leq 0) \end{cases} \tag{6.2-10}$$

梯度项：

$$\int_V \nabla \phi \, dV = \int_S dS \phi = \sum_f S_f \phi_f \tag{6.2-11}$$

(2) PIMPLE 算法。

当前求解 N-S 方程常通过对压力和速度进行解耦计算实现的，例如目前广泛使用的 SIMPLE 系列算法和 PISO 算法，以及这两类算法的基础上形成的 PIMPLE 算法。

该算法首先将动量方程写为如下格式：

$$a_D U_D = H(U) - \nabla p \tag{6.2-12}$$

则简化后得：

$$U_D = \frac{H(U)}{a_D} - \frac{\nabla p}{a_D} \qquad (6.2\text{-}13)$$

其中 $H(U) = -\sum_n a_n U_n + \frac{U^o}{\Delta t}$，上式中第一项表示了相邻单元矩阵系数与速度的乘积，第二项表示非恒定项和除压力梯度以外的所有源项。

不可压缩牛顿流体连续性方程，可离散为如下形式：

$$\nabla \cdot U = \sum_f S_f U_f = 0 \qquad (6.2\text{-}14)$$

式中，S_f 是离散单元面向量；U_f 表示控制体表面的速度场。将式(6.2-14)中的变量插值后代入式(6.2-14)的连续性方程，得到：

$$\nabla \cdot U_D = \nabla \cdot \left(\frac{H(U)}{a_D}\right) - \nabla \cdot \left(\frac{\nabla p}{a_D}\right) = 0 \qquad (6.2\text{-}15)$$

故压力方程可写为：

$$\nabla \cdot \left(\frac{\nabla p}{a_D}\right) = \nabla \cdot \left(\frac{H(U)}{a_D}\right) = \sum_f S_f \left(\frac{H(U)}{a_D}\right)_f \qquad (6.2\text{-}16)$$

压力方程表达成偏微分方程：

$$\nabla \cdot \left(\frac{\nabla p}{a_D}\right) = \nabla \cdot \phi \qquad (6.2\text{-}17)$$

(3)数值稳定性。

在一般的不可压缩气液两相流计算中，时间步长的推进必须满足以下4个条件的控制：

①对流项的 CFL(Courant Friedrichs Lewy)条件。

$$\Delta t_{cfl} < \min\left[\frac{\Delta x_i}{\max(u_{1_{i,j,k}}, u_{2_{i,j,k}})}, \frac{\Delta y_i}{\max(v_{1_{i,j,k}}, v_{2_{i,j,k}})}, \frac{\Delta z_i}{\max(w_{1_{i,j,k}}, w_{2_{i,j,k}})}\right] \qquad (6.2\text{-}18)$$

②黏性项条件。

$$\Delta t_\mu \leq \frac{\rho h^2}{2\mu} \qquad (6.2\text{-}19)$$

其中：

$$h = \min(\Delta x_i, \Delta y_i, \Delta z_i)$$

③表面张力项条件。

$$\Delta t_\sigma \leq \sqrt{\frac{(\rho_1 + \rho_2)h^2}{4\pi\sigma}} \qquad (6.2\text{-}20)$$

④重力条件。

$$\Delta t_g \leq \sqrt{\frac{\Delta z_i}{g}} \qquad (6.2\text{-}21)$$

综上四个控制条件，时间步长应该满足：

$$\Delta t = \min(\Delta t_{cfl}, \Delta t_\mu, \Delta t_\sigma, \Delta t_g) \qquad (6.2\text{-}22)$$

(4)边界条件。

数值计算中通常用到的边界条件为以5种：

①入流边界，通常位于计算区域的入口位置。

$U = U_0, \frac{\partial p}{\partial n} = 0$，其中 U_0 为远场流速，n 为边界法向。

②出流边界,通常位于计算区域的出口位置。
$U = 0, p = p_\infty$,其中p_∞为远场未受扰动的压力值或某一任意给定压力值。
③固壁无滑移边界,通常为计算区域中的建筑物边界。
$U = U_b$,通常取$U_b = 0$,或根据壁面采用对数规则计算。
④自由滑移边界,即对称边界。
$\frac{\partial U}{\partial n} = 0$, $\frac{\partial p}{\partial n} = 0$,不考虑壁面的阻滞作用,流速信息边界内外一致。
⑤周期性边界条件。

6.2.2 网格划分

选择OpenFOAM软件,基于不可压缩的Navier-Stokes方程和VOF法(自由液面捕捉法),使用interFoam求解器来求解不可压缩的气液两相流。考虑到齿形开孔结构的复杂性,采用$SST\,k\text{-}\omega$模型结合控制方程对流场进行模拟。标准$k\text{-}\omega$模型对墙壁束缚流动和自由剪切流动湍流都能够较好地模拟,$SST\,k\text{-}\omega$模型在边界层附近采用$k\text{-}\omega$进行模拟,在充分发展的流体区域采用$k\text{-}\varepsilon$进行模拟,能够避免标准$k\text{-}\omega$对自由湍流过于敏感的问题(图6.2-1至图6.2-3)。

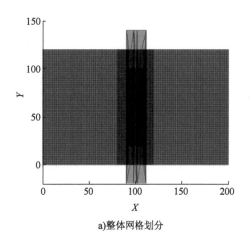
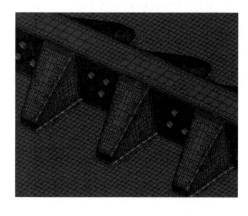

a)整体网格划分　　　　　　　　　　b)局部网格

图6.2-1　齿形开孔潜坝整体和局部网格

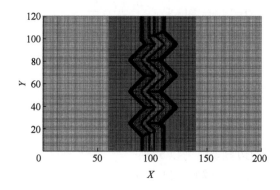

图6.2-2　多V形潜坝网格图

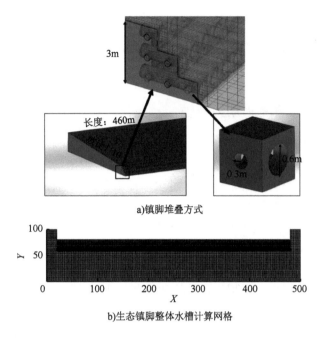

图 6.2-3 生态镇脚堆叠方式和网格图

6.2.3 试验组次

(1) 齿形开孔潜堤。

为了深入研究透空率对齿形开孔潜堤的影响,从不同的开孔直径入手,对新型生态潜堤的水动力特性开展研究。结合传统规则斜坡堤,数值模拟组次共计5组(表6.2-1)。水流条件采用工程河段枯水季流量。试验工况为:模型进口流速0.5m/s,行进水深5.0m。

齿形开孔潜堤数值模拟组次　　　　　　　　　　表6.2-1

组次	1	2	3	4	5
透空率(%)	1.06	1.89	2.95	4.24	5.77
单个开孔直径(cm)	30	40	50	60	70

(2) 多V形潜堤。

多V形潜堤数值模拟组次共3组。试验工况为:模型进口流速0.5m/s,行进水深5.0m (表6.2-2)。

多V形潜堤数值模拟组次　　　　　　　　　　表6.2-2

组次	1	2	3
V形角度(°)	80	90	100

(3) 生态镇脚。

试验工况为:模型进口流速2.0m/s,行进水深4.5m。

6.3 生态结构水动力特性及航道治理效果分析

6.3.1 齿形开孔潜堤水动力特性

在水深5m、入射流速0.5m/s的条件下,不同透空率潜坝附近在水平向近表层($Z=4m$)和中层($Z=2m$)的稳态流场图,通过加入流线可以更加直观地展现出潜坝附近的水流运动状态。由于潜坝的阻水作用,水流行进至坝前,由于过水断面面积减小,流速急剧增加,潜坝顶部最大流速区位于潜坝中心线偏右位置,大于3.0m/s。随着透空率增加,过水断面面积增加,潜坝顶部最大流速区面积逐渐降低,圆柱形开孔中水流流速约2.0m/s左右。

水体流经潜坝顶部后,大部分水体贴近齿形结构表面,向下游倾泻,具有一定的"射流效应",而开孔结构下游则形成一定遮蔽缓流区,进而在下游产生"急-缓-急-缓"交错的水流形态。受两侧高速水流的影响和潜坝齿形结构的控制作用,开孔挡墙结构下游受流体的剪切作用显著,沿法向变化剧烈,在中层水体形成一组漩涡。漩涡可能对水体中的悬浮颗粒物和溶解氧的分布产生影响,漩涡的形成还可能影响水生生物的产卵和繁殖行为。随着透空率增加至5.77%,即开孔直径70cm时,潜坝透水效果增加,下游水流更加均质化,此水流条件下难以形成涡旋结构(图6.3-1)。

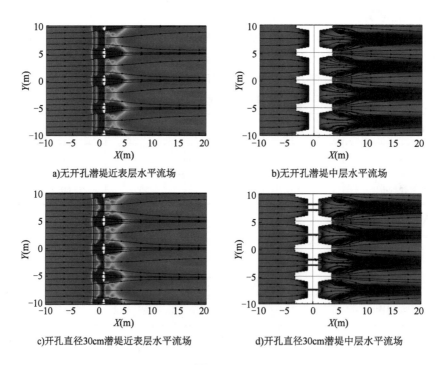

a) 无开孔潜堤近表层水平流场
b) 无开孔潜堤中层水平流场
c) 开孔直径30cm潜堤近表层水平流场
d) 开孔直径30cm潜堤中层水平流场

图 6.3-1

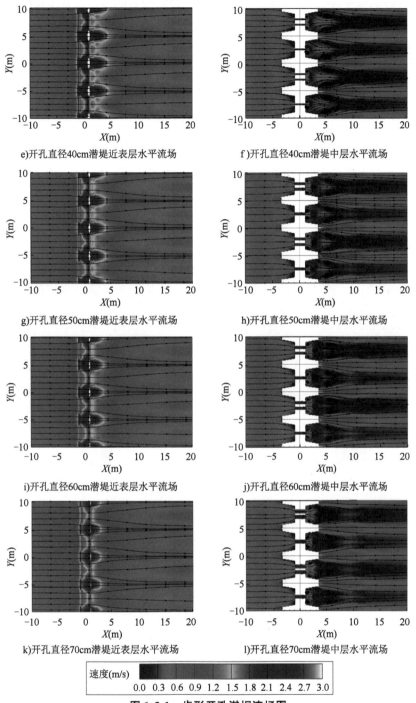

e) 开孔直径40cm潜堤近表层水平流场　　f) 开孔直径40cm潜堤中层水平流场

g) 开孔直径50cm潜堤近表层水平流场　　h) 开孔直径50cm潜堤中层水平流场

i) 开孔直径60cm潜堤近表层水平流场　　j) 开孔直径60cm潜堤中层水平流场

k) 开孔直径70cm潜堤近表层水平流场　　l) 开孔直径70cm潜堤中层水平流场

图 6.3-1　齿形开孔潜坝流场图

6.3.2　多V形潜坝水动力特性

在水深5m、入射流速0.5 m/s条件下,模拟得到的多V形潜坝附近在水平向近表层($Z=$4.5m)的稳态流场图。根据图6.3-2中的观察结果,多V形潜坝在集流作用上表现出明显的特点。随着V角度的增大,潜坝的集流效果逐渐减弱,同时坝身的设计将水流巧妙地引导至主槽,这样的布置使得潜坝两侧形成缓流区,有效地减缓水流的速度,降低岸边侵蚀风险。然而,需要注意的是,当V角度过小,如80°时,潜坝坝顶及坝后的局部区域可能会遭受高流速冲刷,这可能导致潜坝局部或整体的崩陷和塌落现象。在这种情况下,最大流速可能高于2.4 m/s,进一步强调了在潜坝设计时需要合理考虑V角度的大小,以防止极端高流速区域的出现。随着V角度的增加,潜坝顶极端高流速区的面积会逐渐减小,这有助于减轻潜坝的冲刷风险。同时,在潜坝的坝后区域,水流将呈现急缓交替的状态,这种流态有利于形成摄食通道,并提高生境的异质性。因此,多V形潜坝在河流生态环境的改善上发挥着积极的作用。综上所述,多V形潜坝通过巧妙的集流作用和对水流的引导,能够有效地改善河流生态环境。在设计中需注意V角度的合理选择,以平衡潜坝的集流效果与冲刷风险,并通过急缓交替的流态形成摄食通道,提高生境异质性,促进河流生态的良性循环。结合本工程的水流条件,推荐角度为90°(图6.3-2)。

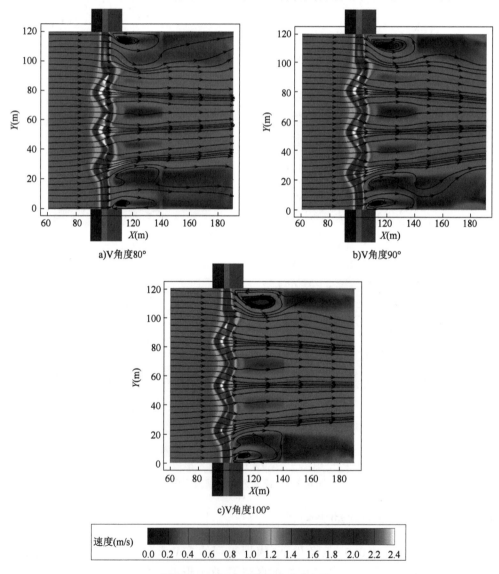

图6.3-2 多V形潜坝水平流场图

6.3.3 生态镇脚水动力特性

在水深4.5m、入射2.0 m/s条件下,模拟得到不同水流流向的生态镇脚在不同堆叠平面(Z=0.5m,1.5m,2.5m)的平面流场图,其中沿岸水流流向包括和护坡平行的平行流、沿护坡上升的向岸流和远离护坡下行的离岸流。由于护坡的壅水作用,模型稳定时水流流向在X=250m时平行于护坡,在X=330m附近有向岸趋势,在X=430m有离岸趋势。平行流或者离岸流时,镇脚内直径30cm的贯连通道内水流方向和主槽水流方向一致。向岸流时,受到镇脚边壁的格挡作用,护脚内直径30cm的贯连通道内水流发生倒灌,方向和主槽水流方向相反。此外,不管水流流向和主槽流速大小,所有镇脚内部水流流速很低,为0~0.3m/s,可形成掩蔽水域空间,同时注意到镇脚内部会产生各种形态的漩涡。生态镇脚通过堆叠的设计,内部有多个凹槽或空隙,形状类似鱼巢。凹槽和空隙提供了一些避风和安全的栖息地,让水生生物,尤其是鱼类,可以在其中寻找食物和避免掠食者。由于流速较低,镇脚为水生生物的繁殖提供了较为稳定的环境。在凹槽中,水生生物可以产卵和孵化,从而促进水生生物的繁衍和种群增长。漩涡形成的低速区域为水生生物提供了适宜的栖息和觅食环境。漩涡中的较低水速减少了水生生物的能量消耗,使其更容易在此处寻找食物和栖息。不同类型的生物可以根据自己的喜好和特性选择适宜的栖息区域,这种多样性有利于生物之间的相互依赖和食物链的形成(图6.3-3至图6.3-5)。

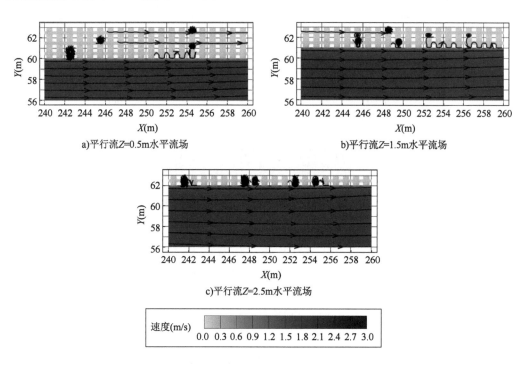

图6.3-3 生态镇脚平行流水平流场图

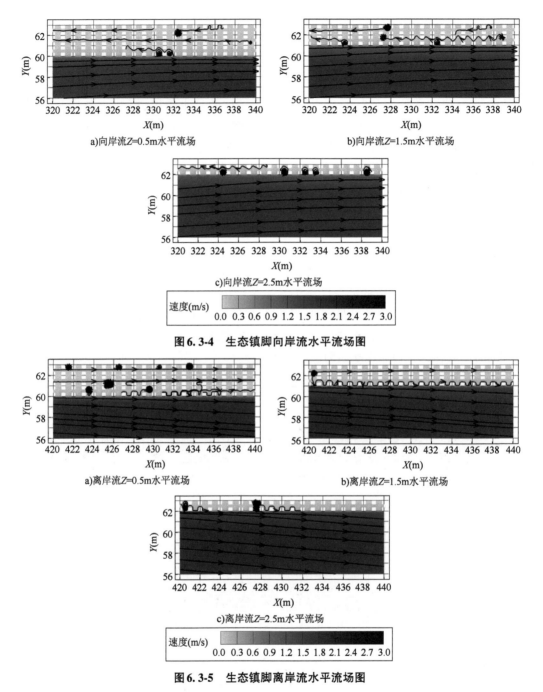

图 6.3-4 生态镇脚向岸流水平流场图

图 6.3-5 生态镇脚离岸流水平流场图

6.4 新型生态航道整治建筑物稳定性研究

齿形开孔潜坝为预制单体结构,需考虑其稳定性。采用洪水时工程位置的水流条件:入射流速 2.0m/s,水深 7m。

6.4.1 自由液面

潜坝的阻碍作用使得迎水侧壅水增加。水流经过坝顶后,背水侧形成小范围水跌。不同透空率条件下,坝上自由液面整体变化趋势相近。透空率的增加使得更多的水流从坝身穿过。

相同的水流条件下,各不同开孔直径的潜坝自由液面变化有显著的差异。水流行近坝前,经过了一段较长距离的壅水,壅水高度随着透空率的增加有小幅度的降低。随着透空率的增加,潜坝自由液面变化更加平缓,坝后水位恢复更为迅速。图6.4-1中,透空率2.95%时的自由液面,相较于上一级透空率对应的自由液面更加平缓。这说明,在水深、流速都较大的时候,增加透空率对改善不利流态、恢复坝后水深作用更加明显(图6.4-1)。

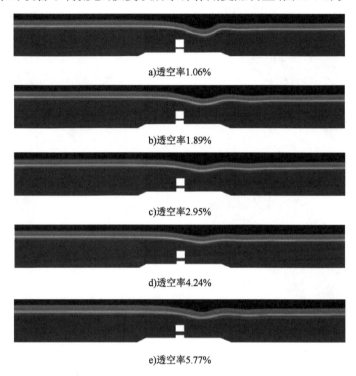

图6.4-1 透空率对潜坝自由液面的影响(入射流速2.0m/s,水深7m)

6.4.2 坝身压强分布

齿形透空潜坝在水中,主要受到静水压强和动水压强。分别为在入射流速2.0m/s、水深7m水流条件下,数值模型计算稳定后的坝身压强分布随透空率的变化过程(图6.4-2)。可以看出,压强场自下而上呈现带状分布,这说明坝身压强主要受水深影响。在迎水侧,会产生一定壅水,因此相同高度下,迎水侧的压强普遍大于背水侧。迎水侧基床压强随着透空率的增加而逐渐降低,这是因为坝前壅水高度随透空率增加而降低,导致静水压强降低。不同透空率下,齿形开孔构件自身的压强分布相差不大。

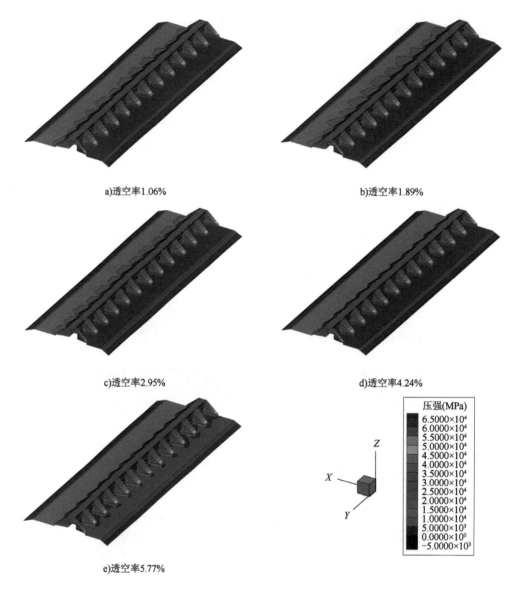

图 6.4-2 透空率对坝身压强分布的影响(流速 2.0m/s,行进水深 7m)

6.4.3 水流力大小

根据潜坝齿形开孔构件表面的压强分布,迎水侧的压强总是大于背水侧的压强,对其在入射流速方向进行积分,即可得到齿形开孔构件受到的水流冲击力。由于构件形状复杂,首先求得齿形开孔构件所受到的水流力总和,再除以坝轴线方向的长度,即可得到任一工况下的潜坝的单宽水流力。

由图 6.4-3 可知,透空率 2.95% 相较于 1.89% 和 1.06%,单宽水流力分别降低 18.40% 和 39.07%,这说明增加潜坝的透空率对于坝身保持稳定作用十分明显。透空率可以增加坝体的泄洪能力,使水流更加顺畅地通过坝体,减弱坝体受力的影响。透空率在 2.95% 基础上继续增加,单宽水流力几乎保持不变,说明此时已经形成一条相对稳定的流通通道,水流已经达到了一种相对平衡的状态,上下游的压力差趋于稳定。

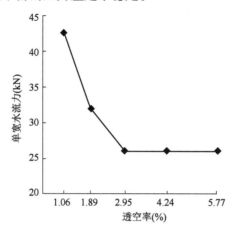

图 6.4-3 透空率对齿形开孔构件水流力的影响(入射流速 2.0m/s,水深 7m)

6.4.4 稳定性分析

根据前面的研究可知,当潜坝透空率低、水流水深低、流速大的时候,潜坝受到的水流力较大,容易发生滑移或倾覆。在潜坝的设计阶段,应对潜坝的稳定性加以评价,以确保潜坝的正常运行,延长使用寿命。

采用类似人工鱼礁的受力分析方法,来评价新型潜坝的稳定性。欲使潜坝在基床上不滑动,即潜坝和基床的摩擦力必须大于水流力。抗滑移安全系数和抗倾覆安全系数计算公式如下:

$$S_{F1} = \frac{W\mu(1-\rho/\sigma)}{F} \qquad (6.4\text{-}1)$$

$$S_{F2} = \frac{W(1-\rho/\sigma)l_w}{Fh_0} \qquad (6.4\text{-}2)$$

式中,W 为潜坝的重力(kN);μ 为潜坝和基床接触面的静摩擦系数,混凝土和基岩静摩擦系数一般在 0.6~1.0 间,本书取 0.8;F 为流体作用力(kN);ρ 为水的密度,淡水取 $1.0 \times 10^3 \text{kg/m}^3$;$\sigma$ 为潜坝材料的密度,取 $2.39 \times 10^3 \text{kg/m}^3$;$l_w$ 为翻倒的回转中心到重心的水平距离,本书取 4.0m;h_0 为水流力的作用高度,假定为坝顶高程的一半,取 1.5m。对于普通鱼礁,安全系数 S_{F1} 和 S_{F2} 要求 1.2 以上。

分析不同透空率和水流条件下新型潜坝的抗滑和抗倾覆稳定性,结果见表 6.4-1。可以看出,S_{F1} 都大于 1.2,可以满足抗滑要求;S_{F2} 则远大于 1.2,这说明齿形开孔潜坝的抗倾覆能力很强。

齿形开孔潜堤稳定性评价 表 6.4-1

编号	透空率(%)	抗滑移安全系数	抗倾覆安全系数
1	1.06	2.38	7.93
2	1.89	3.16	10.55

续上表

编号	透空率(%)	抗滑移安全系数	抗倾覆安全系数
3	2.95	3.84	12.81
4	4.24	3.81	12.70
5	5.77	3.76	12.54

潜坝预制单体的抗滑移稳定性主要由重力和水流力决定。当透空率一直增加，虽然水流力降低，但同时重力也减小了，因此稳定性未必增加。透空率2.95%对应的抗滑安全系数3.84，为该水流条件下的安全系数最大值。这说明透空率2.95%的时候，即预制单体单个开孔直径50cm时，可以使潜坝预制单体的抗滑稳定性达到最佳水平。当开孔直径大于50cm时，导致潜坝自身重力降低；当开孔直径小于50cm时，又会导致水流力过大，均不利于在极端流速条件下提升潜坝预制单体的抗滑稳定性。

7 船舶航行噪声水下时空传播机制

7.1 船舶水下噪声声源特性研究

7.1.1 船舶水下辐射噪声监测

为得到船舶水下辐射噪声的特性及传播规律,首先需要得到不同船舶噪声源所产生的声音强度、频率和声压级等关键参数,之后根据这些声源参数对声波的传递规律进行模拟得到结果。因此首先要对船舶的声源噪声进行监测。船舶水下噪声监测和水下噪声源特性分析首先以水下声波传播理论和船舶水下噪声测量理论为理论研究基础,将测得的水下声音信号进行预处理及特征分析,然后再对不同船舶的水下噪声源特性加以分析和对比。

7.1.2 监测地点及河道概况

船舶水下辐射噪声监测地点位于长江上游岷江段干流。长江上游主要支流岷江龙溪口枢纽(四川省乐山市)至宜宾81km河段。岷江是长江上游的一级支流,位于四川盆地腹部区西部边缘,将岷江上游成都、乐山和长江干流连通起来,是长江上游主要支流航道中的重要运输通道,干流全长735km,流域面积135811km²,天然落差3560m,平均比降4.84‰。根据自然地理和河道特征划分,都江堰以上为上游,都江堰至乐山为中游,乐山以下为下游。非汛期时,长江一级支流岷江河段内水流流速小、船舶通航条件良好,本实验选在非汛期测量。

7.1.3 监测水听器布设方式

船舶水下噪声源主要包括三大类型:发动机所产生的机械噪声、螺旋桨转动产生的噪声以及船舶行进过程中导致的水流紊动噪声。其中发动机机械噪声一般分布在船舶的中后部;螺旋桨噪声分布于船尾下方;水流紊动噪声分布于船身周围,主要以船头及船尾最为明显。因此,若将整个船体视作噪声源,其主要噪声产生位置基本位于船体后部,即可将船体后部等效为噪声源进行监测。

试验中,将RHSA-10水听器及其连接线捆绑固定于4m长的钢管上,并一同垂直放置于水面下约1m,钢管上部固定在船舶边缘,随船舶一同行进,连接线的另一端连接监测设备(数据采集仪、计算机、线缆、电源等),具体布置如图7.1-1所示。

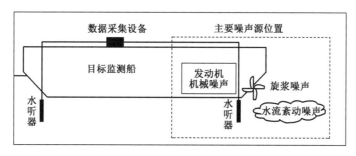

图7.1-1 RHSA-10水听器监测布置方案

试验时,试验设备随船舶一同行进,记录不同行驶速度下的船舶水下噪声数据。

7.1.4 船舶水下噪声监测方案

依据船舶通过量分析及预测,确定长江上游航道岷江河段主要通过船舶的船型,作为本次试验的被测船舶。本次船舶水下辐射噪声监测试验综合实际测量条件,参照ISO标准采用水听器测量法于2022年5—12月在长江上游航道岷江河段对不同吨位的散装货船、客船、搜救船以及快艇的辐射噪声进行测量。

开展辐射噪声测量期间,船舶自动识别系统(Automatic Identification System,AIS)数据表明潜标周围5n mile内没有其他船舶干扰,测量河域具有良好的船舶水下辐射噪声测量条件。由于进行测量的时间段内水流流速较小,与船舶行驶速度相比较小,对试验影响可忽略不计。在船舶顺流行进过程中,分别对6km/h、8km/h、10km/h和13km/h四种不同航速下的船舶辐射噪声进行监测。所测船舶信息如下:

(1)散装货船。

散装货船简称散货船(图7.1-2),通常用来专门运输煤炭、矿石、木材、牲畜、谷物等不加扎的货物。当散装运输干散货物时,如谷物、煤、矿砂、盐、水泥等,则称作干散货船。经船舶通过量分析可知,货船为岷江的典型船型,选取不同吨位的散装货船在不同航速下进行测量监测,旨在研究不同航速下散装货船的水下噪声特性及变化规律,揭示不同吨位船舶的声源特性和变化规律。

本次试验共监测了4条不同吨位的散装货船的水下噪声,所测船舶信息见表7.1-1和表7.1-2。

图7.1-2 散装货船

不同吨位的散装货船基本信息表　　　　　表7.1-1

基本信息	参数			
船型	散装货船			
船长(m)	35.0	58.0	73.8	104.81
船宽(m)	6.0	11.0	16.8	16.2
满载吃水(m)	1.1	1.5	4.25	4.5
总吨位(t)	780	1670	2780	3279
马力(hp)	750	985	1197	1900

被测散装货船基本参数　　　　　表7.1-2

基本信息	参数	基本信息	参数
船型	货船	满载吃水(m)	1.1
名称	顺宁578	总吨位(t)	780
船长(m)	35	马力(hp)	750
船宽(m)	6		

(2)内河客船。

顾名思义,内河客船即航行于江河湖泊上的传统客船,通常用来运输旅客、行李、邮件等(图7.1-3)。经船舶通过量分析可知,客船为岷江的典型客船,用来载运旅客、行李等,还有部分为观光船。因此,拟选取此种船型进行测量试验,揭示不同航速下客船的水下噪声声源特性(表7.1-3)。

图7.1-3　长江宜宾号内河客船

被测内河客船基本参数　　　　　　　　　　表7.1-3

基本信息	参数	基本信息	参数
船型	客船	满载吃水(m)	1.8
名称	长江宜宾号	总吨位(t)	2300
船长(m)	60	马力(hp)	1100
船宽(m)	14		

(3)搜救船。

本次试验所测搜救船为"宜宾救助1号"搜救船(图7.1-4)。具体船舶参数见表7.1-4,图7.1-4为所测搜救船。

图7.1-4　宜宾救助1号搜救船

搜救船基本参数　　　　　　　　　　　　　　　　　　　　表7.1-4

类型	参数	类型	参数
船型	搜救船	满载吃水(m)	2.1
名称	宜宾救助1号	总吨位(t)	1360
船长(m)	50	马力(hp)	900
船宽(m)	11		

(4)快艇。

散装货船、内河客船和搜救船三种船型船舶虽各不相同,但是船舶行驶速度却相差不多。快艇吨位小,航速高,机动灵活,排水量通常为数十吨至数百吨。选取快艇作为本次试验的第四种船型,用来与其他三种船型船舶作为对比,以期说明船舶行驶速度对船舶水下噪声声源特性的影响(图7.1-5)。监测时,散装货船、内河客船和搜救船的速度梯度选取为6km/h、8km/h、10km/h和13km/h,快艇的速度梯度选取为10km/h、20km/h、30km/h和50km/h。

图7.1-5　宜宾快艇船

选取"重庆境监测船"作为试验监测船舶,开展对宜宾快艇船不同航速下快艇的噪声监测,揭示快艇的水下噪声变化规律。宜宾快艇船具体船舶参数见表7.1-5。

被测快艇基本参数　　　　　　　　　　　　　　　　　　　　表7.1-5

基本信息	参数	基本信息	参数
船型	快艇	满载吃水(m)	1.1
名称	宜宾快艇船	总吨位(t)	780
船长(m)	35.0	马力(hp)	750
船宽(m)	6.0		

7.2 船舶水下辐射噪声监测情况记录

针对船舶航行噪声水下时空传播机制研究内容,进行了20余次船舶水下辐射噪声现场监测实验。

(1)分别于2022年5—8月开展了10余次船舶水下辐射噪声的现场监测,部分现场监测照片如图7.2-1至图7.2-8所示。

图7.2-1 2022年5—8月第1次测量

图7.2-2 2022年5—8月第2次测量

图7.2-3 2022年5—8月第3次测量

图7.2-4 2022年5—8月第4次测量

图7.2-5 2022年5—8月第5次测量

图7.2-6 2022年5—8月第6次测量

图7.2-7　2022年5—8月第7次测量　　　　　　图7.2-8　2022年5—8月第8次测量

（2）分别于2022年10—12月开展了10余次船舶水下辐射噪声的现场监测,部分现场监测照片如图7.2-9至图7.2-14所示。

图7.2-9　2021年10—12月第9次测量　　　　　图7.2-10　2021年10—12月第10次测量

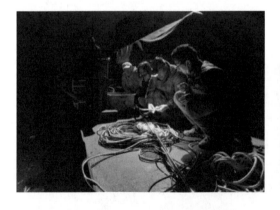 

图7.2-11　2021年10—12月第11次测量　　　　图7.2-12　2021年10—12月第12次测量

图 7.2-13　2021年10—12月第13次测量　　　图 7.2-14　2021年10—12月第14次测量

7.3　不同船型船舶水下噪声声源特性分析

由现场监测试验,可得到不同船速下不同船型船舶、不同吨位船舶的声音信号数据,经过快速傅立叶变换等去除环境背景噪声,最终得到降噪后的原始电压数据,再经过频谱分析等计算得到声源频率、声压。

本文共监测了散装货船、内河客船、搜救船和快艇四种不同船型的船舶水下辐射噪声,分别依次对这四种船型的水下辐射噪声进行声源特性分析。

不同船型船舶的水下噪声1/3倍频程结果如图7.3-1所示,时频分析结果如图7.3-2和图7.3-3所示。

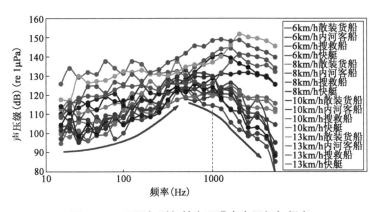

图 7.3-1　不同船型船舶水下噪声声压级与频率

据图7.3-1至图7.3-3所示结果可知,除快艇水下辐射噪声频率分布范围较宽外(0~5000Hz,最高频率超过5000Hz),不同船型船舶水下辐射噪声声压级主要贡献频段分布在100~1000Hz区间。不同船型船舶水下辐射噪声声压级与频率的关系是声压级从低频到1000Hz逐渐升高,1000Hz后声压级开始衰减。不同船型船舶声压级在100~1000Hz频段内经历起伏,在大于1000Hz频率段,声压级迅速衰减,及岷江大型货船对水下声压级增加的贡献主要集中在100~1000Hz频段,其中大型货船水声声压级峰值出现在400~600Hz频段。

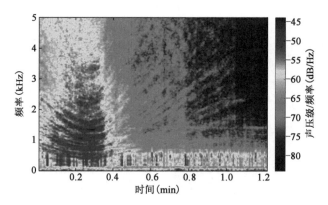

图 7.3-2　长江上游一级支流岷江航道船时频分布情况

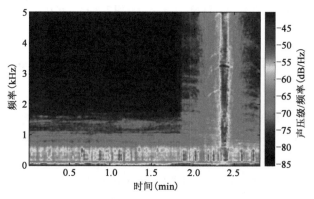

图 7.3-3　货船与快艇水下噪声时频分布情况

7.3.1　散装货船水下噪声声源特性分析

7.3.1.1　船舶水下噪声声源信号

本节散装货船水下噪声声源特性分析以吨位为3279t的散装货船为例,依据相关标准进行数据分析整理得到不同航速下的船舶噪声信号,如图7.3-4所示。可以看出该船噪声最大幅值在船速为 6km/h、8km/h、10km/h 和 13km/h 时,分别为 0.02234V、0.02599V、0.04434V 和 0.05087V,由此可知,对于该散装货船,其行驶速度越大,船舶辐射噪声信号的幅值越大,即船舶辐射噪声与航速成正相关。

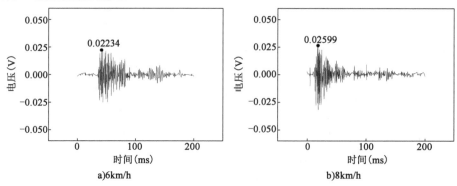

图　7.3-4

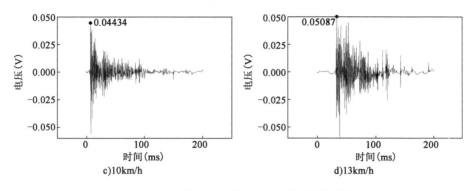

图7.3-4 不同航速下船舶水下噪声信号（散装货船）

7.3.1.2 船舶水下噪声频率特性

基于降噪后的船舶水下噪声信号，利用傅立叶变换对声音信号进行频谱分析，得到如图7.3-5所示的不同航速下船舶水下辐射噪声频谱图。

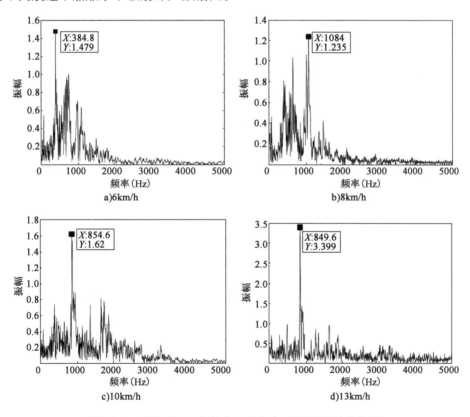

图7.3-5 不同航速下船舶水下噪声声源频谱图（散装货船）

由图7.3-5可知，该散装货船不同船速下船舶水下辐射噪声声源频率都主要集中在低频，主频在300~900Hz之间，且由图可知，在航速为6km/h、8km/h、10km/h和13km/h时，该船噪声声源峰值频率分别为384.8Hz、1084Hz、854.6Hz和849.6Hz，船舶噪声声源频率与船舶行驶速度间无明显关系；相反，船舶行驶速度从6km/h增大到8km/h时，峰值频率增大，但当船舶行驶速度在8~13km/h之间变化时，峰值频率反而变小，产生这一现象的主要可能原因是发生了空化现象。

7.3.1.3 船舶水下噪声声压级

为研究船舶水下辐射噪声声压,根据电压–声压转换公式[式(7.3-1)]计算得到不同船速下船舶水下辐射噪声声压级,如图7.3-6所示。

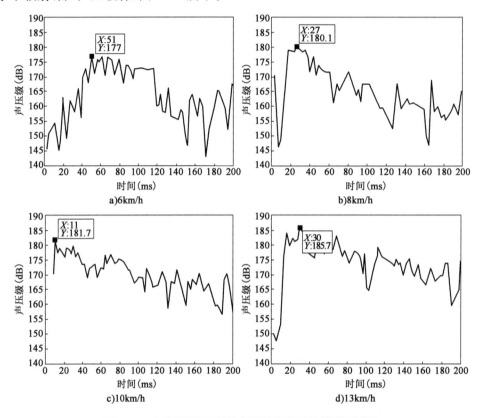

图7.3-6 不同航速下船舶水下噪声声压级(散装货船)

$$SPL = 20\lg U - M \tag{7.3-1}$$

式中,SPL为声压级(dB);U为电压(V);M为灵敏度系数。

从图7.3-6中可以看到,不同航速下该散装货船水下辐射噪声声压级区间均为145~190dB,但高声压级与低声压级占比不同。对不同航速下的声压进行均值计算,得到船舶平均声压级与航速间的关系,如图7.3-7所示。结果显示,在船速为6km/h、8km/h、10km/h和13km/h时,该散装货船噪声平均声压分别为150.40dB、151.72dB、155.13dB和157.69dB,由此可知,对于同一艘船,船舶行驶速度越大,船舶水下辐射噪声声压级则越大。

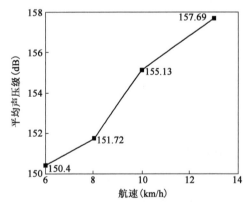

图7.3-7 船舶航速与平均声压级关系曲线(散装货船)

7.3.1.4 船舶水下噪声特征能量向量

利用小波分析方法中特征能量向量计算,对该散装货船的声音信号进行分解重构,小波基函数为"db5",分解尺度 J 取6。求取该船的能量特征向量,得到部分数据形式见表7.3-1。

该散装货船的能量特征向量　　　　　　　表7.3-1

频段带	6km/h	8km/h	10km/h	13km/h
Ea	0.0407	0.0617	0.0151	0.0388
Ed1	0.0062	0.0078	0.0278	0.0974
Ed2	0.0692	0.0980	0.3385	0.1597
Ed3	0.4671	0.4860	0.4413	0.5847
Ed4	0.3803	0.3216	0.1470	0.0885
Ed5	0.0293	0.0143	0.0245	0.0193
Ed6	0.0072	0.0107	0.0058	0.0116

对数据整合归纳,并转换成柱状图,如图7.3-8所示,其中纵坐标为能量分布,横坐标为 Ea~Ed6 等7个频段带,以便更直观明显地看到能量分布及能量占比。其中:Ea 代表 40~80Hz 频段,Ed1 代表 80~150Hz 频段,Ed2 代表 150~300Hz 频段,Ed3 代表 300~625Hz 频段,Ed4 代表 625~1250Hz 频段,Ed5 代表 1250~2500Hz 频段,Ed6 代表 2500~5000Hz 频段。

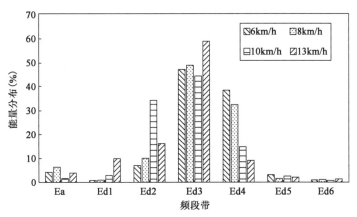

图7.3-8　不同航速下声源信号的能量分布特征(散装货船)

对比表7.3-1中四种不同航速下声源信号的能量特征向量以及能量分布特征图可发现,不同航速下吨位3279t散装货船的能量分布相差不大,能量主要集中在2~4阶(150~1250Hz)高频带上,3阶(300~625Hz)高频带上占比最多,其余频带的能量分量则很少;并且,随着船舶行驶速度的增大,3阶(300~625Hz)高频带上能量占比逐渐增大。

7.3.2　内河客船水下噪声声源特性分析

7.3.2.1 船舶水下噪声声源信号

本节内河客船水下噪声声源特性分析以吨位为2300t的内河客船长江宜宾号为例,依据相关标准进行数据分析整理得到不同航速下的船舶水下噪声信号,如图7.3-9所示。可以看出该船噪声最大幅值在航速为 6km/h、8km/h、10km/h 和 13km/h 时,分别为 0.03554V、0.04595V、0.08225V 和 0.15434V,由此可知,对于该内河客船,其行驶速度越大,船舶辐射噪声信号的幅值越大,即船舶辐射噪声与航速成正相关。

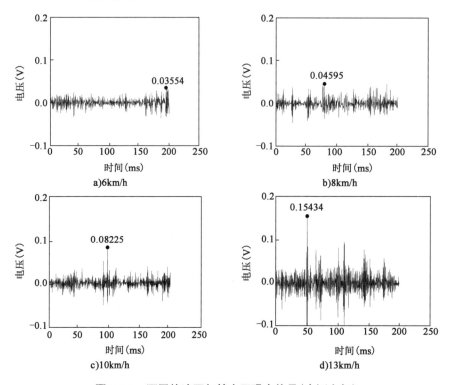

图7.3-9 不同航速下船舶水下噪声信号(内河客船)

7.3.2.2 船舶水下噪声频率特性

基于降噪后的船舶水下噪声信号,利用傅立叶变换对声音信号进行频谱分析,得到图7.3-10所示不同航速下船舶水下噪声声源频谱图。

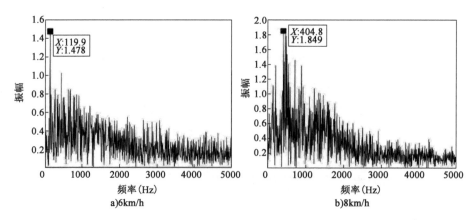

图 7.3-10

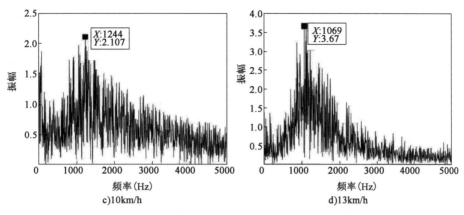

图 7.3-10　不同航速下船舶水下噪声声源频谱图（内河客船）

由图 7.3-10 可知，该内河客船不同船速下船舶水下噪声声源频率都主要集中在低频，主频在 100～1300Hz 之间，且由图可知，在航速为 6km/h、8km/h、10km/h 和 13km/h 时，该水下噪声声源峰值频率分别为 119.9Hz、404.8Hz、1244Hz 和 1069Hz，船舶水下噪声声源频率与船舶行驶速度间无明显相关关系，且当航速为 6～10km/h 时，峰值频率逐渐增大，但当航速为 10～13km/h 时，峰值频率反而减小，产生这一现象的主要可能原因是发生了空化现象。

7.3.2.3　船舶水下噪声声压级

为研究该内河客船水下噪声声压，根据电压-声压转换公式计算得到不同船速下船舶水下噪声声压级，如图 7.3-11 所示。

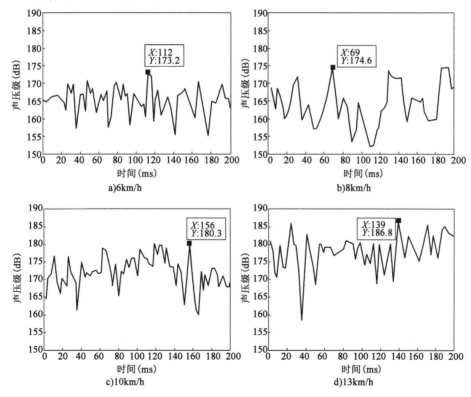

图 7.3-11　不同航速下船舶水下噪声声压级（内河客船）

由图7.3-11可知,不同航速下该内河客船的水下辐射噪声声压级区间均为150~190dB,但高声压级与低声压级占比不同。随着船舶行驶速度的增加,船舶水下辐射噪声的声压级峰值也逐渐增大,并且从图中可以清楚地看到,随着船舶行驶速度的增加,声压级整体都是增大的。对不同航速下的声压进行均值计算,得到船舶平均声压级与航速间的关系,如图7.3-12所示。结果显示,在航速为6km/h、8km/h、10km/h和13km/h时,该内河客船水下噪声平均声压分别为163.70dB、165.92dB、172.29dB和177.80dB,由此可知,对于该内河客船,船舶行驶速度越大,船舶水下噪声声压级则越大,船舶行驶速度与船舶水下噪声声压级成正相关。

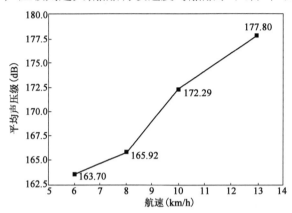

图7.3-12 船舶航速与平均声压级关系曲线(内河客船)

7.3.2.4 船舶水下噪声特征能量向量

对该内河客船的声音信号进行分解重构,小波基函数为"db5",分解尺度J取6。求取该船的能量特征向量,得到部分数据形式见表7.3-2。对数据整合归纳,并转换成柱状图,如图7.3-13所示,其中纵坐标为能量分布,横坐标为$E_a \sim E_{d6}$等7个频段带,以便更直观明显地看到能量分布及能量占比。

该内河客船的能量特征向量   表7.3-2

频段带	6km/h	8km/h	10km/h	13km/h
Ea	0.2031	0.1091	0.0797	0.0059
Ed1	0.1141	0.0728	0.3064	0.0700
Ed2	0.2283	0.3252	0.3895	0.4047
Ed3	0.1866	0.2062	0.1338	0.4708
Ed4	0.0975	0.2100	0.0551	0.0312
Ed5	0.0449	0.0388	0.0123	0.0068
Ed6	0.1255	0.0379	0.0232	0.0106

对比表7.3-2中四种不同船速下声源信号的能量特征向量以及能量分布特征图可见,不同航速下该内河客船的能量分布有明显不同,整体来说能量大多集中在低频段及2~4阶(150~1250Hz)高频段带上,5~6阶(1250~5000Hz)高频段带上占比较小。其中,四种航速下2阶(150~300Hz)高频系数上占比普遍较大,1阶(80~150Hz)频段带上,航速为10km/h的能量占比明显高于其他三种航速;3阶(300~625Hz)频段带上,航速为13km/h时能量占比明显高于其他三种航速。

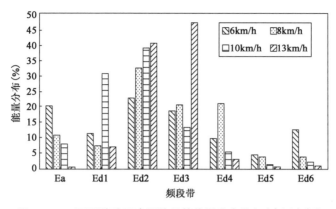

图7.3-13 不同航速下声源信号的能量分布特征(内河客船)

7.3.3 搜救船水下噪声声源特性分析

7.3.3.1 船舶水下噪声声源信号

本节搜救船水下噪声声源特性分析以吨位为1360t的搜救船为例,依据相关标准进行数据分析整理得到不同航速下的船舶水下噪声信号,如图7.3-14所示。可以看出该船噪声最大幅值在航速为6km/h、8km/h、10km/h和13km/h时,分别为0.02738V、0.03660V、0.04848V和0.06197V,由此可知,对于该搜救船,其行驶速度越大,船舶水下辐射噪声信号的幅值越大,即船舶水下辐射噪声与船舶行驶速度成正相关。

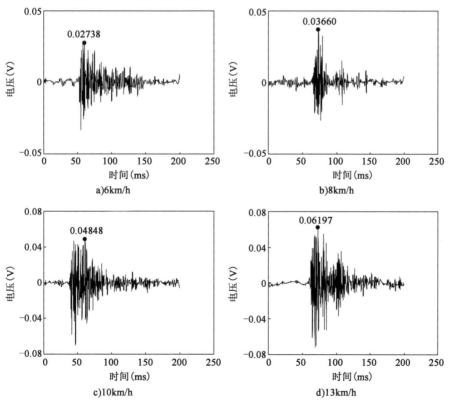

图7.3-14 不同航速下船舶水下噪声信号(搜救船)

7.3.3.2 船舶水下噪声频率特性

基于降噪后的船舶水下噪声信号,利用傅立叶变换对声音信号进行频谱分析,得到图 7.3-15 所示不同航速下船舶水下噪声声源频谱图。

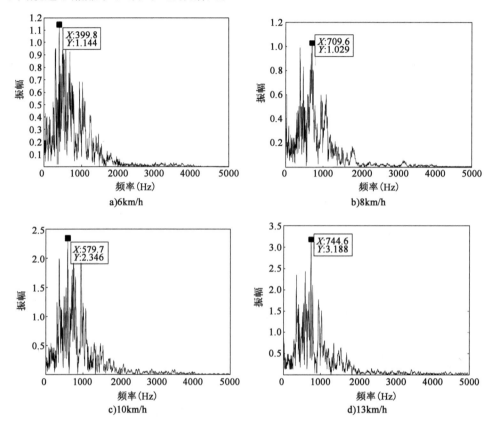

图 7.3-15　不同航速下船舶水下噪声声源频谱图(搜救船)

由图 7.3-15 可知,该搜救船不同航速下船舶水下辐射噪声声源频率都主要集中在低频,主频在 300~800Hz 之间,且由图 7.3-15 可知,在航速为 6km/h、8km/h、10km/h 和 13km/h 时,该船噪声声源峰值频率分别为 399.8Hz、709.6Hz、579.7Hz 和 744.6Hz,船舶水下噪声声源频率与船舶行驶速度间无明显相关关系,且当航速为 6~8km/h 时,峰值频率增大,航速为 8~10km/h 时,峰值频率减小,产生这一现象的主要可能原因是发生了空化现象。

7.3.3.3 船舶水下噪声声压级

为研究该搜救船噪声声压,根据电压-声压转换公式计算得到不同航速下船舶水下噪声声压级,如图 7.3-16 所示。

由图 7.3-16 可知,不同航速下该搜救船的水下辐射噪声声压级区间均为 155~185dB,但高声压级与低声压级占比不同。随着船舶行驶速度的增加,船舶水下噪声的声压级峰值也逐渐增大,并且从图中可以清楚地看到,随着船舶行驶速度的增加,声压级整体都是增大的。对不同航速下的声压进行均值计算,得到船舶平均声压级与航速间的关系,如图 7.3-16 所示。结果显示,在航速为 6km/h、8km/h、10km/h 和 13km/h 时,该搜救船噪声平均声压分别为156.12dB、160.55dB、162.63dB和167.43dB,由此可知,对于同一艘船,船舶行驶速度越大,船舶水下辐射噪声声压级则越大,即船舶水下噪声声压级与船舶行驶速度成正相关(图7.3-17)。

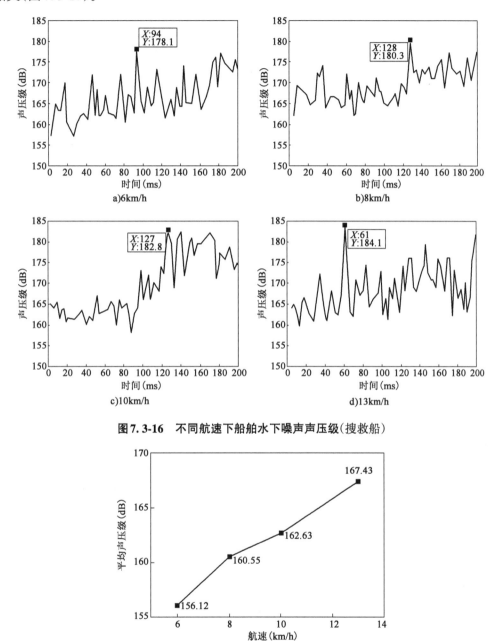

图7.3-16 不同航速下船舶水下噪声声压级(搜救船)

图7.3-17 船舶航速与平均声压级关系曲线(搜救船)

7.3.3.4 船舶水下噪声特征能量向量

对该搜救船的声音信号进行分解重构,小波基函数为"db5",分解尺度J取6。求取该船的能量特征向量,得到部分数据形式见表7.3-3。对数据整合归纳,并转换成柱状图如图7.3-18

所示,其中纵坐标为能量百分比,横坐标为 Ea~Ed6 等 7 个频段带,以便更直观明显地看到能量分布及能量占比。

搜救船的能量特征向量　　　　　　　　　　表 7.3-3

频段带	6km/h	8km/h	10km/h	13km/h
Ea	0.0415	0.1089	0.0323	0.0160
Ed1	0.0001	0.0001	0.0003	0.0025
Ed2	0.0096	0.0340	0.0284	0.0434
Ed3	0.4284	0.4418	0.5626	0.4937
Ed4	0.3947	0.3814	0.3242	0.4036
Ed5	0.0895	0.0167	0.0372	0.0338
Ed6	0.0362	0.0171	0.0149	0.0070

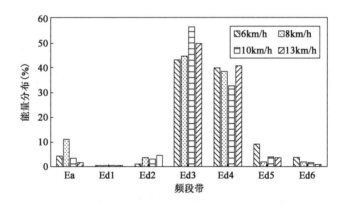

图 7.3-18　不同航速下声源信号的能量分布特征(搜救船)

对比表格中四种不同航速下声源信号的能量特征向量以及能量分布特征图可发现,不同航速下该搜救船的能量分布相差不大,整体来说能量大多集中在低频段及 3~4 阶(300~1250Hz)高频段带上,低频段及 1 阶(40~80Hz)、2 阶(80~150Hz)、5 阶(1250~2500Hz)、6 阶(2500~5000Hz)高频段带上占比较小。其中,四种航速下 3 阶(300~625Hz)高频段带上占比均最大。

7.3.4　快艇水下噪声声源特性分析

7.3.4.1　船舶水下噪声声源信号

本节快艇的水下噪声声源特性分析以"宜宾快艇船"为例,依据相关标准进行数据分析整理得到不同船速下的船舶水下噪声信号,如图 7.3-19 所示。由于快艇的船速较大,因此将快艇的速度梯度分为 10km/h、20km/h、30km/h、50km/h 来进行研究,可以看出快艇的水下辐射噪声与其他船型相比明显增大,该船在航速为 10km/h、20km/h、30km/h 和 50km/h 时,最大幅值分别为 0.16929V、0.24832V、0.32358V 和 0.40573V,由此可知,对于该快艇,其行驶速度越大,船舶水下辐射噪声信号的幅值越大,即船舶水下辐射噪声与船速成正相关。

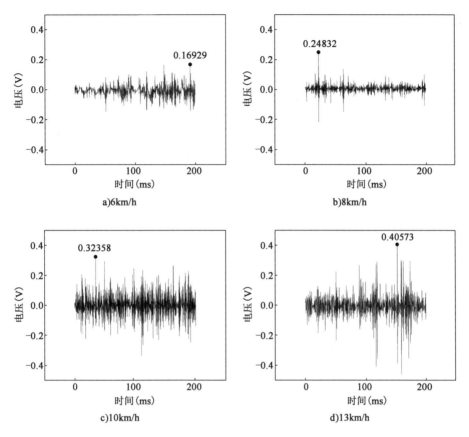

图 7.3-19　不同航速下船舶水下噪声信号(快艇)

7.3.4.2　船舶水下噪声频率特性

基于降噪后的船舶水下噪声信号,利用傅立叶变换对声音信号进行频谱分析,得到图 7.3-20 所示不同航速下船舶水下噪声频谱图。

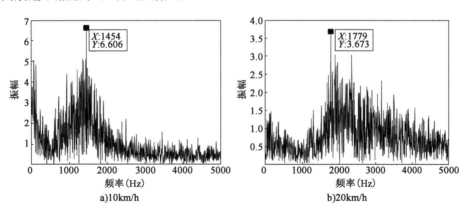

图　7.3-20

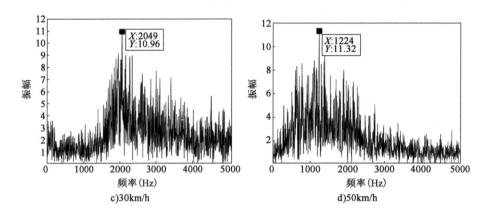

图 7.3-20 不同航速下船舶水下噪声声源频谱图(快艇)

由图7.3-20可知,该快艇在不同航速下船舶水下噪声声源频率都主要集中在低频,主频在1200~2100Hz之间,且由图可知,在航速为10km/h、20km/h、30km/h和50km/h时,该船水下噪声声源峰值频率分别为1454Hz、1779Hz、2049Hz和1224Hz,船舶水下噪声声源频率与船舶行驶速度间无明显相关关系。可以看出,船舶行驶速度在10~30km/h之间时,船舶水下噪声声源峰值频率越来越大,但是当行驶速度为50km/h的时候,船舶水下噪声源峰值频率反而变小,且减小的幅度比其他三种船型都大,产生这一现象的主要可能原因是发生了空化现象,空化现象只有在船舶达到一定航速时才产生,这是因为在高航速和浅深度情况下,容易产生大量的空化气泡,因而产生大量的低频噪声,使谱峰向低频端移动,且由于快艇的航速过大,所以空化现象较其他三种船舶更为明显。

7.3.4.3 船舶水下噪声声压级

为研究该快艇水下噪声声压,根据电压-声压转换公式计算得到不同航速下船舶辐射噪声声压级,如图7.3-21所示。

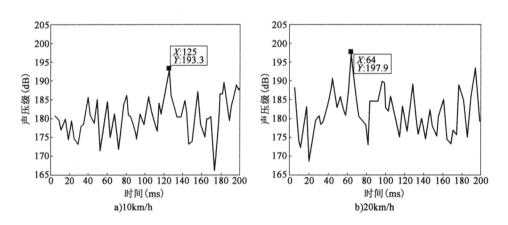

图 7.3-21

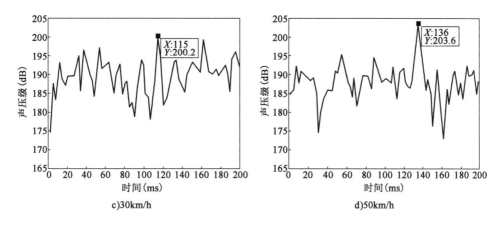

图 7.3-21 不同航速下船舶水下噪声声压级(快艇)

由图 7.3-21 可知,不同航速下该快艇的水下噪声声压级区间均为 165~205dB,但高声压级与低声压级占比不同。随着船舶行驶速度的增加,船舶水下辐射噪声的声压级峰值也逐渐增大,并且从图中可以清楚地看到,随着船舶行驶速度的增加,声压级整体都是增大的。对不同航速下的声压进行均值计算,得到船舶平均声压级与航速间的关系,如图 7.3-21 所示。结果显示,在航速为 10km/h、20km/h、30km/h 和 50km/h 时,该快艇的水下噪声平均声压分别为 180.06dB、183.23dB、188.55dB 和 189.81dB,由此可知,对于该快艇,船舶行驶速度越大,船舶水下辐射噪声声压级则越大,即船舶水下噪声声压级与船舶行驶速度成正相关(图 7.3-22)。

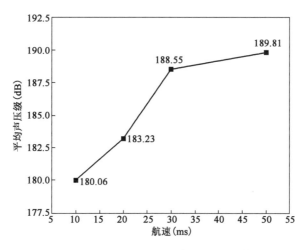

图 7.3-22 船舶航速与平均声压级关系(快艇)

7.3.4.4 船舶水下噪声特征能量向量

对该快艇的声音信号进行分解重构,小波基函数为"db5",分解尺度 J 取 6。求取该船的能量特征向量,得到部分数据形式见表 7.3-4。对数据整合归纳,并转换成柱状图,如图 7.3-23 所示,其中纵坐标为能量分布,横坐标为 Ea、Ed1、Ed2、Ed3、Ed4、Ed5、Ed6 共 7 个频段带,以便更直观明显地看到能量分布及能量占比。

快艇的能量特征向量　　　　　　　　　　　　表7.3-4

频段带	6km/h	8km/h	10km/h	13km/h
Ea	0.1806	0.1308	0.0287	0.0174
Ed1	0.0525	0.3899	0.4475	0.1175
Ed2	0.3624	0.4138	0.4645	0.4164
Ed3	0.2595	0.0177	0.0242	0.3583
Ed4	0.0263	0.0229	0.0130	0.0724
Ed5	0.0275	0.0071	0.0125	0.0133
Ed6	0.0912	0.0177	0.0097	0.0048

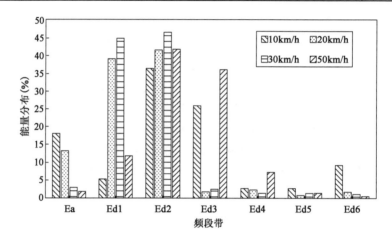

图 7.3-23　不同航速下声源信号的能量分布特征（快艇）

对比表格中四种不同航速下声源信号的能量特征向量以及能量分布特征图可发现,不同航速下该快艇的能量分布有明显区别,整体来说能量大多集中在2阶(150~300Hz)高频系数上。低频段带上,航速为10km/h及20km/h的能量占比较大,1阶(80~150Hz)频段带上,航速为20km/h及30km/h的能量占比明显高于其他速度的能量占比;3阶(300~625Hz)频段带上,航速为10km/h及50km/h的能量占比明显高于其他速度的能量占比。

7.4　不同吨位船舶水下噪声声源特性分析

由以上研究得知,同一船舶水下辐射噪声声压随船速的增加而增大,为研究长江上游航道岷江河段不同吨位船舶水下辐射噪声声源特性,分别对吨位780t、1670t、2780t和3279t的4艘不同散装船舶进行了现场监测试验,得到不同航速下的多组船舶水下辐射噪声数据,经过分析得到不同吨位的散装货船的声源频率及声压,并将不同吨位散装货船的频率及声压进行对比,发现船舶吨位越大,其声压则越大。

不同吨位的水下噪声1/3倍频程结果如图7.4-1和图7.4-2所示。

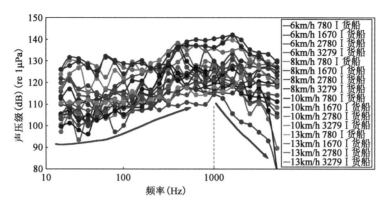

图7.4-1 不同吨位船舶水下噪声声压级与频率曲线

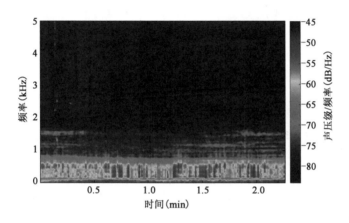

图7.4-2 大型货船时频分布情况

据图7.4-1和图7.4-2所示结果可知,不同吨位船舶水下辐射噪声声压级主要贡献频段分布在100~1000Hz区间。不同吨位船舶水下辐射噪声声压级与频率的关系是声压级从低频到1000Hz逐渐升高,1000Hz后声压级开始衰减。

不同吨位船舶声压级在100~1000Hz频段内经历起伏,在大于1000Hz频率段,声压级迅速衰减,岷江大型货船对水下声压级增加的贡献主要集中在100~1000Hz频段,其中大型货船水声声压级峰值出现在400~600Hz频段。

7.4.1 不同吨位船舶水下噪声声源信号

不同航速下,不同吨位的散装货船吨位与水下噪声信号幅值的关系如图7.4-3至图7.4-6所示。

(1)航速为6km/h。

从图7.4-3中4个不同吨位散装货船的水下噪声信号幅值可以看出,当船舶行驶速度为6km/h时,吨位为780t、1670t、2780t和3279t的散装货船的辐射噪声最大幅值分别0.0006V、0.0128V、0.01951V和0.02142V,由此可知,在该种散装货船行驶速度为6km/h时,船舶吨位越大,其水下辐射噪声信号的幅值越大,即对于同一船型船舶,船舶水下噪声声源信号幅值与船舶吨位成正相关。

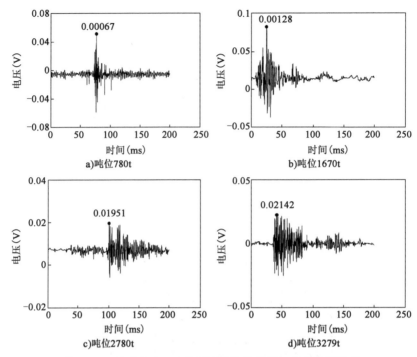

图 7.4-3　航速为 6km/h 的不同吨位散装货船水下噪声信号

(2) 航速为 8km/h。

从图 7.4-4 中 4 个不同吨位散装货船的水下噪声信号幅值可以看出,当船舶行驶速度为 8km/h 时,吨位为 780t、1670t、2780t 和 3279t 的散装货船的水下辐射噪声最大幅值分别为 0.00076V、0.00943V、0.02599V 和 0.03614V,由此可知,在该种散装货船行驶速度为 8km/h 时,船舶吨位越大,其水下辐射噪声信号的幅值越大,即对于同一船型船舶,船舶水下噪声声源信号幅值与船舶吨位成正相关。

(3) 航速为 10km/h。

从图 7.4-5 中 4 个不同吨位散装货船的水下噪声信号幅值可以看出,当船舶行驶速度为 10km/h 时,吨位为 780t、1670t、2780t 和 3279t 的散装货船的水下辐射噪声最大幅值分别 0.00067V、0.01514V、0.04434V 和 0.0505V。由此可知,在该种散装货船行驶速度为 10km/h 时,船舶吨位越大,其水下辐射噪声信号的幅值越大,即对于同一船型船舶,船舶水下噪声声源信号幅值与船舶吨位成正相关。

(4) 航速为 13km/h。

从图 7.4-6 中 4 个不同吨位散装货船的水下噪声信号幅值可以看出,当船舶行驶速度为 13km/h 时,吨位为 780t、1670t、2780t 和 3279t 的散装货船的水下辐射噪声最大幅值分别 0.00208V、0.0169V、0.05087V 和 0.06373V。由此可知,在该种散装货船行驶速度为 13km/h 时,船舶吨位越大,其水下辐射噪声信号的幅值越大,即对于同一船型船舶,船舶水下噪声声源信号幅值与船舶吨位成正相关。

综合以上 4 种不同航速下的不同吨位散装货船的船舶水下噪声声源信号可以得到,对于同一船型船舶,当其行驶速度相同时,船舶吨位越大,其水下噪声声源信号的幅值越大,即船舶水下噪声声源信号与船舶吨位成正相关。

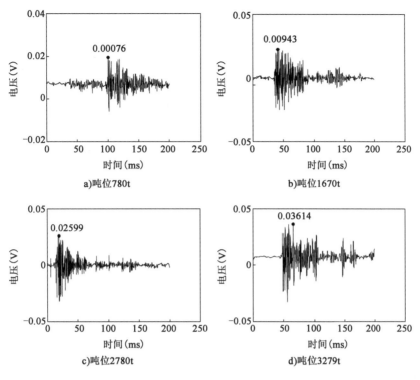

图7.4-4 航速为8km/h的不同吨位散装货船水下噪声信号

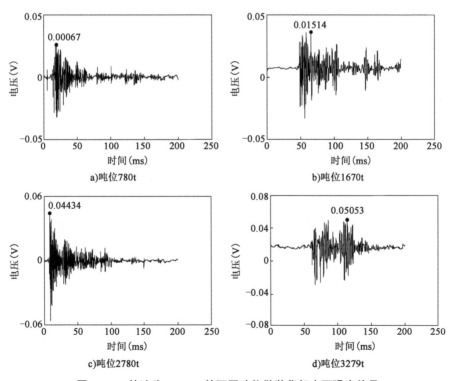

图7.4-5 航速为10km/h的不同吨位散装货船水下噪声信号

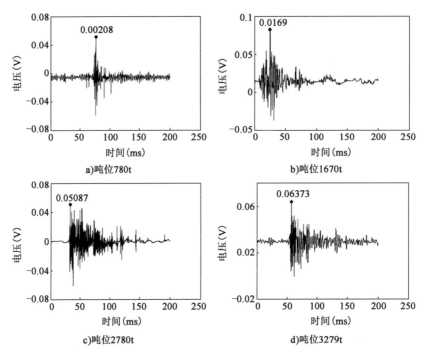

图 7.4-6 航速为 13km/h 的不同吨位散装货船水下噪声信号

7.4.2 不同吨位船舶水下噪声声压级

经计算及分析 780t、1670t、2780t 和 3279t 等 4 个不同吨位的散装货船水下噪声声压级,不同船舶行驶速度下声压级的区间值变化如图 7.4-7 所示。

从图 7.4-7 可以看出,同一航速下,随着船舶吨位的增大,声压级中 25%~75% 占比值以及均值均呈上升趋势,因此可推知船舶水下噪声声压级随船舶吨位的增大而增大,即船舶水下噪声声压级与船舶吨位成正相关。此外,当船舶行驶速度较低时(6~8km/h),声压级增大较为明显;当船舶行驶速度较高时(10~13km/h),声压级增大相对没那么明显。并且随着船舶行驶速度的增大,低吨位船舶水下辐射噪声声压级间差距逐渐缩小。

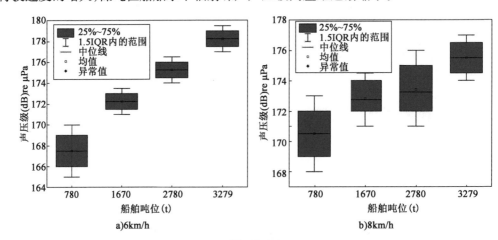

图 7.4-7

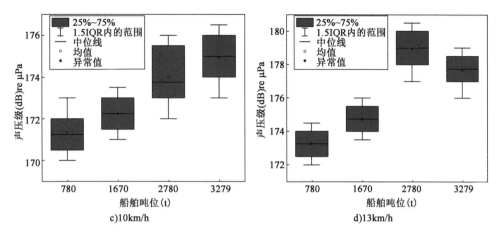

图 7.4-7 不同航速下声压区间值

7.4.3 不同吨位船舶水下噪声频率特性

基于降噪后的船舶噪声信号,利用傅立叶变换对声音信号进行频谱分析,得到如图 7.4-8 至图 7.4-10 所示不同吨位散装货船在不同船速下的船舶水下噪声频谱图(吨位 3279t 散装货船的频谱特性已经分析,本节只分析 780t、1670t 和 2780t 三个吨位散装货船的频谱特性)。

(1)吨位 780t 散装货船。

由图 7.4-8 可知,该吨位 780t 的散装货船在不同航速下的船舶水下噪声声源频率都主要集中在低频,主频在 90~400Hz 之间,且由图可知,在航速为 6km/h、8km/h、10km/h 和 13km/h 时,声源峰值频率分别为 354.8Hz、349.8Hz、99.95Hz 和 99.95Hz,船舶水下噪声声源频率与船舶吨位间无明显相关关系。

(2)吨位 1670t 散装货船。

由图 7.4-9 可知,该吨位 1670t 的散装货船在不同航速下的船舶水下噪声声源频率都主要集中在低频,主频在 300~500Hz 之间,且由图可知,在航速为 6km/h、8km/h、10km/h 和 13km/h 时,该船噪声声源峰值频率分别为 434.8Hz、474.8Hz、384.8Hz 和 314.8Hz,船舶水下噪声声源频率与船舶吨位间无明显相关关系。

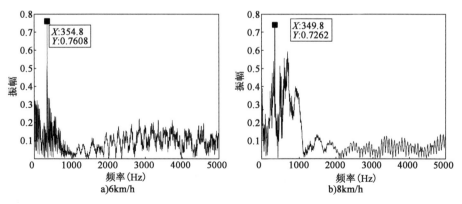

图 7.4-8

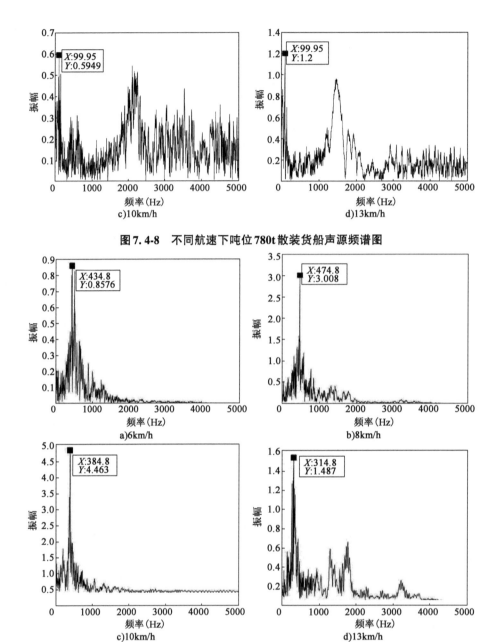

图 7.4-8 不同航速下吨位 780t 散装货船声源频谱图

图 7.4-9 不同航速下吨位 1670t 散装货船声源频谱图

(3)吨位 2780t 散装货船。

由图 7.4-10 可知,该吨位 2780t 的散装货船在不同船速下的船舶水下噪声声源频率都主要集中在低频,主频在 300~1700Hz 之间,且由图可知,在航速为 6km/h、8km/h、10km/h 和 13km/h 时,该船噪声声源峰值频率分别为 1569Hz、394.8Hz、409.8Hz 和 1679Hz,船舶水下噪声声源频率与船舶吨位间无明显相关关系。

由以上对不同吨位散装货船的分析可以得到,所测 4 艘散装货船的水下噪声声源频率都主要集中在低频和一些高频带上,峰值频率范围在 90~1700Hz 之间,且船舶水下噪声声源频率的大小与船舶行驶速度及船舶吨位均没有直接相关关系,是声源本身的一种特性。

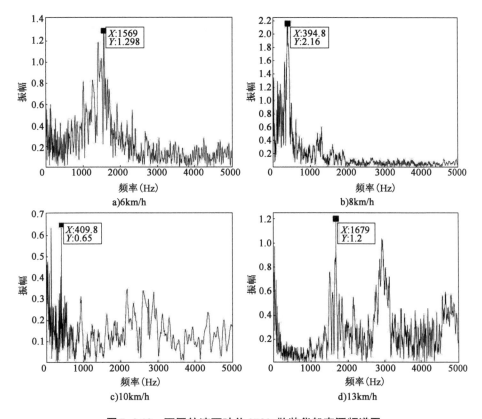

图 7.4-10 不同航速下吨位 2780t 散装货船声源频谱图

7.5 船舶水下辐射噪声衰减规律

固定监测点位处监测同一艘船舶距离监测点位不同距离处船舶水下噪声的声压级情况,分析船舶水下噪声衰变规律。监测船舶距离监测点位由远及近又由近及远的水下辐射噪声原始数据如图 7.5-1 所示。针对数据每 5s 计算其声压级,随着时间的推进其声压级的变化趋势如图 7.5-2 所示。

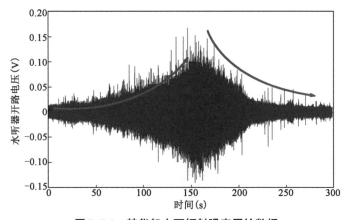

图 7.5-1 某货船水下辐射噪声原始数据

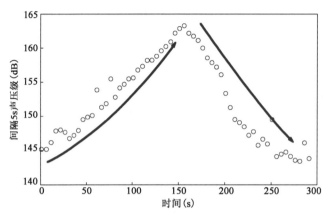

图 7.5-2　监测过程中水听器接收声压级变化趋势

根据监测结果分析知,船舶距离监测水听器越远,水听器接收声压级越低,船舶水下衰变关系呈指数和对数关系。分靠近与远离固定监测点位阶段,拟合关系如图 7.5-3 和图 7.5-4 所示。

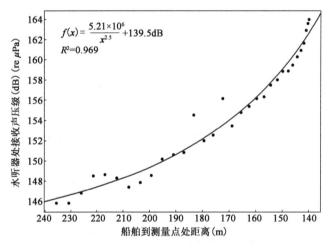

图 7.5-3　船舶驶向测点时接收声压级变化情况拟合

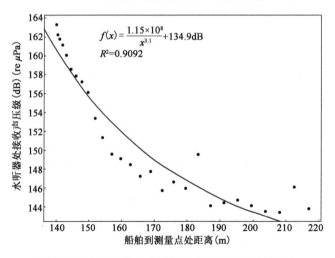

图 7.5-4　船舶远离测点时接收声压级变化情况拟合

由以上分析给出船舶水下辐射噪声衰变规律,当行驶船舶靠近监测点位时,监测到的水下声压级增加规律的经验公式为:

$$f(x) = \frac{5.21 \times 10^6}{x^{2.5}} + 139.5 \quad (\text{dB}) \tag{7.5-1}$$

式中,x 是声音从船舶声源处到监测点位传播的距离;$f(x)$ 是声音从声源处传播到监测点位处的声压级大小。当船舶远离监测点位时,监测到的水下声压级增加规律的经验公式为:

$$f(x) = \frac{1.15 \times 10^8}{x^{3.1}} + 134.9 \quad (\text{dB}) \tag{7.5-2}$$

式中,x 是声音从船舶声源处到监测点位传播的距离;$f(x)$ 是声音从声源处传播到监测点位处的声压级大小。

7.6 船舶水下噪声空间分布规律研究

船舶水下噪声传播是一个相互耦合的多物理场。随着计算机模拟技术的发展,仿真和数值计算的显著改善,有限元分析在解决实际问题的过程中被越来越多地应用。本章节的数值模拟工作主要由 Comsol Multiphysics 软件完成。Comsol Multiphysics 是一款基于有限元方法求解特定形式的偏微分方程的多物理场仿真软件,因此它可以求解化工中的流动过程问题(层流、湍流、多相流)、传热过程问题(传导、对流、辐射)以及化学反应工程问题(均相、非均相、表面反应等)。

利用数值模拟的手段,根据实测地点的航道地形图建立航道模型,对典型河道不同声源频率的船舶水下噪声衰减规律以及水下噪声声场分布情况进行模拟研究。

7.6.1 模型原理及建立

1)非均匀介质中的波动方程

海水中的声速和密度是时间和空间位置的函数。在忽略海水黏滞性以及热传导的情况下,得到以下方程:

$$\frac{\mathrm{d}\boldsymbol{u}}{\mathrm{d}t} + \frac{1}{\rho}\nabla p = 0 \tag{7.6-1}$$

式中,$\boldsymbol{u}$ 为质点振速;p 和 ρ 分别为声压和密度。在小振幅波动的情况下,运动方程可简化为:

$$\frac{\partial \boldsymbol{u}}{\partial t} + \frac{1}{\rho}\nabla p = 0 \tag{7.6-2}$$

根据质量守恒定律,小振幅波满足连续性方程:

$$\frac{\partial \rho}{\partial t} + \rho \nabla \cdot \boldsymbol{u} = 0 \tag{7.6-3}$$

由于声振动过程近似为等熵过程,其状态方程:

$$dp = c^2 d\rho \tag{7.6-4}$$

$$c^2 = \left(\frac{dp}{d\rho}\right)_s = \left(\frac{\partial p}{\partial \rho}\right)_s \tag{7.6-5}$$

或者写为:

$$\frac{\partial p}{\partial \rho} = c^2 \frac{\partial \rho}{\partial t} \tag{7.6-6}$$

当声速 c 和密度 ρ 不随时间改变时,联立式(7.6-2)、式(7.6-3)和式(7.6-6),消去振速 u 后,可得到:

$$\nabla^2 p - \frac{1}{c^2} \frac{\partial^2 p}{\partial t^2} - \frac{1}{\rho} \nabla \rho \cdot \nabla \rho = 0 \tag{7.6-7}$$

式中,密度 ρ 为空间位置函数情况下的波动方程。为了简化式(7.6-7),可引入新函数,式(7.6-7)由此变为:

$$\nabla^2 \psi - \frac{1}{c^2} \frac{\partial^2 \psi}{\partial t^2} + \left[\frac{\nabla^2 \rho}{2\rho} - \frac{3(\nabla \rho)^2}{4\rho^2}\right] \psi = 0 \tag{7.6-8}$$

对于简谐波,$\frac{\partial^2}{\partial t^2} = -\omega^2$,式(7.6-8)可写为:

$$\nabla^2 \psi + K^2(x, y, z)\psi = 0 \tag{7.6-9}$$

其中:

$$K^2(x, y, z) = k^2 + \frac{\nabla^2 \rho}{2\rho} - \frac{3(\nabla \rho)^2}{4\rho^2} \tag{7.6-10}$$

式(7.6-9)为不均匀介质中的波动方程。式(7.6-10)中的 K 和 k,都是空间位置函数。海水的密度受空间位置影响不大,因此可以近似地认为密度为常数,则 $K(x,y,z) = k = \frac{\omega}{c}(x,y,z)$,所以有:

$$\nabla^2 \psi + k^2(x, y, z)\psi = 0 \tag{7.6-11}$$

因为 $p = \sqrt{\rho}\psi$,且密度为常数,因此声压符合

$$\nabla^2 p + k^2(x, y, z)p = 0 \tag{7.6-12}$$

假设介质中有外力作用,比如源,则式(7.6-2)需加上外力项,即:

$$\frac{\partial u}{\partial t} + \frac{1}{\rho} \nabla \rho = \frac{F}{\rho} \tag{7.6-13}$$

式中,F 为外力。可推导出:

$$\nabla^2 \psi + K^2(x, y, z)\psi = \frac{\nabla \cdot F}{\sqrt{\rho}} \tag{7.6-14}$$

当密度 ρ 为常数时,式(7.6-14)可以写成:

$$\nabla^2 p + k^2(x, y, z)p = \nabla \cdot F \tag{7.6-15}$$

2)定解条件

波动方程给出了声波传播的普遍规律,它必须与物理问题所满足的具体条件相结合,才能给出该物理问题的答案。这种物理问题所满足的具体条件,称为定解条件。本节主要介绍定解条件中的边界条件辐射条件和奇性条件。

(1)边界条件。

①绝对软边界。绝对软边界也称自由边界,这时边界上的声压等于零,如果边界是 $z=0$ 的平面,则绝对软边界的边界条件写为:

$$p(x, y, 0, t) = 0 \tag{7.6-16}$$

其物理意义是,界面上的任何点上,无论时间 t 取何值,声压 p 总为零。

②绝对硬边界。对于绝对硬边界条件,声波难以传入该介质中,此时边界上介质质点的法向振速为零。如果将 $z=0$ 的平面定为边界,且边界的法线方向为 z 轴,则边界条件写为:

$$\left(\frac{\partial p}{\partial z}\right)_{z=0} = 0 \tag{7.6-17}$$

对于起伏不定的硬质海底,界面方程可写为 $z=\eta(x,y)$,此时质点法向振速等于零的边界条件为:

$$(\boldsymbol{n} \cdot \boldsymbol{u})_\eta = 0 \tag{7.6-18}$$

式中,$\boldsymbol{u}$ 为质点振速;$\boldsymbol{n}$ 为界面的法向单位矢量,$\boldsymbol{n} = \frac{\partial \eta}{\partial x}\boldsymbol{i} + \frac{\partial \eta}{\partial y}\boldsymbol{j} + \frac{\partial \eta}{\partial z}\boldsymbol{k}$,其中 $\boldsymbol{i}, \boldsymbol{j}$ 和 $\boldsymbol{k}$ 是三个坐标轴方向的单位矢量。质点振速 $\boldsymbol{u} = u_x\boldsymbol{i} + u_y\boldsymbol{j} + u_z\boldsymbol{k}$,于是上述边界写成:

$$\frac{\partial \eta}{\partial x} u_x + \frac{\partial \eta}{\partial y} u_y + u_z = 0 \tag{7.6-19}$$

(2)辐射条件。

波动方程的解在无穷远处必须满足的定解条件被称为辐射条件。如果在无穷远处没有规定固定的求解条件,波动方程的解将不是唯一的,因此,辐射条件是解决波动方程的必要条件。众所周知,当无限远处没有声源时,无限远处的声场应具有扩散波的性质,声场应趋于零,声场的这种性质,给出了无限远处的固定解条件——辐射条件。

①平面波。已知平面波的达朗贝尔解可以写成:

$$\psi_- = f\left(t + \frac{x}{c}\right), \quad \psi_+ = f\left(t - \frac{x}{c}\right) \tag{7.6-20}$$

式中,反向波沿 x 轴负向传播;正向波沿 x 轴正向传播,分别满足:

$$\frac{\partial \psi_+}{\partial x} + \frac{1}{c}\frac{\partial \psi_+}{\partial t} = 0, \quad \frac{\partial \psi_-}{\partial x} - \frac{1}{c}\frac{\partial \psi_-}{\partial t} = 0 \tag{7.6-21}$$

如果在无穷远处只有正向波,那么上述方程的第一个方程就是它的辐射条件,也就是说,波动方程的解必须满足上述方程中正向波的第一个方程。反之,如果在无穷远处有声源,那么就有反向波,第二个方程就成为解的辐射条件。

②(圆)柱面波和球面波。同样可以证明,(圆)柱面波和球面波的辐射条件分别如下:

(圆)柱面波

$$\lim_{r \to \infty} \sqrt{r} \left(\frac{\partial \phi}{\partial r} \pm jk\phi \right) = 0 \qquad (7.6\text{-}22)$$

球面波

$$\lim_{r \to \infty} r \left(\frac{\partial \phi}{\partial r} \pm jk\phi \right) = 0 \qquad (7.6\text{-}23)$$

辐射条件式中的±表示正反向传播的波。

(3)奇性条件。

对于均匀发散的球面波 $p = \frac{A}{r} e^{j(\omega t - kr)}$，当 $r \to 0$ 时，解 $p \to \infty$，这就是声源处的球面波解的奇性。在数学上，通常应用狄拉克函数(δ)来描述声源的奇性，波动方程被改写为非齐次形式，因此波动方程变为：

$$\nabla^2 p - \frac{1}{c^2} \frac{\partial^2 p}{\partial t^2} = -4\pi \delta(r) A e^{j\omega t} \qquad (7.6\text{-}24)$$

7.6.2 模型建立

7.6.2.1 模型参数

在建模过程中主要考虑河水和河床两部分的参数取值。河水相比于复杂的河床底部情况，其介质参数更加稳定，选取的河水密度参数为 $\rho = 1000 \text{kg/m}^3$。

河床介质的参数见表 7.6-1。

河床介质相关系数　　　　　　　　表 7.6-1

参数名称	参数符号	参数值
渗透率	K_p	$1 \times 10^{-6} \text{cm}^2$
剪切模量	G	$(2.61 \times 10^7 + 1.25 \times 10^6 i)\text{Pa}$
孔隙率	ε_p	0.47
曲折系数	τ	1.25
Biot-Willis 系数	α_B	0.999
体积模量	K	$(4.36 \times 10^7 + 2.08 \times 10^6 i)\text{Pa}$
密度	ρ_d	1404.5kg/m^3

7.6.2.2 边界条件

本模型使用了软声场边界和平面波辐射等边界条件来模仿实际的河水、河床介质环境。

(1)软声场边界。

实际情况中水-空气交界面的压强为零，为使得模拟结果更加准确，需要将模型中的河水表面设置为软声场边界将声压为零的河面设置为软声场边界。

(2)平面波辐射。

由于模型尺寸有限，为模拟实际情况下船舶噪声在河水中的传播情况，需将边界设置为平面波辐射条件。声波通过平面波辐射边界离开模型域时仅衰减一小部分。

7.6.2.3 点源

点将舰船噪声源简化为低频点源。由第2章测量结果已知船舶声源处声强级,采用$1\times10^{-12}W/m^2$作为参考声强(I_0),根据第1章的声强级计算公式反推点源处声强。由此便可以通过设置点源处强度来模拟不同声强级的船舶噪声。

7.6.3 模型仿真与实验数据对比

根据上文所述完成模型建立后,为保证数值模拟的准确性,需对实际工况进行数值模拟并与实测数据对比。宜宾绕城高速河段为深槽河段且多为单艘船舶通航,故模拟实际深槽河段地形条件下单艘船舶通航的水下声场分布,得到船舶噪声衰减曲线与实际测量结果进行对比分析(图7.6-1)。

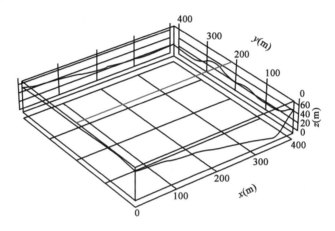

图7.6-1 宜宾绕城高速河段模型

为尽可能还原实际测量情况,在模型中建立三维截线,模拟船舶噪声沿该截线的声压级变化趋势,模拟结果如图7.6-2所示,将模拟结果与实测结果的拟合曲线进行对比分析如图7.6-3所示。

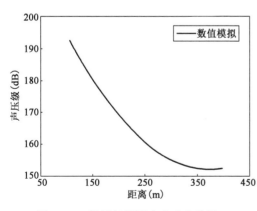

图7.6-2 模拟船舶噪声衰减曲线图

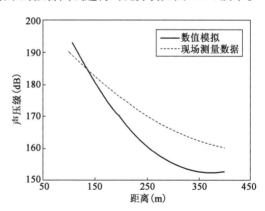

图7.6-3 现场测量数据与数值模拟结果对比

由图7.6-2和图7.6-3可见,现场实测数据与数值模拟计算结果的衰减趋势相同,拟合程度较好,可以进行后续的模拟研究。随距离增加二者差值逐渐增大的主要原因可能是试验区域河流的水下情况比较复杂,卵石撞击以及水流冲刷现象都会使实测数据增大。

7.7 深槽河段声场分布

宜宾绕城高速公路河段位于山区半冲积性河段,水文特征主要表现为山区河流特征,年水位落差大,洪峰变幅大、历时短,而枯水期水位平稳、历时长。该河段河宽相对均匀,河床一般由基岩和卵石组成,弯道段的凸岸形成碛坝。从河岸组成上看,一般为基岩,间有石盘、突嘴伸入江中,两岸岸线虽参差不齐,但较为稳定。该区域作为长江上游一级支流岷江的典型河段,对经过该区域的船舶所产生的噪声进行模拟研究。根据现场监测情况,建立尺寸为400m×400m×75m的模型如图7.7-1所示。

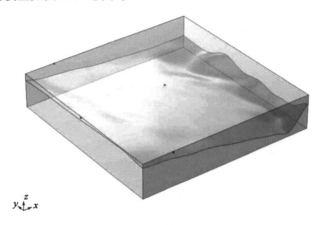

图7.7-1 深槽河段模型

7.7.1 声场分布

当船舶行驶到航道中间,船舶噪声频率为30Hz时声场分布如图7.7-2所示。

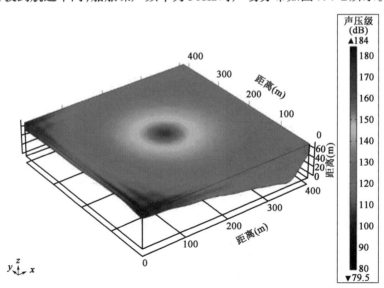

图7.7-2 深槽河段船舶噪声频率30Hz时声场分布图

由图 7.7-2 只能看出大致的声压级分布,并不能直观分析声压级衰减趋势。等值线可以对水下声场的声压级按不同范围划分,能够直观地看到声压级衰减范围,因此对声场声压级分布做等值线处理,模拟结果如图 7.7-3 至图 7.7-8 所示。

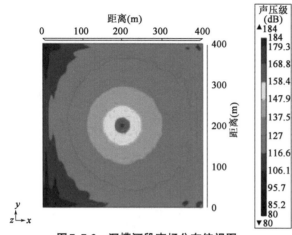

图 7.7-3 深槽河段声场分布俯视图

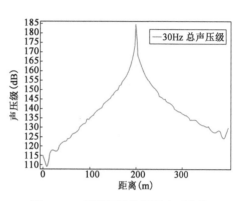

图 7.7-4 深槽河段俯视图衰减曲线

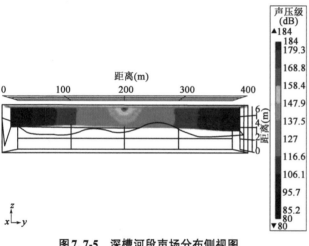

图 7.7-5 深槽河段声场分布侧视图

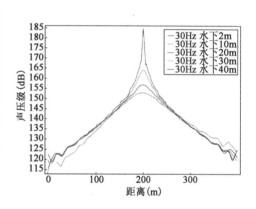

图 7.7-6 深槽河段侧视图衰减曲线

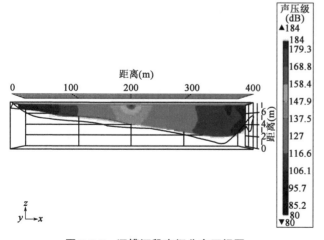

图 7.7-7 深槽河段声场分布正视图

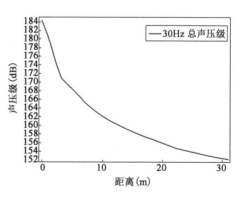

图 7.7-8 深槽河段声源垂向衰减曲线

从俯视图中可以看出船舶声源处声压级最高,为184dB。相比于右侧深槽,左侧浅滩衰减更加迅速,左侧浅滩距声源50m处声压级为146.3dB,100m处声压级为137.4dB;右侧深槽距声源50m处声压级为146dB,100m处声压级为140dB。从侧视图中可以看出声源处沿深度方向声压级有明显衰减,离声源位置远处声压级没有明显的衰减趋势;深度方向上船舶噪声在10m深度衰减为162dB,20m深度时为155dB。

7.7.2 不同频率声源的声场分布

为探究不同频率船舶噪声水下声场分布,选定30Hz、50Hz、100Hz、150Hz、200Hz和300Hz六个不同频率作为船舶噪声特征频率进行模拟分析。模拟结果如图7.7-9所示。

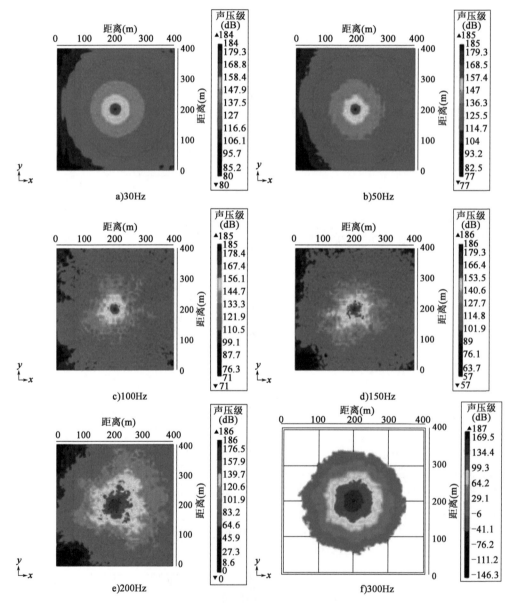

图7.7-9 深槽河段不同频率声场分布

从图7.7-9中可以看出,100Hz以下的低频声源散发出来的噪声具有较强的传播性,有明显的规律并且传播距离较远,衰减较慢。100~300Hz频率范围内的声源传播规律性较差,声场分布散乱。300Hz时船舶噪声迅速衰减。

为探究模拟结果的衰减趋势,设置点1(0,200,73)、点2(400,200,73)构成截线,对应频率的声压级衰减曲线如图7.7-10所示。

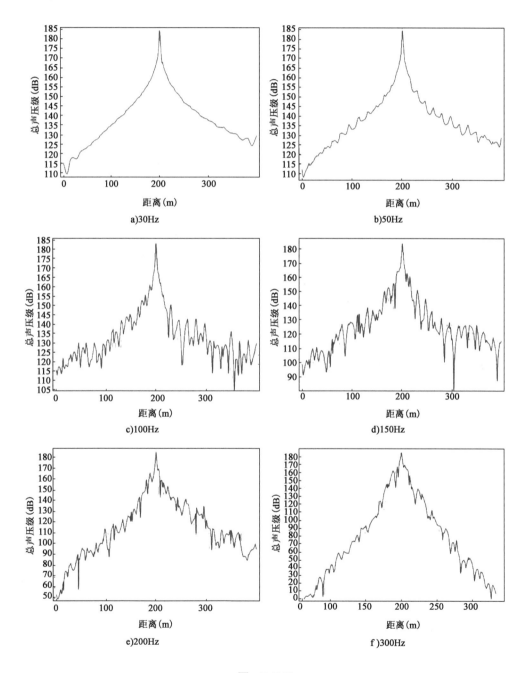

图 7.7-10

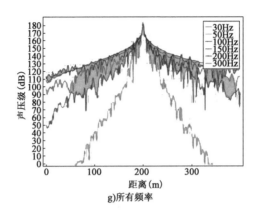

图7.7-10 深槽河段不同频率声压级衰减曲线

整体来看,随着声源频率增加,噪声衰减趋势加快,衰减波动性增加。30Hz船舶噪声线性衰减,深槽与浅滩衰减速度不同,左侧浅滩衰减迅速,右侧深槽衰减相对缓慢。相比于右侧深槽,左侧浅滩衰减更加迅速,左侧浅滩距声源50m处声压级为146.3dB,100m处声压级为137.4dB;右侧深槽距声源50m处声压级为146dB,100m处声压级为140dB。可以看出船舶噪声随传播距离增加,先是迅速衰减随后衰减速度逐渐缓慢。50Hz衰减趋势与30Hz类似,有明显的波动性。100~200Hz随频率增加衰减速度加快,深槽处50m衰减50dB左右,100m衰减60dB左右。300Hz衰减速度最快,深槽和浅滩150m处均衰减为0dB。

7.7.3 多噪声源声场分布

当多个声源同时存在时,就是所谓的声源阵列。在研究声音如何从阵列中移动之前,重要的是要记住声音如何从单个声源中移动。声源产生的声音以波的形式出现,可以用波前来表示。一个波前是由波上所有在波周期内同一位置的点组成的表面。一系列的波可以用一系列的波前来示意性地表示。

在一个声源阵列中,每个声源都会产生声波。所有声源的声场相加就形成了总声场。声场有两个区域:近场(菲涅尔区)和远场(弗劳恩霍夫区)(图7.7-11)。在近场中,声场由各个声源产生的声波之间的复杂相互作用组成。由于声波的相位不一致,复杂的相互作用包括建设性和破坏性的干扰。在距离是阵列大小和声音波长的函数时,就会过渡到远场。在远场中,各个声源的波前相位相加,产生平面波前。

实际的航运中多艘船舶同向、相向航行的情况更为常见,为探究多声源是否存在相互影响现象,模拟两艘船舶沿航线同向航行时水下船舶噪声场分布。在多艘船舶水下声场模拟部分为确定船舶间距需引入安全领域纵长概念,船舶领域纵长概念是对日本著名学者藤井弥平博士提出的船舶避碰领域的延伸,他曾将船舶避碰域定义为以船舶为中心的二维域,其他船舶必须避免进入该域。并结合许多海上交通调查,他提出了以行驶中的船舶为中心,沿船头、船尾线方向的长半轴,以及沿船舶正横方向的短半轴的椭圆作为船舶域的模型,如图7.7-12所示。

安全领域纵长即为保证船舶安全行驶情况下的船舶领域纵长最小值。长江干线不同吨位船舶的船舶安全领域纵长见表7.7-1。

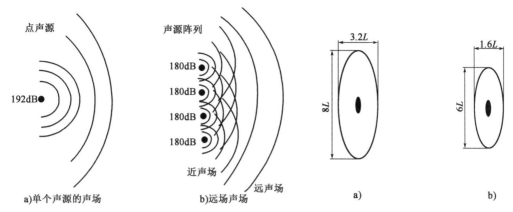

图 7.7-11 平面波前

图 7.7-12 藤井弥平船舶避碰领域模型

注：L 为船长（m）。

长江干线不同吨级船舶安全领域纵长　　　表 7.7-1

船舶吨级(t)	下行领域纵长(m)	上行领域纵长(m)
1000	425	315
2000	405	261
3000	572	385
5000	528	308
10000	528.9	332.1
20000	852.8	541.2
50000	1004	579.8

模拟两艘 2000 吨级货船（分别用 1、2 号船表示）在深槽河段上行工况下的船舶噪声水下声场分布。根据第 2 章实测数据，2000 吨级货船的船舶噪声声源处声压级为 176dB 左右，两船坐标分别为 (110,10)、(110,310)，距离 300m 符合表 7.7-1 中所述 2000 吨级船舶的安全领域纵长。航线示意图如图 7.7-13 所示。

模拟研究结果如图 7.7-14 所示。

由图 7.7-14 可见，当航道上有两艘船舶行驶且距离不远时，二者可以形成声源阵列，并对另一艘船发出的噪声产生一定的影响。与单声源的声场分布类似，30~50Hz 的声场可以看出明显的衰减趋势。随着声源频率的增大，声场分布逐渐变得杂乱无章，300Hz 时声场分布重新具有规律性。

由图 7.7-15 所示，30Hz 和 50Hz 时两艘船舶噪声场有明显叠加效果，相比于单声源在同一位置声压级水平高约 20dB。大于 100Hz 时由于船舶噪声的衰减速度加快，保持安全领域纵长情况下的两艘船产生的噪声不会相互影响。

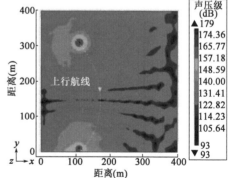

图 7.7-13 航线示意图

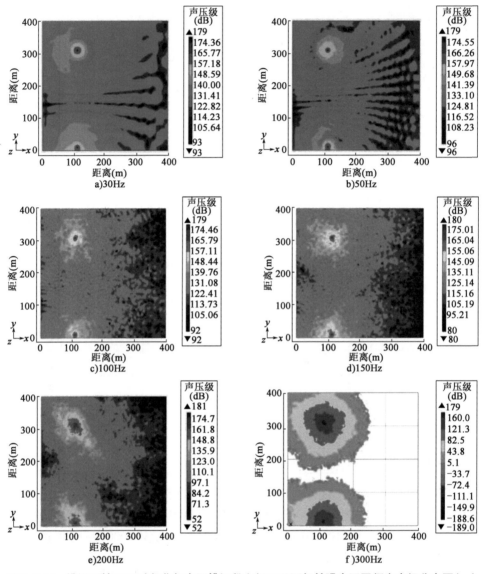

图 7.7-14 模拟两艘 2000 吨级货船在深槽河段上行工况下船舶噪声不同频率声场分布图（一）

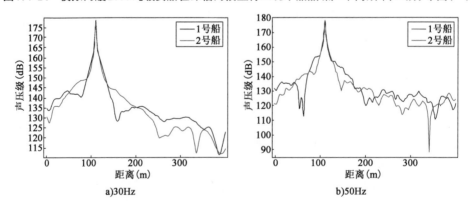

图 7.7-15

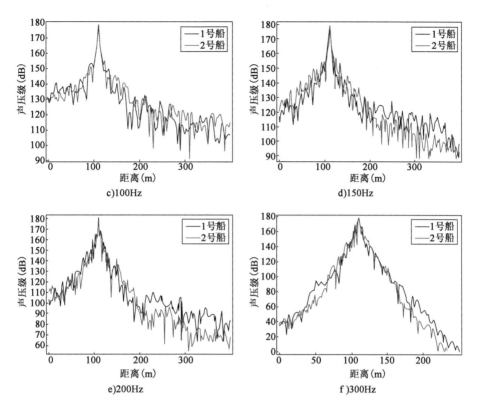

图7.7-15 模拟两艘2000吨级货船在深槽河段上行工况下船舶噪声不同频率声场分布图(二)

7.8 分汊河段声场分布

分汊河段是长江上游岷江段的典型河段,模拟水下船舶噪声场分布可以探明不同地形条件下水生生物受影响程度,因此对该典型河段进行船舶噪声模拟(图7.8-1)。

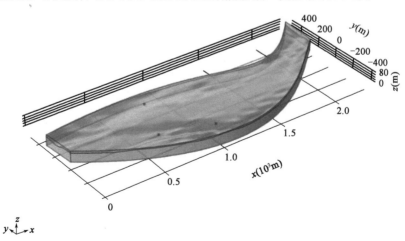

图7.8-1 分汊河段地形模拟

7.8.1 单声源声场分布

当声源声压级为186dB的船舶行驶到右侧航道,船舶噪声场分布如图7.8-2所示。

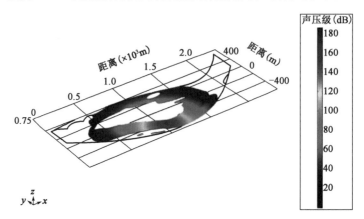

图7.8-2 声源声压级186dB的船舶行驶到右侧航道时船舶噪声场分布模拟结果

从图7.8-3中可以看出,当船舶在分汊河段的一侧行驶时,另一侧航道受船舶噪声影响较小。随着声源频率增大,船舶噪声衰减速度加快,当声源频率为150Hz时左侧航道声压级已经完全不受右侧船舶噪声影响,300Hz时噪声仅传播了150m便衰减为0dB(图7.8-4)。

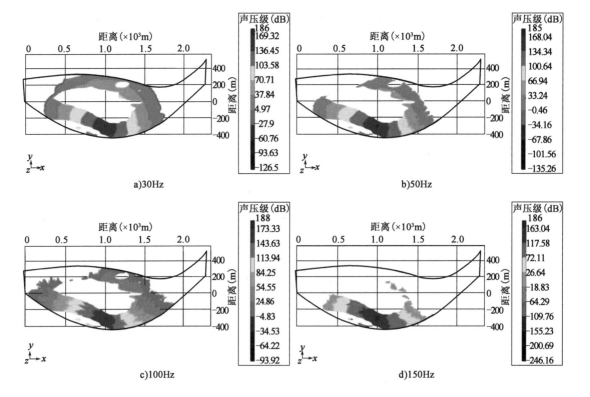

图 7.8-3

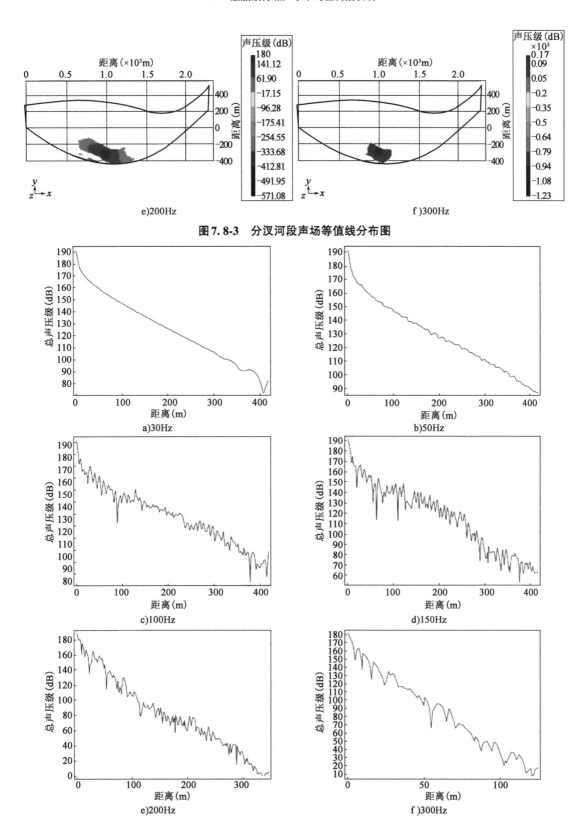

图 7.8-3 分汊河段声场等值线分布图

图 7.8-4

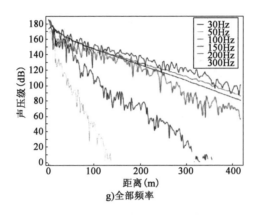

g)全部频率

图 7.8-4 分汊河段声压级衰减曲线图

30Hz时,距声源100m处声压级由声源处的186dB衰减为150dB,200m处声压级衰减为130dB,300m处衰减为110dB,前100m衰减迅速,100~300m平均每米衰减0.2dB;50~150Hz衰减趋势与30Hz相似,振荡幅度随频率增加而增大;200Hz船舶噪声迅速衰减,100m衰减为120dB,200m处衰减为80dB,300m处衰减为0dB;300Hz船舶噪声仅传播了150m。

7.8.2 多声源声场分布

当分汊河段有多艘船舶航行时,分别对两艘船舶同侧和不同侧两种工况进行模拟。对于两艘船同侧的工况,两船间隔为450m,符合上文提出的安全领域纵长要求,船舶声源声压级为186dB,模拟结果如图7.8-5至图7.8-8所示。

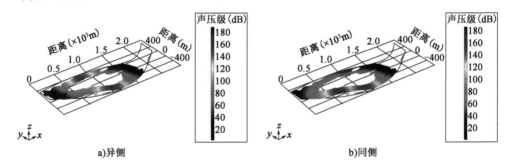

a)异侧　　　　　　　　　　　　b)同侧

图7.8-5 分汊河段多声源声场分布图

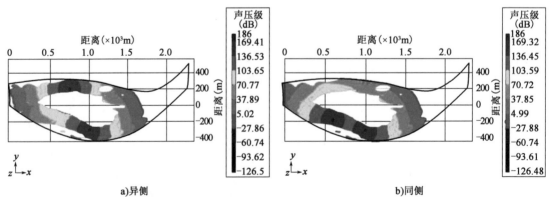

a)异侧　　　　　　　　　　　　b)同侧

图7.8-6 多声源声场分布图(船舶噪声频率30Hz)

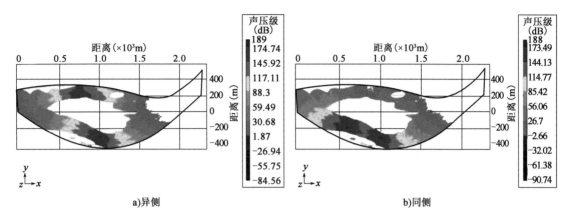

图 7.8-7　多声源声场分布图（船舶噪声频率100Hz）

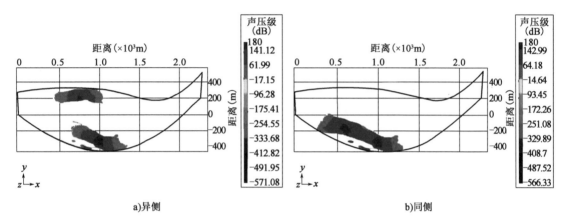

图 7.8-8　多声源声场分布图（船舶噪声频率200Hz）

对比发现，当分汊河段两侧均存在船舶噪声时，整个航道均受到船舶噪声影响；但如果只在其中一侧航行，另一侧航道的声压级水平在船舶噪声频率超过100Hz时会受到很小影响。由此可以推断，无船侧的航道内，水生生物不会受船舶噪声影响（图7.8-9至图7.8-11）。

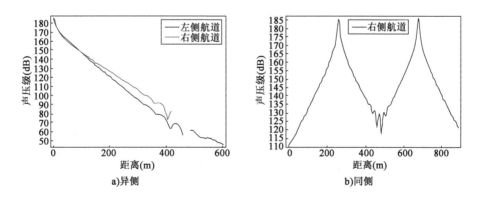

图 7.8-9　船舶噪声沿程分布图（船舶噪声频率30Hz）

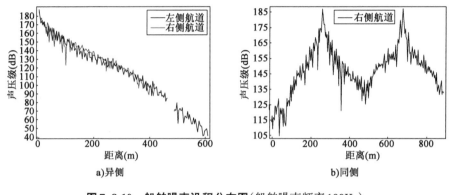

图 7.8-10　船舶噪声沿程分布图（船舶噪声频率 100Hz）

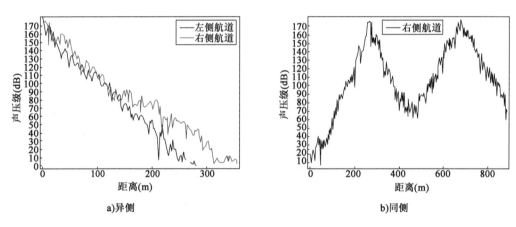

图 7.8-11　船舶噪声沿程分布图（船舶噪声频率 200Hz）

由图 7.8-9 至图 7.8-11 可见，分汊河段两侧均有船舶行驶时衰减趋势近乎相同，衰减曲线几乎重叠；两艘船舶均在右侧时产生明显的声场叠加效果，30Hz 时距声源 200m 处的声压级比单艘船舶工况下大 10dB。但随着声源频率增加，叠加效果逐渐减弱。

7.9　弯道型河段声场分布

7.9.1　单声源声场分布

图 7.9-1 所示为弯道型河段单点源声场分布。

由图 7.9-2 可见，在弯道型航道中，船舶在转弯之前的船舶噪声主要集中在有船一侧，声源频率大于 150Hz 时尤为明显。100Hz 以下由于低频噪声传播远的特性导致另一侧航道受到一定程度的噪声影响。声源频率在 200Hz 以上时船舶噪声衰减迅速，并随着频率增加衰减速度加快。

从图 7.9-3 来看，随着船舶噪声频率增加，船舶噪声衰减速率加快。30Hz 时，船舶噪声在距声源 50m 处由 190dB 衰减为 155dB，距声源 100m 处衰减为 145dB，200m 处衰减为

130dB,300m 处衰减为 125dB,随后趋于稳定;50~200Hz 时在距声源 200m 范围内衰减趋势与 30Hz 相似,超过 200m 范围衰减速度随频率增加而加快;300Hz 衰减速度最快,船舶噪声仅传播了 150m。

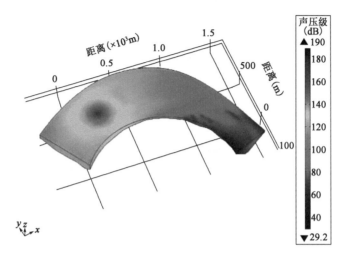

图 7.9-1 弯道型河段单点源声场分布

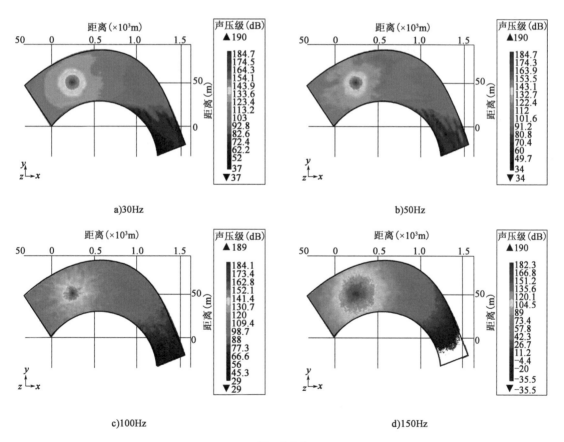

图 7.9-2

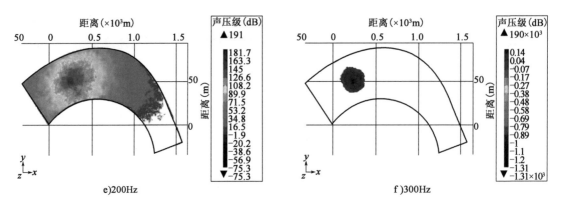

图 7.9-2 弯道型河段不同频率声场分布

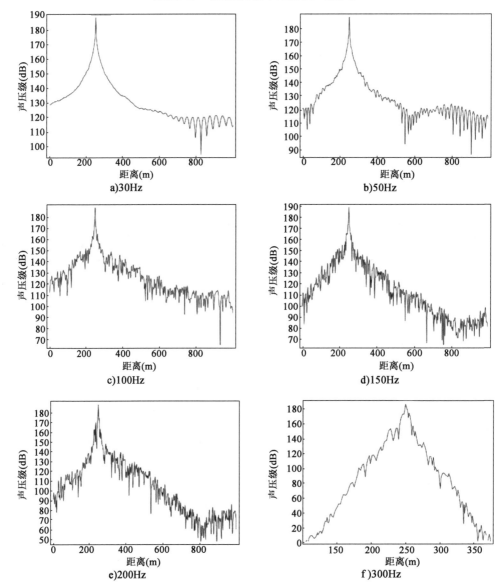

图 7.9-3

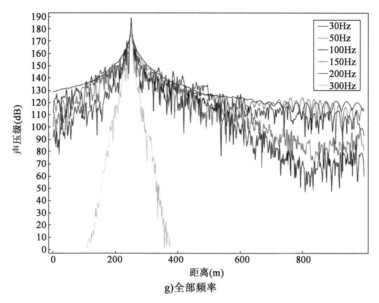

图 7.9-3 弯道型河段不同频率噪声衰减曲线

7.9.2 多声源声场分布

模拟弯道河段多艘船舶航行工况,两船间隔 1100m,符合上文提出的安全领域纵长要求,船舶声源声压级为 189dB,模拟结果如图 7.9-4 和图 7.9-5 所示。

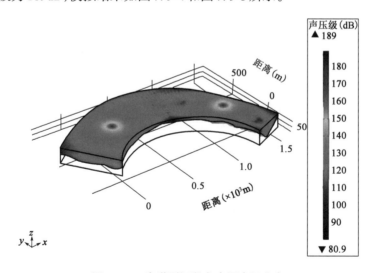

图 7.9-4 弯道型河段多声源声场分布

在 30~100Hz 范围内,弯道型河段两端均有船舶航行时转弯处存在一定的船舶噪声叠加现象。相比于单声源情况,多声源情况下船舶噪声分布得更为广泛,传播距离更远。当声源频率大于 150Hz 时,船舶噪声迅速衰减,不会产生噪声叠加现象。

由图 7.9-6 可见,对于弯道型河段,由于地形因素并考虑到船舶在弯道行驶时需保证一定的安全距离,两艘船舶仅在 30Hz 时会产生很小的声场叠加现象,在其他频率范围不会互相影响。

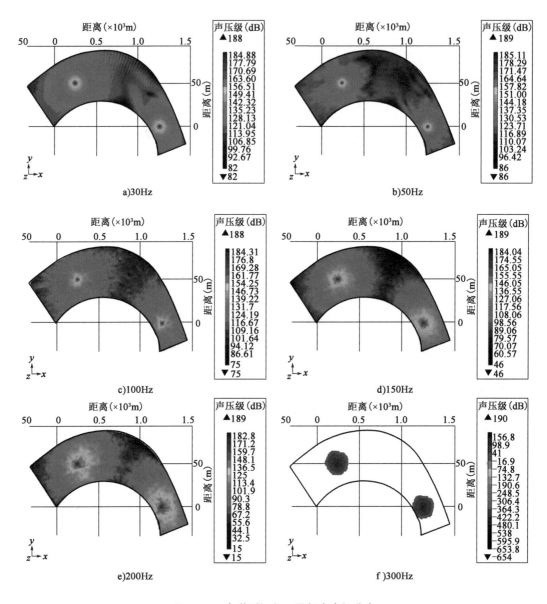

图 7.9-5 弯道型河段不同频率声场分布

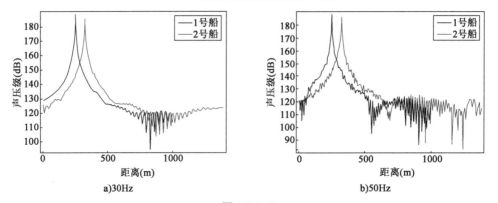

图 7.9-6

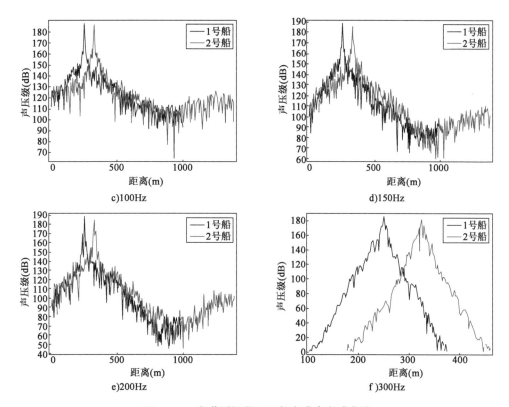

图 7.9-6　弯道型河段不同频率噪声衰减曲线

7.10　代表性鱼类的听觉阈值及行为反馈

7.10.1　岷江鱼类资源现状

岷江分布的136种和亚种鱼类分别隶属于鲟形目、鳗鲡目、鲤形目、鲇形目、鳉形目、鲈形目和合鳃鱼目等7目18科81属。其中长江水系特有4个：异鳔鳅鮀属(*Xenophysogobio Chen et Tsao*)、泉水鱼属(*Pseudogyrinocheilus Fang*)、间吸鳅属(*Hemimyzon Regan*)、石爬鮡属(*Euchiloglanis Regan*)。其中，鲤科鱼类51属84种，鳅科6属12种，鳑科4属10种，平鳍鳅科5种(属)，鮡科为2属3种，钝头鮠科和鮨科均为1属3种，鲇科为1属2种，鲟科、匙吻鲟科、鳗鲡科、胭脂鱼科、青鳉科、合鳃鱼科、塘鳢科、鰕虎鱼科、斗鱼科和鳢科各1属1种。从岷江宜宾段的鱼类组成可以看出，鲤形目和鲇形目鱼类占绝大多数，而鲤形目鱼类的种类最多，共105种，占总数的77.5%。鲇形目15种，占总数11.3%。在18个科中，种数最多的是鲤科，占总种数的61.9%；鳅科次之，占总种数的8.9%；鳑科第三，占总种数的7.5%。本次调查收集到的渔获物有5目15科66属88种。其中，鲤形目51属66种，占种数的75%；鲇形目8属15种，占种数的17.05%；鲈形目5属5种，占种数的5.68%；其余鳉形目、合鳃鱼目各为1属1种。科一级水平上，列前3位的依次是鲤科45属55种，占62.5%；鳅科4属7种，占7.95%；鳑科3属7种占7.95%。

岷江下游水域位于四川盆地西南隅横断山麓与四川盆地交界的丘陵地带,分布鱼类可以划分为以下区系类群:

(1)江河平原类群,包括中华沙鳅、花斑副沙鳅、双斑副沙鳅、长薄鳅、紫薄鳅、小眼薄鳅、红唇薄鳅、宽鳍鱲、马口鱼、中华细鲫、鳡、青鱼、草鱼、赤眼鳟、银鲴、黄尾鲴、方氏鲴、圆吻鲴、鳙、鲢、鳊、飘鱼、寡鳞飘鱼、四川华鳊、红鳍原鲌、翘嘴鲌、蒙古鲌、厚颌鲂、唇鱼骨、花鱼骨、似鱼骨、华鳈、黑鳍鳈、短须颌须鮈、银鮈、铜鱼、圆口铜鱼、吻鮈、长鳍吻鮈、圆筒吻鮈、裸腹片唇鮈、乐山小鳔鮈、长蛇鮈、蛇鮈、宜昌鳅鮀、异鳔鳅鮀、鳜、大眼鳜等。

(2)南方平原类群,包括中华倒刺鲃、白甲鱼、四川白甲鱼、云南光唇鱼、黄颡鱼、瓦氏黄颡鱼、光泽黄颡鱼、长吻鮠、粗唇鮠、切尾拟鲿、凹尾拟鲿、细体拟鲿、大鳍鳠、青鳉、黄鳝、叉尾斗鱼、乌鳢等。

(3)古第三纪类群,包括胭脂鱼、泥鳅、高体鳑鲏、彩石鳑鲏、峨嵋鱊、麦穗鱼、棒花鱼、钝吻棒花鱼、岩原鲤、鲤、鲫、鲇、南方鲇等。

(4)中印山区类群是一些适应激流生活的小型鱼类,包括红尾副鳅、短体副鳅、华鲮、泉水鱼、四川爬岩鳅、犁头鳅、短身金沙鳅、中华金沙鳅、窑滩间吸鳅、白缘䱀、张氏䱀、拟缘䱀、福建纹胸鳅等。

(5)青藏高原类群,该类群有齐口裂腹鱼、重口裂腹鱼等。

(6)珍稀、特有鱼类在国家重点保护野生动物名录中,属我国淡水一级和二级保护的鱼类有白鲟、长江鲟和胭脂鱼3种鱼类。四川省重点保护鱼类有9种,分别为小眼薄鳅、鳡、鳗、鲈鲤、重口裂腹鱼、岩原鲤、侧沟爬岩鳅、窑滩间吸鳅、青石爬鳅。

(7)长江上游特有鱼类,有长江鲟、宽体沙鳅、双斑副沙鳅、长薄鳅、小眼薄鳅、红唇薄鳅、方氏鲴、云南鲴、峨眉鱊、四川华鳊、高体近红鲌、短鳍近红鲌、张氏近红鲌、半𩷶、张氏𩷶、厚颌鲂、长体鲂、圆口铜鱼、圆筒吻鮈、长鳍吻鮈、裸腹片唇鮈、钝吻棒花鱼、短身鳅鮀、异鳔鳅鮀、裸体鳅鮀、宽口光唇鱼、四川白甲鱼、华鲮、细鳞裂腹鱼、岩原鲤、窑滩间吸鳅、短身金沙鳅、中华金沙鳅、四川华吸鳅、西昌华吸鳅、峨眉后平鳅和拟缘䱀等41种。列入《中国濒危动物红皮书》和《中国物种红色名录》的有濒危种白鲟,易危种长江鲟、胭脂鱼、长薄鳅、鳡、岩原鲤等5种;红色名录种类12种,极危种2种白鲟、青石爬鳅,濒危种2种长江鲟、白缘䱀,易危种胭脂鱼、长薄鳅、鳡、方氏鲴、鲈鲤、岩原鲤、青鳉等7种。

岷江下游干流江段渔获物主要产卵类型为产漂流性卵、黏性卵和沉性卵鱼类,分别占种类数的38.38%、38.38%和15.16%。从渔获物重量方面看,岷江下游干流江段采集种类主要是产黏性卵鱼类和产漂流性卵鱼类,分别占渔获物总重量的68.28%和27.07%。从空间分布来看,乐山、犍为、屏山和宜宾江段各种繁殖类型鱼类渔获物重量和数量比例有差异,对于不同繁殖类型鱼类渔获物重量和数量比例而言,大致呈现以下规律:产黏性卵鱼类>产漂流性卵鱼类>产沉性卵鱼类>其他鱼类。

鲤、鲫仍是岷江下游鱼类资源的主体,两者合计约占渔产量的30%~40%。另一类群为鲇形目鲿科及鲇科类群,主要种类有黄颡鱼、瓦氏黄颡鱼、光泽黄颡鱼、切尾拟鲿、粗唇鮠、鲇、大口鲇等,约占渔产量的15%~20%。

家鱼除支流部分水库增养殖类群外,干流数量较少。四大家鱼中鲢相对数量较多,其次为草鱼,再次为鳙鱼和青鱼。四大家鱼外,鲴亚科鱼类是中型鱼类中数量较多的类群,以圆吻鲴及银鲴为主。鲌亚科的翘嘴鲌也有一定数量。早年在岷江干流曾有一定数量的中型鱼类齐口裂腹鱼、重口裂腹鱼,随着岷江上游及马边河等支流各级水电站的建设已多年不见踪迹。

小型鱼类以鳅科及鲤科的鲌亚科鮈亚科种类居多。鳅科常见种类有中华沙鳅,花斑副沙鳅、双斑副沙鳅、小眼薄鳅、红唇薄鳅等,除个体较大的长薄鳅外其余小型鳅类均非主要渔获对象,仅在电捕渔获物中数量较多。鲌亚科常见种类有飘鱼、寡鳞飘鱼、半䱗、四川华鳊、红鳍原鲌等。鮈亚科的蛇鮈分布广泛,在各江段数量均较多,其他鮈亚科种类还有吻鮈、圆筒吻鮈、银鮈、长鳍吻鮈、唇鱼骨、花鱼骨等,铜鱼及圆口铜鱼较为稀少。其中唇鱼骨、花鱼骨、长鳍吻鮈主要分布于马边河、越溪河等支流的流水段,上述支流流水段除此类鮈亚科种类外,较多的种类还有亚科的宽鳍鱲、马口鱼,鳅鮀亚科的异鳔鳅鮀、宜昌鳅鮀,激流种野鲮亚科的泉水鱼,鮡科的青石爬鮡、中华纹胸鮡、福建纹胸鮡,鳋科的大鳍鳠,平鳍鳅科的中华金沙鳅、短身金沙鳅、犁头鳅等。

凶猛性鱼类除上文提及的鮎、大口鮎、蒙古鲌、长薄鳅、大鳍鳠,常见的还有鳜、大眼鳜、乌鳢等,鳡鱼偶尔会有捕获,鳟、鲸、鲈鲤在岷江已多年不见。

总体而言,目前岷江下游鱼类种群由中小型鱼类类群构成,以小型鱼类居多,大型鱼类少见。生态类群以静缓流类群及一般性流水类群为主,激流类群少且多分布于支流水域。岷江鱼类的种类除四大家鱼外,鲤、鲫也有广泛分布,其次为鳋科、鮎科、鮈亚科、鲌亚科等类群的鱼类。

7.10.2 代表性鱼类听觉阈值

鱼类的内耳能够感觉到16~300Hz的振动,内耳中的耳石能够辨别声音振动的方向。鱼体内侧线主要是感受50~150Hz的低频振动。部分鱼的鱼鳔和韦伯器官对声音较为敏感,感知的噪声范围更广。大多数鱼类多能听到的声音范围在50~1000Hz之间,少数鱼类能听到高于3kHz的声音,极少数鱼类能够听到大于100kHz的声音。诸多研究者利用电生理学心电图(ECG)和听性脑干反应(ABR)等方法研究了鱼类的听力阈值,并给定了敏感范围。牙鲆的最敏感频率为100Hz,最低阈值为94.1dB±1.61dB;大泷六线鱼的最敏感频率为150Hz,最低阈值为96.5dB±1.57dB;鲫最敏感频率为800Hz,ECG法测得最低阈值为70dB±0.84dB,ABR法测得最低阈值为76dB±0.90dB。胭脂鱼($Myxocyprinus\ asiaticus$)的敏感频率为800Hz,最低听阈为69.8dB。褐菖鲉对低频声音信号较敏感,敏感频率为80~200Hz,其听觉阈值为72~79dB。鲢鱼($Hypophthalmichthys\ molitrix$)的最敏感频率为500~1000Hz,最低听阈为104.2dB,鳙($Aristichthys\ nobilis$)的敏感频率为750~1500Hz,最敏感频率为1500Hz,最低听阈为105.7dB。草鱼敏感频率为100~250Hz,最敏感频率为200Hz,最低听阈为75dB。青鱼敏感频率为100~300Hz,最低听阈为82dB。多数鲤科鱼类对300~3000Hz频率比较敏感,拟鲤最敏感频率为800Hz,最低听阈为61dB。鲤鱼最敏感频率为400Hz,最低听阈为70dB。黑头软鲦最敏感频率为1000Hz,最低听阈为75dB。湖泊鲑最敏感频率为300Hz,最低听阈为62.5dB。斑马鱼最敏感频率为300Hz,最低听阈为91dB。黄嘴小鱼最敏感频率为500Hz,听力阈值最低大约为58dB。部分鱼类听力敏感频段与听力阈值见表7.10-1。

鱼类听力敏感频段及阈值　　　　　表7.10-1

鱼类	最敏感频率(Hz)	声压级(dB)
鳙鱼	1500	105.7

续上表

鱼类	最敏感频率(Hz)	声压级(dB)
鲢鱼	500~1000	104.2
草鱼	(100~250)200	75
青鱼	100~300	82
胭脂鱼	800	69.8
鲫鱼	800	76±0.9
黄嘴小鱼	500	57
拟鲤	800	61
大泷六线鱼	150	100±2.32
黑头软口鲦	1000	75
湖泊鲑	200	62.5
斑马鱼	300	91
鲤鱼	400	70
牙鲆	100	97.6±2.36

7.10.3 船舶水下噪声对鱼类聚集形态的影响

不同鱼类对于声音的反应有所不同。对于鱼类的反应需要多次重复试验。鱼类群体的反应要比个体反应明显,可以明显观察到在声刺激后鱼群形态的瞬时变化。例如在播放声音时青鱼群会由原来较为散乱稀疏的状态变为更加聚拢和密集的球状,有时也会出现慢慢转移到远离声源的位置重新聚集的趋避行为,如图7.10-1所示。故采用水槽试验法,观察鱼类在声刺激后的瞬间行为反应。

a)密集球状　　　b)跳跃　　　c)爆炸式扩散

图7.10-1　鱼群在受刺激后的形态

鱼类行为是鱼类对外部环境和内部环境变化的反应,包括游泳、摄食、生殖、避敌、攻击、求偶等。对于声音刺激,根据行为学观察发现,鱼类常常会表现出畏声性,如避开声源、受惊、下沉、分散等行为反应。

(1)青鱼。

用高于环境噪声60dB、70dB及80dB的声音对四大家鱼进行刺激,青鱼在刺激下没有明显变化,如图7.10-2所示。在高于环境噪声90~100dB声刺激下,原本比较分散的靠近声源的鱼会转头,慢速向鱼群靠拢,如图7.10-3所示。在高于110dB后,青鱼会四处乱窜,试验鱼形体弯曲程度明显,部分鱼开始远离声源,其他鱼随后跟随,如图7.10-4所示。

图 7.10-2　60~80dB 时青鱼形态变化图

图 7.10-3　90~100dB 时青鱼形态变化图

图 7.10-4　110dB 以上时青鱼形态变化图

(2)草鱼。

用高于环境噪声 60dB 和 70dB 的声音对四大家鱼进行刺激,草鱼在刺激下没有明显变化,如图 7.10-5 所示。在高于环境噪声 80dB 时草鱼在声刺激下部分鱼会缓慢掉头转向同一方向,慢速游动。高于环境噪声 90dB 以后,草鱼会大部分鱼转头,偏离声源方向,刺激后头部几乎朝同一方向,快速游动远离刺激源方向,如图 7.10-6 和图 7.10-7 所示。

a)刺激前　　　　　　　　　b)刺激后

图 7.10-5　60～80dB 时草鱼形态变化图

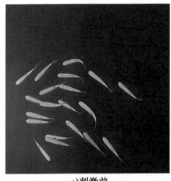 

a)刺激前　　　　　　　　　b)刺激后

图 7.10-6　90～100dB 时草鱼形态变化图

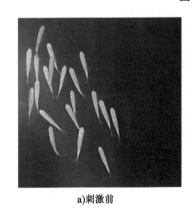  

a)刺激前　　　　　　　b)刺激后　　　　　　　c)游走

图 7.10-7　110dB 以上时草鱼形态变化图

(3)鲢鱼。

用高于环境噪声 60dB 的声音刺激时,鲢鱼没有明显反应。高于环境噪声 70dB、80dB 和 90dB 的声音对四大家鱼进行刺激,鲢鱼在靠近声源处,有部分鱼会出现缓慢"掉头"、突然转变方向。在高于环境噪声 100dB 以上的声音刺激下,部分鲢在刺激下快速转变方向,鱼体弯曲明显,随后鱼群跟随转变,头部方向一致,游开远离声源,如图 7.10-8 至图 7.10-10 所示。

a)刺激前　　　　　　　　　　b)刺激后

图 7.10-8　60～80dB 时鲢鱼形态变化图

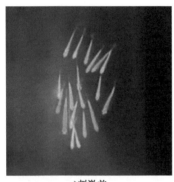

a)刺激前　　　　　　　　　　b)刺激后

图 7.10-9　90～100dB 时鲢鱼形态变化图

a)刺激前　　　　　　　　b)刺激后　　　　　　　　c)游走

图 7.10-10　100～130dB 鲢鱼形态变化图

(4)鳙鱼。

用高于环境噪声 60dB 和 70dB 的声音对四大家鱼进行刺激,鳙鱼在刺激下会轻微地聚拢,如图 7.10-11 所示。在高于环境噪声 80dB 和 90dB 的声音刺激下,部分鳙鱼在刺激下会"撞壁":头靠近水槽壁,尾部不停摆动,少数鱼群之间紧密相靠。在高于环境噪声 100dB 以上声刺激下,所有鱼表现非常"不安",小范围内不断摆尾,形体弯曲明显,鱼群之间紧靠,部分鱼头部紧靠水槽壁,不会远离声源,如下图 7.10-11 至图 7.10-13 所示。

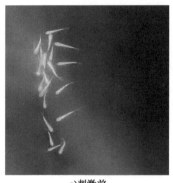

a)刺激前　　　　　　　　b)刺激后

图 7.10-11　60~80dB 时鳙鱼形态变化图

a)刺激前　　　　　　　　b)刺激后

图 7.10-12　90~100dB 时鳙鱼形态变化图

a)刺激前　　　　　　　　b)刺激后

图 7.10-13　100~130dB 鳙鱼形态变化图

7.10.4　噪声影响下鱼类反应情况

高于背景噪声 90~100dB 的声音对青鱼有较明显影响,110dB 时影响明显;对高于背景噪声 80dB 的声音,草鱼有较明显的趋避反应,高于背景噪声 90dB 的声音对草鱼有明显影响;高于背景噪声 70~90dB 的声音对鲢鱼有轻微影响,100dB 时影响较明显;高于背景噪声 80~

100dB 的声音对鳙鱼有较明显影响。现场背景噪声为 100~140dB。故可得到影响四大家鱼行为的声压级范围,见表 7.10-2。

四大家鱼行为影响情况 表 7.10-2

声压级(dB)	青鱼	草鱼	鲢鱼	鳙鱼
170~180	无明显影响	较明显影响	较明显影响	无明显影响
180~190	无明显影响	较明显影响	较明显影响	较明显影响
200~210	较明显影响	明显影响	明显影响	较明显影响
>210	明显影响	明显影响	明显影响	明显影响

青鱼、草鱼和鲢鱼表现为体形弯曲明显,四处乱窜,远离声源,而鳙鱼则是首先在小范围内乱窜,然后鱼群紧挨一起,鱼群密度明显增加,更倾向于停留原地。

如表 7.10-3 所示,在多次高强度声压级声压刺激下,在刺激瞬间鱼群面积较有明显改变。其中变化最大的是青鱼和鲢鱼,在 230dB 声刺激下,面积增加了约 2 倍,草鱼的变化幅度较小。而由于鳙鱼在刺激后倾向于聚拢靠近,它们的面积是略微减少。从面积的变化能看出,不同鱼在刺激后的反应形式有所不同,青鱼、草鱼及鲢鱼在刺激后是四处乱窜,而鳙鱼则是停留原地,聚集靠拢。

声刺激前后鱼群面积变化百分比 表 7.10-3

声强范围(dB re 10^{-12}W/m²)	青鱼	草鱼	鲢鱼	鳙鱼
210	54	28	42	−16
220	89	69	93	−10
230	108	34	102	−13

注:dB re 10^{-12}W/m² 表示标准参考声强为 10^{-12}W/m² 的声音大小(dB)。

7.10.5 船舶水下噪声对鱼类游泳行为的影响

鱼类游动速度有很多种,除了速度的差别还有场合和时间的不同,这些游速上的差别与鱼类所处环境有关,不同情况下,鱼类会采取不同的游泳速度。

正常游泳速度:鱼类自然状态下的游泳速度。可以持续、耐久地保持该行为状态。

非正常游泳速度(又名最大速度、突进速度):鱼类受到外部刺激后的突然的、远大于平时的极限游泳速度。突然的噪声就是一种典型的外部刺激。这样的游泳速度由于体力消耗剧烈,通常持续时间较短,所以它是一种瞬时行为。

7.10.5.1 游速曲线

(1)青鱼。

高于背景噪声 60~80dB 时,青鱼游速曲线波动与青鱼在无干扰情况下波动大小几乎相同甚至更小,在此种情况下,噪声干扰对鱼类几乎无影响。高于背景噪声 90dB、100dB 和 110dB 时,试验鱼波动较为明显,幅值略高于无干扰情况。高于背景噪声 120dB 和 130dB 时,鱼类游速突变明显,但不同鱼出现速度改变的时间不尽相同。大多数鱼都有明显速度改变的凸点。

如表 7.10-4 所示,三次试验最大速度均值在高于背景噪声 110dB 时较正常最大速度均值有明显增加,110~130dB时的增幅分别为40%、60%和100%。在60~100dB时最大速度增加幅度较小(最大变化幅度为20%),还可能会出现小于正常速度的情况(图7.10-14)。

青鱼受外部噪声刺激后最大游速均值(m/s)　　　　　　　　　　表7.10-4

试验号	噪声							
	正常	60dB	70dB	80dB	90dB	100dB	110B	120dB	130dB
1	0.04	0.05	0.04	0.06	0.05	0.05	0.06	0.08	0.1
2	0.07	0.04	0.05	0.09	0.06	0.06	0.07	0.09	0.11
3	0.05	0.07	0.03	0.04	0.08	0.07	0.07	0.08	0.1
均值	0.05	0.05	0.04	0.06	0.06	0.06	0.07	0.08	0.1

(2)草鱼。

如下表7.10-5所示,草鱼较青鱼更为活泼,游速较快,游速变化幅度也较大。高于背景噪声60~80dB时游速变化较小,有增有减。高于90dB和100dB时,最大游速均值都高于正常最大游速均值57%。高于背景噪声110dB时,最大游速均值远大于正常情况下,此时噪声干扰较为明显(图7.10-15)。

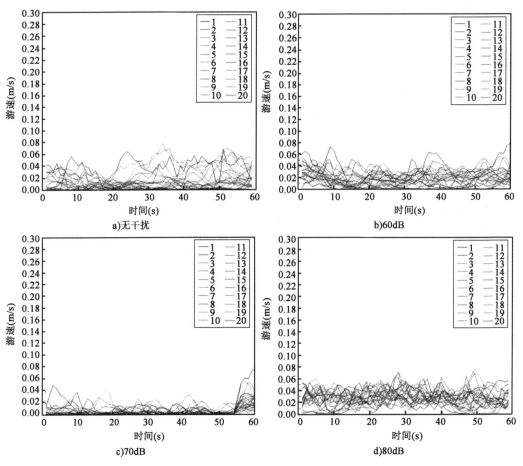

图　7.10-14

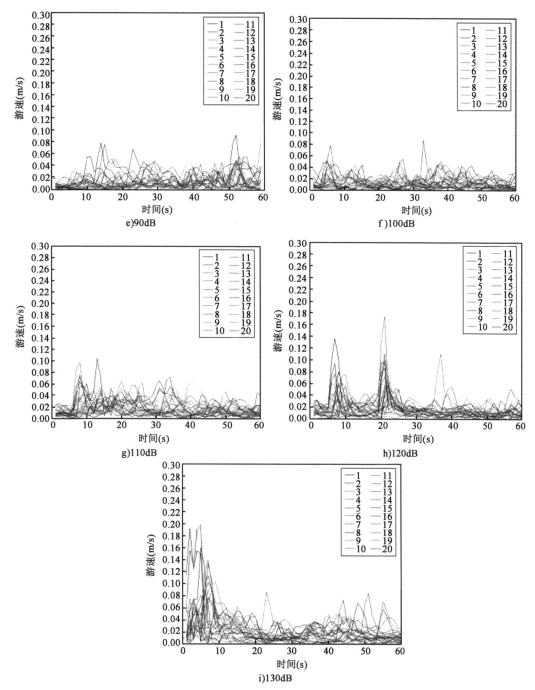

图 7.10-14 青鱼群(1~20号)游速曲线图

草鱼受外部噪声刺激后最大游速均值(m/s)　　　　　　　　　　　表 7.10-5

试验号	噪声								
	正常	60dB	70dB	80dB	90dB	100dB	110B	120dB	130dB
1	0.08	0.10	0.09	0.09	0.09	0.11	0.11	0.15	0.18
2	0.06	0.08	0.05	0.12	0.12	0.12	0.17	0.12	0.13

续上表

试验号	噪声								
	正常	60dB	70dB	80dB	90dB	100dB	110B	120dB	130dB
3	0.07	0.08	0.07	0.06	0.13	0.10	0.18	0.12	0.19
均值	0.07	0.09	0.07	0.09	0.11	0.11	0.15	0.13	0.17

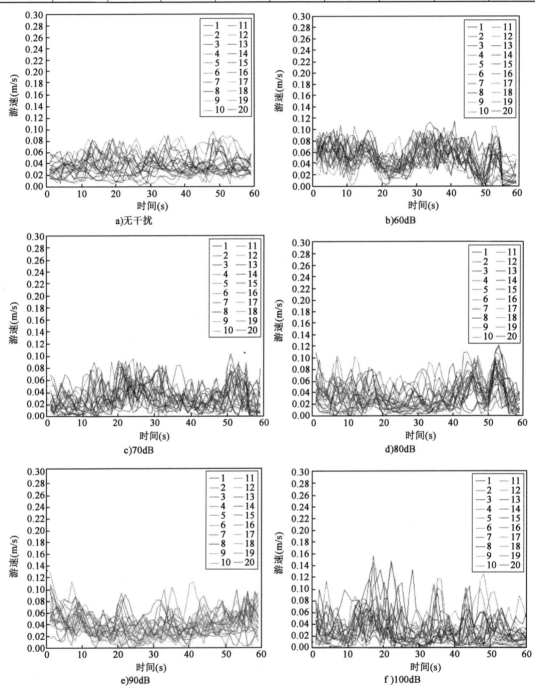

图 7.10-15

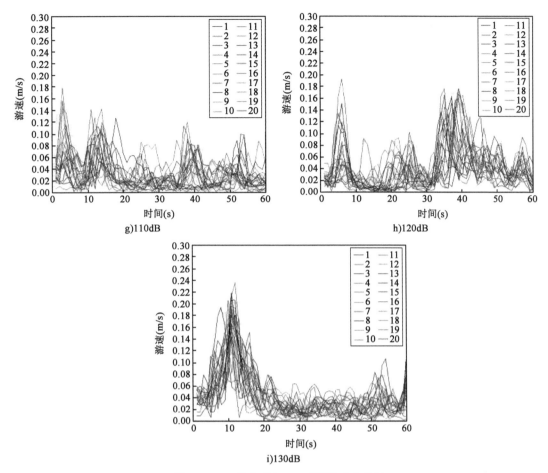

图 7.10-15 草鱼群(1~20号)游速曲线图

高于背景噪声60~90dB时,草鱼游速曲线波动与鱼类在无干扰情况下波动大小几乎相同,相对于青鱼的游速,草鱼游速明显较高,无干扰情况下最大速度为0.1m/s。直到高于背景噪声110dB时,鱼类游速幅值变动明显,但鱼群出现突变的时间有所差异,130dB时大多数鱼在同一时间点有明显游速突变。

(3)鲢鱼。

如表7.10-6所示,相对于青鱼、草鱼和鳙鱼,鲢鱼的游速波动最大,在高于背景噪声130dB时,最大游速均值是正常无干扰情况下约5倍。噪声的刺激对鲢鱼游速变化影响明显。在高于背景噪声60~70dB时,最大游速波动几乎为0。高于背景噪声80~100dB时,鲢鱼游速有小幅度增加。大于背景噪声110dB时,鲢鱼最大游速均值增加2倍以上(图7.10-16)。

鲢鱼受外部噪声刺激后最大游速均值(m/s)   表7.10-6

试验号	噪声								
	正常	60dB	70dB	80dB	90dB	100dB	110B	120dB	130dB
1	0.04	0.03	0.05	0.09	0.07	0.08	0.12	0.19	0.24
2	0.04	0.04	0.04	0.05	0.06	0.10	0.15	0.12	0.21
3	0.04	0.04	0.03	0.06	0.06	0.06	0.10	0.18	0.23

续上表

试验号	噪声							
	正常	60dB	70dB	80dB	90dB	100dB	110B	120dB	130dB
均值	0.04	0.04	0.04	0.07	0.06	0.08	0.12	0.16	0.23

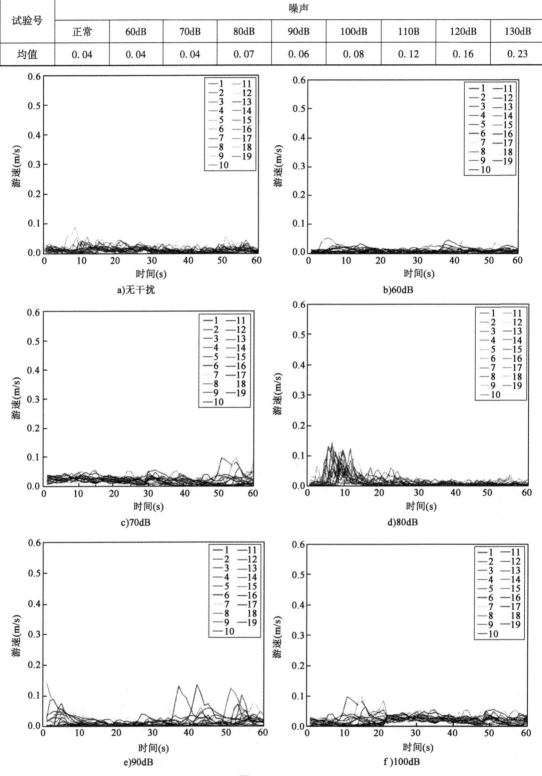

图 7.10-16

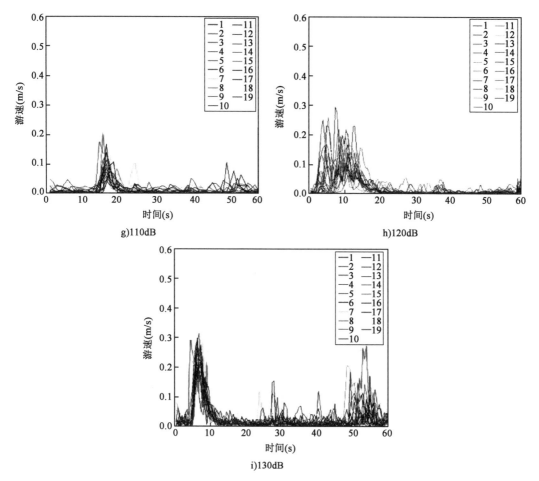

图 7.10-16 鲢鱼群(1~19号)游速曲线图

高于背景噪声 60~70dB 时,鲢鱼游速曲线波动幅度小,最大速度小于 0.1m/s,相对比较安静。高于背景噪声 80dB、90dB 和 100dB 时,试验鱼波动较为明显,幅值高于 0.1m/s。高于背景噪声 110dB 时,鱼类游速幅值变动明显,大多数鱼在同一时间点有明显速度突变。

(4)鳙鱼。

如表 7.10-7 所示,鳙鱼在受外部噪声刺激前后的最大游速波动变化较小,高于背景噪声 60~110dB 时,均值最大游速变动幅度约为 40%,各个声级刺激下增幅较为稳定。高于背景噪声 120dB 后,最大游速均值增加约 80%,而在高于背景噪声 130dB 噪声刺激下,最大游速均值变化达到最大,约大于正常情况下 1.6 倍。鳙鱼波动较小可能是因为鳙鱼在声刺激下在原地聚拢,而不是四处逃窜(图 7.10-17)。

鳙鱼受外部噪声刺激后最大游速均值(m/s) 表 7.10-7

试验号	噪声								
	正常	60dB	70dB	80dB	90dB	100dB	110B	120dB	130dB
1	0.05	0.05	0.07	0.07	0.07	0.07	0.06	0.10	0.13
2	0.05	0.07	0.05	0.08	0.08	0.09	0.07	0.08	0.11
3	0.06	0.08	0.08	0.07	0.06	0.08	0.08	0.09	0.14

续上表

试验号	噪声								
	正常	60dB	70dB	80dB	90dB	100dB	110B	120dB	130dB
均值	0.05	0.07	0.07	0.07	0.07	0.08	0.07	0.09	0.13

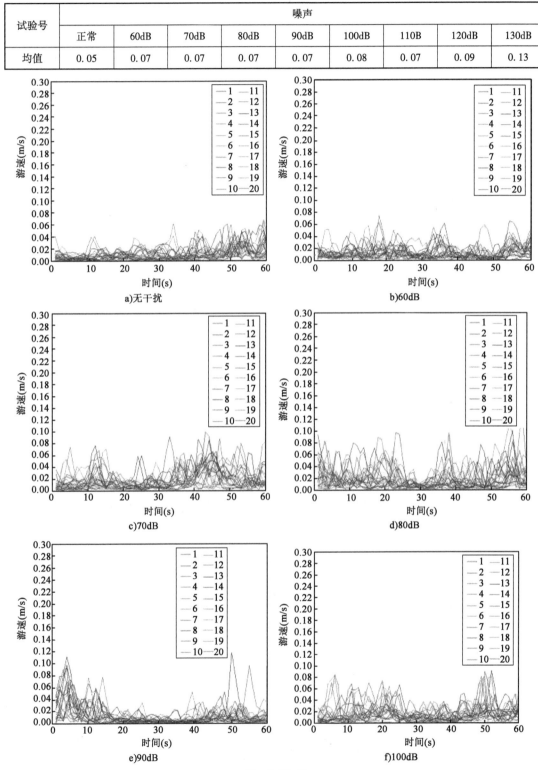

图 7.10-17

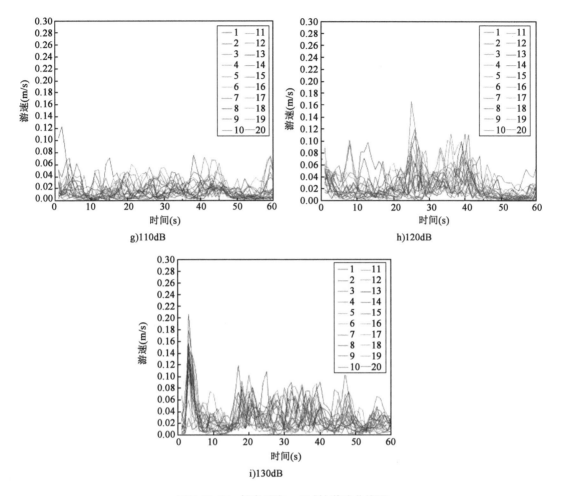

图 7.10-17 鳙鱼群(1~20号)游速曲线图

高于背景噪声60dB时,鳙鱼游速曲线波动幅度小,最大游速小于0.1m/s,相对比较安静。高于背景噪声70~110dB时,试验鱼波动较为明显,幅值高于0.1m/s。高于背景噪声120dB时,鱼类游速幅值变动明显,大多数鱼在同一时间点有明显速度突变。

7.10.5.2 最大游速

选择每次刺激后1min内20尾鱼的最大速度,与无干扰情况下最大游速进行对比分析。无干扰情况下,草鱼的游速最大,青鱼分布区间更广。高于背景噪声120dB时,四大家鱼最大游速分布区间明显增加。青鱼、草鱼、鲢鱼、鳙鱼的最大游速均值分别是无干扰情况下的2.26倍、2.29倍、5.77倍和2.74倍,如图7.10-18所示。

将20尾试验鱼的最大游速均值与声强值进行拟合,声强与四大家鱼游泳速度呈现显著的指数曲线关系,如图7.10-19所示。通过二次项曲线拟合分析可得到,噪声声强与鱼游泳速度的拟合关系曲线,如图7.10-19所示。四种鱼类噪声声强与最大游速均值的拟合参数及拟合优度见表7.10-8(其中a、b和c均为拟合系数)。

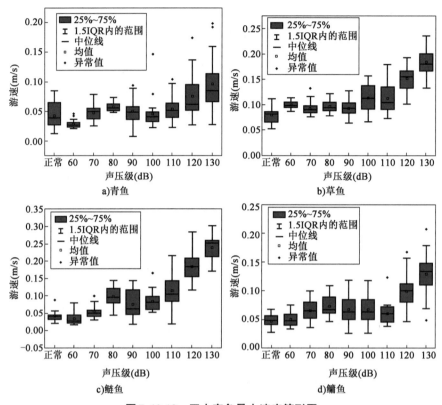

图7.10-18 四大家鱼最大速度箱形图

四大家鱼声强与最大游速均值拟合参数　　　　　　　　　　表7.10-8

鱼种	a	b	c	R^2
青鱼	0.044±0.0056	$3.44×10^{-6}±1.61×10^{-5}$	4.62±2.25	0.83
草鱼	0.095±0.0038	$1.02×10^{-5}±1.74×10^{-5}$	4.36±0.81	0.97
鲢鱼	0.044±0.0067	$3.58×10^{-4}±2.58×10^{-4}$	3.04±0.34	0.99
鳙鱼	0.063±0.005	$8.84×10^{-8}±4.64×10^{-7}$	6.52±2.53	0.89

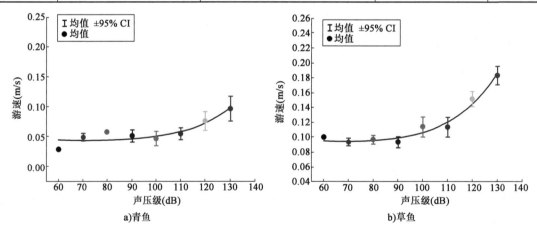

图 7.10-19

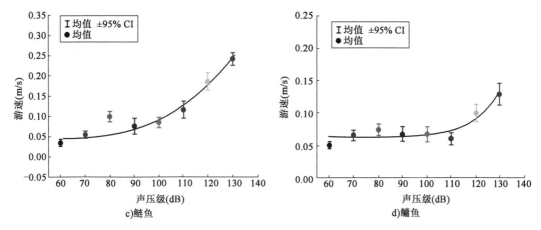

图 7.10-19 四大家鱼拟合曲线图

7.10.6 船舶水下噪声对鱼类生长的影响研究

本试验研究了不同的船舶噪声对不同鱼类行为的影响,每种鱼类进行10次重复试验来进行研究。选定试验水槽,并购买试验用鱼苗,将鱼苗于试验室静养一周后进行噪声影响下的鱼类喂养试验。购买的鱼苗情况见表7.10-9。

试验鱼苗基本信息　　　　　　　　　　表7.10-9

鱼种	体长(cm)		
青鱼	5~10	10~15	15~20
草鱼	5~10	10~15	15~20
鲢鱼	5~10	10~15	15~20
鳙鱼	5~10	10~15	15~20

用安装在水槽四个角落的水下扬声器播放收集到的船舶噪声,模拟自然条件下水中的船舶噪声。分布在水槽顶部的四个角落使得声音分布均匀。控制试验条件适宜鱼类生长,变量仅为声压级,设置适宜的声压级梯度(图7.10-20)。每天定时、定量、定点投喂,观察鱼类的摄食活跃程度。

图　7.10-20

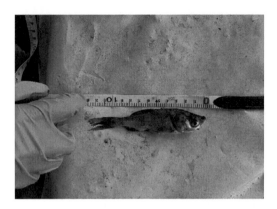

图 7.10-20　噪声暴露下鱼类生长影响试验

设置水池噪声梯度,进行噪声暴露下鱼体重变化试验,噪声梯度见表 7.10-10。

试验水池噪声梯度(dB)　　　　　　　　　　　　表 7.10-10

鱼种	SPL1	SPL2	SPL3	SPL4
	噪声声压级系列1	噪声声压级系列2	噪声声压级系列3	噪声声压级系列4
青鱼	150	135	125	100
草鱼	150	135	125	100
鲢鱼	150	135	125	100
鳙鱼	150	135	125	100

开始噪声暴露下鱼类生长试验,每日正常喂养,并控制除了噪声声压级外,每个水池中其他条件不变,间隔一周测量不同声压级水池下鱼体重增长率情况,如图 7.10-21 所示。

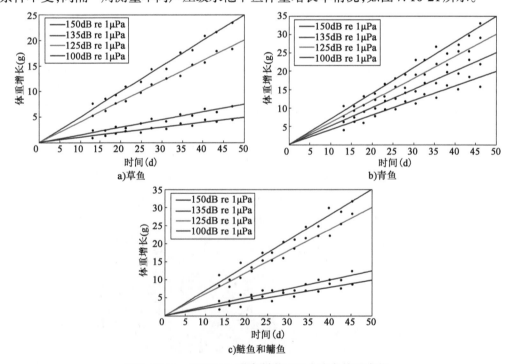

图 7.10-21　不同 SPL 噪声刺激下四大家鱼体重变化

草鱼生长最易受噪声暴露影响,噪声声压级为150dB和135dB两水池中,草鱼体重增长率为0.1g/d和0.15g/d,明显小于声压级125dB和100dB的两水池,草鱼体重为增长率0.4g/d和0.5g/d。根据此次试验结果,四大家鱼中,青鱼受到噪声暴露的影响最小,鲢鱼和鳙鱼受到噪声暴露的影响是相似的。鲢鱼和鳙鱼同草鱼一样,声压级高于135dB时,体重增长率会受到明显的干扰。

7.11 考虑船舶水下噪声对鱼类影响的生态航槽判别

由前文可知,船舶噪声主要分布频率为100~1000Hz,声源声压级分布范围为170~200dB,四大家鱼听力阈值在70~120dB范围内,敏感频率在100~1000Hz范围内。因此长江上游一级支流岷江中鱼类可以明显感知船舶噪声,可能会对鱼类听力产生不良影响。船舶噪声水下声场模拟部分模拟了典型河段船舶噪声的影响范围。

依据噪声对四大家鱼的聚集姿态、游泳速度和生长发育的影响,当声压级高于125~140dB时鱼群的聚集姿态开始产生混乱不能保持原先聚集姿态;鱼类受到噪声刺激游泳速度开始加快;噪声对鱼类生长影响试验中声压级高于135dB时鱼类生长开始受到影响。由此可确定135dB为四大家鱼不受噪声影响的安全阈值上限。

基于以上两点可以在规划航线的同时将声压级小于135dB的水域划分为鱼类听阈安全区域,致力于在不影响航运工程的同时保护长江上游主要一级支流岷江的鱼类资源,减少人类行为对鱼类生存的影响,为水生生物提供一个良好的生存环境。根据船舶噪声水下声场模拟,结合135dB声压级可以大致划分出长江上游典型河段适合鱼类生存的生境区域。船舶生态航线示意图和鱼群规避情况示意图如图7.11-1和图7.11-2所示。

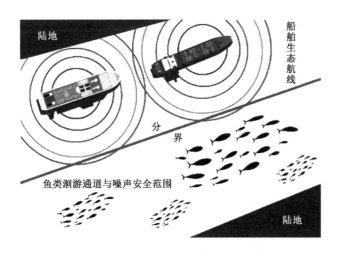

图7.11-1 船舶生态航线示意图

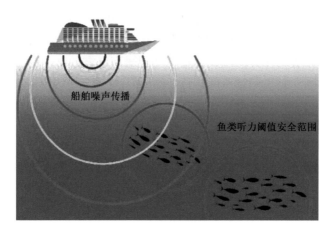

图 7.11-2　鱼群规避情况示意图

7.11.1　深槽河段

由船舶噪声水下声场分布俯视图可以看出,当两艘船舶沿航线向上游行驶时,船舶噪声在深槽处衰减迅速。距航线 250~350m 处,船舶噪声在 95~100dB 范围内。说明船舶噪声对于此区域的四大家鱼影响不大。由正视图可以看出,船舶噪声在河床底部由于声音的反射导致底部声压级水平增加。因此可以初步判定距航线 250~350m 外,水深 5~15m 的区域受船舶噪声影响小,适宜鱼类生存。深槽河段鱼类听阈安全区域划分如图 7.11-3 和图 7.11-4 所示。

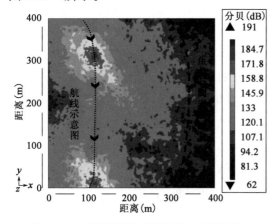
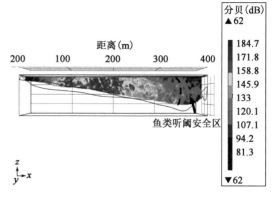

图 7.11-3　深槽河段鱼类听阈安全区域划分-　　　图 7.11-4　深槽河段鱼类听阈安全区域划分-
　　船舶噪声水下声场分布俯视图　　　　　　　　　　船舶噪声水下声场分布正视图

7.11.2　分汊河段

由分汊河段船舶水下声场分布模拟结果得知,分汊河段受中心滩地形影响,船舶噪声很难传播到另一侧。当两艘船舶在一侧航道行驶时,航道内声压级水平明显高于四大家鱼的 135dB 听力阈值,必定会对该河道内的鱼类听力产生不良影响。对比另一侧航道发现,该航道声压级水平保持在 90~135dB 范围内,小于四大家鱼的 135dB 听力阈值范围。因此分汊河段鱼类听阈安全区域划分十分明确,选择通航条件好的一侧作为航线,保证航道通行顺畅的同时在另一侧建立鱼类听阈安全区域。分汊河段鱼类听阈安全区域划分示意如图7.11-5所示。

7.11.3 弯道河段

弯道河段鱼类听阈安全区域划分如图7.11-6所示。两艘船舶沿航线行驶时,船舶噪声随距离增加扩散衰减,距声源250~300m处声压级在135dB左右,此时船舶噪声声压级低于四大家鱼听力阈值范围,对四大家鱼基本没有影响。因此可将沿航线250~300m以外范围设置为鱼类听阈安全区域。弯道过后由于航道变窄,声音的反射现象加剧,航道内声压级水平显著提升。声压级最低处为98.8dB,会对航道内的四大家鱼产生不良影响,无法划定合理的鱼类听阈安全区域。

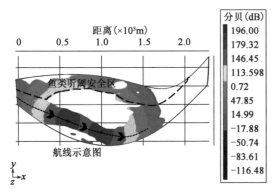
图7.11-5 分汊河段鱼类听阈安全区域划分

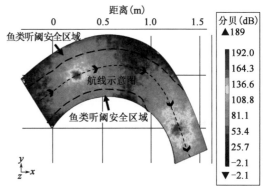
图7.11-6 弯道河段鱼类听阈安全区域划分

8 主要结论

目前,我国内河航道建设维护还以传统方式为主,《国家综合立体交通网规划》(国务院公报,2021年第8号)明确指出,到2035年交通基础设施绿色化比例达到95%以上,因此作为内河航道重要组成部分,山区河流航道通道扩能建设中如何与生态保护高度融合面临诸多的技术难题,通过研究形成山区河流航道整治工程中生态保护与修复成套技术解决山区河流生态航道建设中面临的"卡脖子"问题。针对如何减轻或消除航道建设工程对自然河流生态干扰和胁迫的技术难题,采用原型监测、理论分析、物理模型和数学模型等方法,开展山区航道整治工程生态监测方法、电站调度影响下水沙环境变化与水生生态响应机理、鱼类栖息地演化模拟与评价理论、山区河流生态航道整治工程布局设计方法和新结构研发、船舶航行噪声水下时空传播机制等研究。揭示电站非恒定流下水沙输移规律和航道治理对鱼类主要栖息地的影响机理,提出了航道通航-生态保护协同的山区河流航道整治工程生态保护与修复的成套技术。主要结论如下:

(1)山区航道工程建设水生生态监测技术。岷江霸王滩生态航道整治工程河段的水生生态调查共检出浮游植物7门85种(含变种);其中工程前采集种类63种类,工程建设中采集种类71种。记录表明岷江下游共分布鱼类111种,分别隶属6目18科73属;鲤形目为主要类群,有5科56属85种,又以鲤科鱼类为最多,有66种,占总种数的59.46%。鱼类关键生境,河道右岸是仔鱼的主要分布水域,左岸的仔鱼数量较少;空间位置对仔鱼的群聚有显著影响,大多数种类在近岸生境具有较高的丰度,半𩾃等上游小型鲤科特有鱼类主要在近岸生境分布;鮡科等底栖喜流水性鱼类仔鱼主要分布在离岸生境,特别是在离岸底层。

(2)电站调度影响下山区河流水沙环境变化与水生生态响应机理研究。龙溪口电站日调节引起的水位变化沿程平坦化,流量突变引起的水位骤变也逐渐平滑,泄洪引起的台阶状水位变化过程沿程逐渐平滑,水位变幅沿程减小。非恒定泄流引起沿程最低水位高于恒定流条件;流速、比降变化过程与电站泄流过程相似,但泄流量峰谷变化时将产生附加比降和流速,附加比降和流速的大小与流量变率有关,与流量变幅无关。龙溪口枢纽电站日调节非恒定流下泄条件下,生境敏感滩段(月波滩、霸王滩)日内水位、水深和流速呈现周期性变化,滩段淹没范围昼夜更替,繁殖期滩段水流紊动增大,中枯水期近岸低流速、弱紊动、周期性交换,整体上对鱼卵产卵场、索饵场和越冬场较为有利。在非恒定流作用下,砾石输移具有明显的随机性、间歇性与阵发性,输沙率与水流要素变化的呈现不同步性,推移质输沙率大于恒定流条件,输沙率随水流非恒定性的增强而增加。

(3)航道工程影响下的鱼类栖息地演化模拟与评价。以三维水动力数学模型为手段,开展整治工程方案设计与优化,从而实现航道工程生态保护的目标。从水流环境因子(流速、水深)及其组合因子的量化结果看出,通过对皇天坝大洲右汊非通航汊道疏浚,能够适当增加非通航汊道分流比,保持非通航汊道与主河槽的水力连通,适宜鱼类产卵的流速多样化增加。

(4)生态航道整治工程布局设计方法和整治技术研究。建立了以评价典型滩群方案设计与优化的局部滩段数学模型,开展了航道整治效果、工程前后汊道分流变化、水域淹没范围变化、流速-水深分区间统计与工程方案优化等方面的分析评价,从而对航道工程方案进行生态优化。从三维水动力数学模型关于水流环境因子(流速、水深)及其组合因子的量化结果看出,通过对皇天坝大洲右汊非通航汊道疏浚,能够适当增加非通航汊道分流比,保持非通航汊道与主河槽的水力连通。工程前后分流比变化随来流量增加而减少,对鱼类产卵场的影响有限。工程实施未造成水域淹没范围的降低,适宜鱼类产卵的水域范围增加,适宜鱼类产卵的流速多样化增加，对于维持河流水生生态功能较为有利。

(5)通航-生态融合生态型整治建筑物新结构研发。齿形开孔潜坝和多V形潜坝下游的水流均呈现急缓交替的状态，这种流态有利于形成摄食通道，并提高生境的异质性，促进河流生态的良性循环。生态镇脚内流速较低，能够为水生生物提供稳定繁殖、栖息和觅食环境，有助于形成生态食物链。研究了齿形开孔预制构件的受力特性，从抗滑移和抗倾覆两个角度，对齿形开孔潜坝的稳定性进行了评价，以延长使用寿命。研究表明，齿形开孔潜坝的透空率保持为2.95%，即开孔直径50cm时为最佳。

(6)船舶航行噪声水下时空传播机制。长江上游一级支流岷江船舶水下噪声声压级基本均为150~185dB，快艇水下噪声声压级略大，为160~205dB；随着船舶航速从6km/h增加至13km/h，散装货船、客船和搜救船水下噪声声压级均约增加7dB；随着船舶吨位从780t增加至3279t，水下辐射噪声声压级从168dB左右增加至185dB左右，水下噪声声压级约增加17dB。大型船舶水下噪声频率分布主要集中在100~1000Hz频段，小型高速行驶船舶噪声分布频段大于0~5000Hz。综合考虑长江上游一级支流岷江典型船舶水下噪声对四大家鱼的聚集形态、瞬时游泳速度和生长发育的影响，确定四大家鱼受船舶水下噪声影响阈值为135dB。依据船舶声源级特性及衰减规律，模拟得到典型船舶水下噪声场分布，结合四大家鱼受船舶水下噪声影响阈值，确定长江上游一级支流岷江代表性船舶水下噪声对鱼类影响范围为250~350m。

参 考 文 献

[1] SCHLEITER I M, OBACH M, BORCHARDT D, et al. Bioindication of chemical and hydromorphological habitat characteristics with benthic macro-invertebrates based on Artificial Neural Networks[J]. Aquatic Ecology, 2001, 35(2):147-158.

[2] 刘晓燕. 构建黄河健康生命的指标体系[J]. 中国水利, 2005(21):30-34.

[3] 蔡其华. 从维护健康长江谈水库调度[J]. 中国三峡建设, 2005(6):78-82.

[4] 林木隆, 李向阳, 杨明海. 珠江流域河流健康评价指标体系初探[J]. 人民珠江, 2006(4):1-3,14.

[5] 倪晋仁, 刘元元. 河流健康诊断与生态修复[J]. 中国水利, 2006(13):4-10.

[6] 董哲仁, 孙东亚, 赵进勇, 等. 生态水工学进展与展望[J]. 水利学报, 2014(12):4.

[7] 雷国平. 长江生态航道建设关键技术需求研究[J]. 中国水运·航道科技, 2016(3):14-19.

[8] 左甲鹏, 陈一梅, 周剑雄. 基于生态保护的内河航道生态疏浚探讨[J]. 中国水运(下半月), 2014, 14(3):176-178.

[9] 李向阳, 郭胜娟. 内河航道整治工程鱼类栖息地保护探析[J]. 环境影响评价, 2015, 37(3):26-28.

[10] 陈会东, 金辉虎. 航道整治工程对河流生态环境的影响分析[J]. 现代农业科技, 2010(7):281-282.

[11] 胡旭跃. 航道整治[M]. 北京:人民交通出版社, 2008.

[12] 杨苗苗. 广东省内河航道整治工程对河流生态影响与对策研究[D]. 南京:东南大学, 2015.

[13] BIRON P M, CARRIÉ D M, GASKIN S J. Hydraulics of stream deflectors used in fish-habitat restoration schemes[A]. Malta:2009:305-314.

[14] GU Z, CAO X, GU Q, et al. Exploring Proper Spacing Threshold of Non-Submerged Spur Dikes with Ipsilateral Layout[J]. Water, 2020, 12(1):172.

[15] CAO X, GU Z, TANG H, et al. Study on Spacing Threshold of Nonsubmerged Spur Dikes with Alternate Layout[J]. Journal of Applied Mathematics, 2013:1-8.

[16] 张新周, 窦希萍, 王向明, 等. 感潮河段丁坝局部冲刷三维数值模拟[J]. 水科学进展, 2012, 23(2):222-228.

[17] 任云, 张功瑾, 路川藤. 潮汐双向流条件下丁坝水流特性研究[J]. 人民长江, 2017, 48(6):33-37.

[18] IM D, KANG H. Two-dimensional physical habitat modeling of effects of habitat structures on urban stream restoration[J]. Water Science and Engineering, 2011, 4(4):386-395.

[19] 王为东, 尹澄清, 卢金伟, 等. 潜水丁坝在湖滨带生态恢复中的应用[J]. 环境工程学报, 2007, 1(2):135-138.

[20] PENNINGTON C H, SHIELDS Jr F D, SJOSTROM J W, et al. Biological and physical effects of Missouri River spur dike notching (No. WES/MP/EL-88-11)[R]. Army Engineer Waterways Experiment Station Vicksburg Ms Environmental Lab, 1988.

[21] LI H W, SCHRECK C B, TUBB R A. Comparison of habitats near spur dikes, continuous re-

vetments, and natural banks for larval, juvenile, and adult fishes of the Willamette River (WRRI-95)[R]. Oregon State University, 1984.

[22] NILES J M, HARTMAN K J. Larval Fish Use of Dike Structures on a Navigable River[J]. North American Journal of Fisheries Management, 2009, 29(4):1035-1045.

[23] 石瑞花,许士国. 河流生物栖息地调查及评估方法[J]. 应用生态学报,2008,19(9): 2081-2086.

[24] 易雨君,程曦,周静. 栖息地适宜度评价方法研究进展[J]. 生态环境学报,2013,22(5): 887-893.

[25] JOWETT I G. Models of the abundance of large brown trout in New Zealand rivers[J]. North American journal of fisheries management, 1992, 12(3):417-432.

[26] 陈正昌. 丁坝工对鱼类栖地面积之影响:以兰阳溪为应用案例[D]. 台湾:台湾大学土木工程学研究所,2003.

[27] 吴瑞贤,陈嬿如,葛奕良. 丁坝对鱼类栖地的影响范围评估[J]. 应用生态学报,2012,23(4):923-930.

[28] 葛奕良. 丁坝工设置对生态栖地之影响及范围评估[D]. 桃园:台湾中央大学,2011.

[29] SHIH S S, LEE H Y, CHEN C C. Model-based evaluations of spur dikes for fish habitat improvement: A case study of endemic species Varicorhinus barbatulus (Cyprinidae) and Hemimyzon formosanum (Homalopteridae) in Lanyang River, Taiwan[J]. Ecological Engineering, 2008, 34(2):127-136.

[30] 杨苗苗,陈一梅. 丁坝对整治河段生态影响及对策研究[J]. 水道港口,2014,35(5): 545-549.

[31] CHANG Y L, HSIEH T Y, CHEN C H. Two-Dimensional Numerical Investigation for Short-and Long-Term Effects of Spur Dikes on Weighted Usable Area of Rhinogobius candidianus (Goby) [J]. Journal of Hydraulic Engineering, 2013, 139(12):1297-1303.

[32] 范玥,徐宿东,李锐,等. 整治建筑物对栖息地适合度指数影响的研究[J]. 中国水运, 2014,14(4):321-324.

[33] PISATURO G R, RIGHETTI M, DUMBSER M, et al. The role of 3D-hydraulics in habitat modelling of hydropeaking events[J]. Science of The Total Environment, 2017, 575:219-230.

[34] KATOPODIS C C. Ecohydraulic approaches in aquatic ecosystems: Integration of ecological and hydraulic aspects of fish habitat connectivity and Suitability[J]. Ecological Engineering, 2012,48:1-7.

[35] 袁喜,李丽萍,涂志英,等. 鱼类生理和生态行为对河流生态因子响应研究进展[J]. 长江流域资源与环境,2012(S1):24-29.

[36] 骆辉煌,杨青瑞,李倩,等. 长江上游珍稀特有鱼类保护区鱼类生境特征初步研究[J]. 淡水渔业,2014,44(6):44-48.

[37] 林俊强,彭期冬,黄真理. 河流鱼类鱼卵运动的水力学研究进展[J]. 水利学报, 2015,46(7):869-876.

[38] 陈明千,脱友才,李嘉,等. 鱼类产卵场水力生境指标体系初步研究[J]. 水利学报, 2013,44(11):1303-1308.

[39] 杨宇,严忠民,乔晔. 河流鱼类栖息地水力学条件表征与评述[J]. 河海大学学报(自然科学版),2007,35(2):125-130.

[40] 王远坤,夏自强,桑国庆,等. 变流量条件下中华鲟产卵场涡强特征研究[J]. 水力发电学报,2010,29(3):132-136.

[41] 马巍,彭静,彭文启,等. 河流栖息地适合度曲线与分级评价标准研究[J]. 中国水利水电科学研究院学报,2016,14(1):23-28.

[42] 刘稳,诸葛亦斯,欧阳丽,等. 水动力学条件对鱼类生长影响的试验研究[J]. 水科学进展,2009,20(6):812-817.

[43] 袁喜,李丽萍,涂志英,等. 鱼类生理和生态行为对河流生态因子响应研究进展[J]. 长江流域资源与环境,2012(S1):24-29.

[44] 陈进. 长江生态系统特征分析[J]. 长江科学院院报,2015,32(6):1-6.

[45] 殷名称. 鱼类生态学[M]. 北京:中国农业出版社,1995.

[46] 丁瑞华. 四川鱼类志[M]. 成都:四川科学技术出版社,1994.

[47] 本书编委会. 中国动物志硬骨鱼纲鲤形目(中卷、下卷)[M]. 北京:科学出版社,2018.

[48] 本书编委会. 中国动物志硬骨鱼纲鲇形目[M]. 北京:科学出版社,2018.

[49] 本书编委会. 中国动物志硬骨鱼纲鲈形目 虾虎鱼亚目[M]. 北京:科学出版社,2018.

[50] 李建,夏自强,王远坤,等. 长江中游四大家鱼产卵场河段形态与水流特性研究[J]. 四川大学学报:工程科学版,2010(4):63-70.

[51] 郭文献,谷红梅,王鸿翔,等. 长江中游四大家鱼产卵场物理生境模拟研究[J]. 水力发电学报,2011,30(5):68-72.

[52] 骆辉煌. 中华鲟繁殖的关键环境因子及适宜性研究[D]. 北京:中国水利水电科学研究院,2013.

[53] 杨宇. 中华鲟葛洲坝栖息地水力特性研究[D]. 南京:河海大学,2007.

[54] 张辉. 中华鲟自然繁殖的非生物环境[D]. 武汉:华中农业大学,2009.

[55] 班璇,李大美,李丹. 葛洲坝下游中华鲟产卵栖息地适宜度标准研究[J]. 武汉大学学报(工学版),2009,42(2):172-177.

[56] 蔡玉鹏,万力,杨宇,等. 基于栖息地模拟法的中华鲟自然繁殖适合生态流量分析[J]. 水生生态学杂志,2010,31(3):1-6.

[57] 匡翠萍,郑宇华,顾杰,等. 透水鱼礁型潜堤内部流场及绕流特性模拟[J]. 同济大学学报(自然科学版),2023,51(7):1073-1084.

[58] 高宇航,陈曦,孟顺龙,等. 人工鱼礁建设研究进展及其作用机理[J]. 中国农学通报,2023,39(23):138-144.

[59] 高宇航,陈曦,裘丽萍,等. 5种人工鱼礁模型对翘嘴鲌幼鱼的诱集效果研究[J]. 中国农学通报,2023,39(8):149-155.

[60] 关彦磊,管瑞,魏波,等. 海上退役平台改作鱼礁体的稳定性及流场效应研究[J]. 海洋工程,2023,41(4):69-81.

[61] 郭聪聪,杨詠晴,胡慧琴,等. 人工鱼礁投放对小窑湾海域水动力及水体交换影响的数值模拟[J]. 海洋渔业,2024,46(2):1-15.

[62] 常留红,徐斌,肖政,等. 空心梯形块丁坝结构透水特性试验研究[J]. 水动力学研究与进

展(A辑),2019,34(1):99-105.
[63] 郑惊涛.透水框架坝生态效应研究[J].水运工程,2018(12):16-20.
[64] 曹民雄,申霞,应翰海.长江南京以下深水航道生态型整治建筑物结构研究[J].水运工程,2018(1):1-11.
[65] 常留红,王瀚锐,章富君,等.梯形透空丁坝局部水动力特性对底栖动物生境演替的影响机制[J].水资源保护,2023,39(1):216-224.
[66] 常留红,章富君,王瀚锐,等.丁坝局部冲淤演变对底栖动物群落的影响[J].水资源保护,2023(4):1-11.
[67] 胡杰龙.新型透水丁坝水力特性及其对鱼类行为影响研究[D].重庆:重庆交通大学,2021.
[68] 夏云峰,蔡喆伟,徐华,等.深水航道整治中新型结构淹没丁坝与水流相互作用[J].水运工程,2018(10):137-142.
[69] 蔡喆伟,夏云峰,徐华,等.深水航道整治中新型结构淹没丁坝水流力特性研究[J].水利水运工程学报,2018(3):16-23.